A EJA EM XEQUE

Desafios das políticas de
Educação de Jovens e Adultos no século XXI

Global Editora, São Paulo 2014

Global Editora
Diretor editorial
Jefferson L. Alves
Gerente editorial
Dulce S. Seabra
Gerente de produção
Flávio Samuel
Assistente editorial
Marcelo dos Santos Saccomann
Capa
Eduardo Okuno
Projeto gráfico
Evelyn Rodrigues do Prado

Ação Educativa
Diretoria
Maria Machado Malta Campos
Luciana Guimarães
Milton Alves Santos
Coordenação geral
Vera Masagão Ribeiro
Coordenação editorial
Roberto Catelli Jr.
Michele Escoura
Edição
Fernanda Bottallo
Apoio
EED – Serviço de Igrejas Evangélicas na Alemanha para o Desenvolvimento

Rua Pirapitingui, 111 – Liberdade
CEP 01508-020 – São Paulo – SP
Tel.: (11) 3277-7999 – Fax: (11) 3277-8141
e-mail: global@globaleditora.com.br
www.globaleditora.com.br

Rua General Jardim, 660
CEP 01223-010 – São Paulo – SP
Tel.: (11) 3151-2333 – Fax: (11) 3151-2333 r.: 135
e-mail: acaoeducativa@acaoeducativa.org
www.acaoeducativa.org.br

CIP-BRASIL. CATALOGAÇÃO NA FONTE
SINDICATO NACIONAL DOS EDITORES DE LIVROS, RJ

C31e

Carreira, Denise
A EJA em xeque: desafios das políticas de educação de jovens e adultos no século XXI / Denise Carreira ... [et al]. ; organização Roberto Catelli Jr. , Sérgio Haddad , Vera Masagão Ribeiro. - 1. ed. - São Paulo : Global, 2014.
: il.

ISBN 978-85-260-2132-7

1. Ensino supletivo - Compêndios. 2. Ensino fundamental - Compêndios. I. Catelli Júnior, Roberto. II. Haddad, Sérgio. III. Ribeiro, Vera Masagão. IV. Título.

14-16745 CDD: 372
CDU: 372

Nº de Catálogo: **3788**

A EJA EM XEQUE

Desafios das políticas de Educação de Jovens e Adultos no século XXI

Organizadores
Roberto Catelli Jr.
Sérgio Haddad
Vera Masagão Ribeiro

Autores
Denise Carreira
Eliane Ribeiro
Luis Felipe Soares Serrao
Maria Clara Di Pierro
Maria Virgínia de Freitas
Roberto Catelli Jr.
Vera Masagão Ribeiro

1ª edição, São Paulo 2014

global editora
ação educativa 20 anos

Apresentação

A Educação de Jovens e Adultos (EJA), certamente devido ao perfil majoritário do seu público, trabalhadores de baixa renda, setores em situação de exclusão e vulnerabilidade social, parece estar sempre em xeque, com baixo reconhecimento, acusada de ser uma modalidade educativa com pouca produtividade e concorrente da educação de crianças e adolescentes. Períodos de maior expectativa e investimento na modalidade, com busca de novas soluções, não se mantêm na agenda política, alternando rapidamente com o desinvestimento prematuro frente às primeiras dificuldades detectadas e a transição de governos. Essa situação explica em grande parte as resistências que as avaliações provocam entre profissionais, ativistas e pesquisadores desse campo, uma vez que maus resultados tendem a induzir os órgãos públicos e uma parcela da sociedade antes à condenação sumária do que à busca de alternativas para aperfeiçoar políticas rumo a uma EJA mais efetiva e significativa para seu público. Há pouca consciência sobre o direito à educação dos setores que demandam a EJA e dos seus benefícios.

Para muitos gestores públicos a EJA é vista como parte de um passado que está por se extinguir, uma vez que a grande maioria das crianças hoje frequenta a escola e somente os mais velhos seriam os prováveis demandantes da modalidade. Com a morte inevitável destes, a EJA sucumbiria. O primeiro equívoco desta leitura está no fato de que não se pode compreender a EJA apenas como processo inicial de alfabetização. Nos diais atuais coloca-se, antes de tudo, o direito à educação básica e à educação ao longo da vida. Quando temos em conta esta perspectiva, temos que encarar o fato de que 65 milhões de brasileiros com 15 anos ou mais não tinham concluído o Ensino Fundamental e 22 milhões com 18 anos ou mais não tinham terminado o Ensino Médio em 2010 conforme o Censo. Apenas 4,2 milhões frequentavam a escola de EJA no país em 2010, caindo para 3, 1 milhões em 2013.

Quanto aos jovens que estão na escola, sabemos que um terço deles não conclui o Ensino Médio na idade esperada, havendo o abandono da escola e significativa defasagem idade-série conforme indicam os dados do Censo Escolar. Estes jovens hoje são cada vez mais o público da EJA, que em 2010 já tinha cerca de dois terços de seu público composto por jovens de 15 a 29 anos. Assim, temos dezenas de milhões de brasileiros jovens e adultos que não concluíram a educação básica e também não estão frequentando uma escola para se qualificar em um mundo em que ser letrado se tornou importante fator para o exercício pleno da cidadania.

Estes dados contradizem enfaticamente a afirmação de que o destino da EJA é desaparecer, ficando claro que o argumento utilizado apenas encobre a resistência de governos em investir em uma modalidade de pouco prestígio social, na qual é frágil a pressão política que impulsiona o investimento. Não é por acaso que em inúmeros estados e municípios brasileiros vemos a EJA acomodada em um canto da escola, com escassos recursos, alojada, como se diz, como uma inquilina da escola, sem um lugar próprio nas redes de ensino.

Os artigos reunidos neste livro buscam superar essa resistência afirmando a EJA como um direito humano, buscando na pesquisa avaliativa subsídios para sua efetivação. Eles derivam de projeto de pesquisa realizado pela Ação Educativa com apoio do Instituto Nacional de Estudos e Pesquisas Educacionais Anísio Teixeira (Inep). O projeto foi elaborado em resposta a edital lançado em 2009 pelo Instituto com o objetivo de fomentar o uso de informações educacionais por ele produzidas. A Ação Educativa se propôs a constituir um Núcleo de Estudos em Avaliação da Educação de Jovens e Adultos (EJA) a partir da análise da bibliografia pertinente, organização de banco de dados e realização de quatro estudos sobre questões atuais da EJA no país. Por meio deles, procuramos não só responder a problemas concretos com os quais a EJA vem se confrontado, mas também experimentar uma perspectiva metodológica que contribuísse para o estabelecimento das diretrizes de um programa de pesquisa avaliativa em EJA de maior alcance, orientando e fomentando iniciativas da Ação Educativa e parceiros.

Do ponto de vista metodológico, propusemos uma abordagem da avaliação que não se restrinja apenas a resultados de aprendizagem, mas que abarque elementos relacionados aos insumos, aos processos, aos resultados e aos impactos psicossociais da EJA. Também enfatizamos a importância de lidar com dados relevantes do ponto de vista quantitativo, abrangendo o universo ou amostras representativas do público e da oferta na modalidade, sem descuidar, porém, da análise qualitativa das concepções e representações dos diferentes sujeitos envolvidos no desenho e na implementação das políticas públicas. Postulamos que justamente no confronto entre evidências empíricas consistentes e as concepções dos sujeitos sobre a EJA é que se encontra o terreno fértil para análises e proposições políticas com maior capacidade de influência na realidade educacional.

Evidentemente, nos quatro estudos realizados ao longo de 2011 e 2012, não foi possível abarcar todas as dimensões dos processos, insumos, resultados e impactos dos programas de EJA no Brasil. Porém, o reconhecimento de todos esses elementos como pertinentes e necessários para um programa de pesquisa avaliativa em EJA justificou a diversidade de temáticas e abordagens dos estudos propostos. Com efeito, ainda que cada um deles trabalhasse com conjuntos de dados diferentes – evolução de matrículas ou auto-declaração de cor/raça para o Censo Escolar, os dados educacionais das Pnads, do Sistema de Monitoramento do Projovem, as bases de dados do Exame Nacional para Certificação de Competências de Jovens e Adultos (Encceja) e do Indicador de Alfabetismo Funcional (Inaf), além do Sistema Integrado de Administração Financeira do Governo Federal (Siaf) –, em todos os casos evidenciaram-se lacunas importantes que ainda temos de superar para dispormos de informações confiáveis que possam embasar a avaliação da EJA no Brasil.

Em alguns casos, é a sua baixa institucionalidade ou irrelevância no âmbito das políticas educacionais que resulta na inconsistência dos dados, como ocorre nos informes das administrações públicas sobre gastos em EJA ou na inconstância da aplicação do Encceja, que não conseguiu constituir bancos de dados consolidados com informações sobre os exames aplicados ao longo de suas edições. Por outro lado, foi possível constatar o potencial de produção de dados

dos próprios programas de EJA, na medida em que assumam uma perspectiva avaliativa abrangente desde o desenho e ao longo de sua implementação, como foi a intenção do Encceja e a experiência inicial do Projovem.

Do ponto de vista das questões político-pedagógicas propriamente ditas, as pesquisas dialogaram sob diversas perspectivas com um problema que vem intrigando pesquisadores, gestores e educadores: por que, depois de quase uma década de retomada de investimentos nas políticas públicas de EJA em nível federal – com o Programa Brasil Alfabetizado e a inclusão da EJA no Fundeb, entre outras iniciativas – não se verificam melhoras importantes nos níveis de alfabetização medidos pelas Pnads e, o que é mais preocupante, por que, a partir de 2007, começam a diminuir as matrículas na modalidade, depois de um crescimento paulatino nos últimos 30 anos? Para abordar tal problema, procurou-se compreender como atuam as esferas estaduais e municipais diante dos programas federais, como interagem os programas especiais como Projovem ou Encceja com a oferta regular da EJA e, finalmente, como se constrói ou não a perspectiva de enfrentamento das desigualdades implicadas na EJA como política reparadora da violação do direito e redistributiva das oportunidades educacionais.

O primeiro artigo, de autoria de Vera Masagão Ribeiro, derivou de um levantamento bibliográfico de pesquisas avaliativas em EJA realizadas nos Estados Unidos e no Reino Unido, países com forte tradição nesse tipo de pesquisa e onde as políticas estiveram nas últimas décadas fortemente influenciadas pela busca de propostas pedagógicas baseadas em evidências de pesquisa. Além de constatar limitações semelhantes às nossas quanto à institucionalidade da prática e da pesquisa em EJA, os estudos em língua inglesa resenhados trazem sugestões instigantes para estudos a serem realizados no Brasil, além de pistas sobre como promover um círculo virtuoso de mútua influência entre a pesquisa e a prática educacional.

O segundo artigo, de Maria Clara Di Pierro, baseou-se em parte nos resultados da pesquisa "O impacto da inclusão da EJA no Fundo de Manutenção e Desenvolvimento da Manutenção e Educação Básica – Fundeb – no estado de São Paulo" desenvolvida no âmbito do projeto apoiado pelo Inep. Considerando que o financiamento é um aspecto crucial para a consolidação da EJA no sistema de educação básica no país, o estudo investigou a configuração e o desenvolvimento contemporâneo das políticas públicas de Educação de Jovens e Adultos (EJA) no estado de São Paulo, tomando como foco de análise os impactos da implantação do Fundeb nos municípios paulistas no período 2005-2010. Foram levados em conta dados demográficos, educacionais e de financiamento desses municípios.

O terceiro artigo, de autoria de Roberto Catelli Jr. e Luis Felipe Soares Serrao, sistematiza e analisa dados relativos à implementação do Exame Nacional para Certificação de Competências de Jovens e Adultos (Encceja) no país, desvendando suas especificidades em alguns estados onde se realizaram estudos de caso. Apresentam-se também dados interessantes sobre os participantes dos exames, destacando os problemas decorrentes da ainda baixa institucionalidade do exame, que ocorreu de forma intermitente ao longo da década.

O quarto artigo, de autoria de Maria Virginia de Freitas e Eliane Ribeiro, aborda o Programa Projovem Urbano na confluência das políticas de EJA e de Juventude. Compara o perfil dos públicos do Projovem e da EJA, cotejando dados do Censo Escolar e do sistema de monitoramento do próprio programa. Analisa também as visões dos participantes do Projovem em dez municípios brasileiros, explorando de que modo as opções políticas promovem ou dificultam a integração entre o Projovem e a EJA.

Finalmente, o último artigo, de autoria de Denise Carreira, discute o enfrentamento das desigualdades e das discriminações na EJA, particularmente as relacionadas a raça e gênero, propondo o conceito de política de ação afirmativa como referência para a EJA superar seus desafios na garantia do direito humano à educação. Analisa particularmente as apostas políticas que motivaram a criação da Secretaria de Educação Continuada, Alfabetização, Diversidade e Inclusão (Secadi), com seus avanços e limites. O estudo fez parte da linha de pesquisa do projeto apoiado pelo Inep que abordou o tema das desigualdades, não só com base na visão dos atores sobre as políticas, mas também nos dados do Indicador de Alfabetismo Funcional (Inaf) coletados entre 2001 e 2011. Dois outros artigos dentro da mesma linha de pesquisa e que exploram a problemática das desigualdades educacionais com base nos dados do Inaf integram coletânea comemorativa dos 10 anos do Indicador e por esse motivo não foram incluídos neste livro.

Em suas linhas gerais, as conclusões das pesquisas cujos resultados são reportados nos cinco artigos aqui reunidos confirmam a perspectiva político-pedagógica que tem animado os posicionamentos e propostas educacionais da Ação Educativa no campo da EJA. Para fazer valer os direitos educativos de todos e todas num país marcado por desigualdades e violações como o Brasil, é preciso que a EJA seja assumida como uma política universal e permanente de ação afirmativa e reparadora, orientada explicitamente ao combate das desigualdades e à promoção de direitos. É possível e desejável que a universalidade no atendimento se componha de políticas de EJA voltadas à diversidade do seu público e que integrem múltiplas opções de oferta educativa, escolares e não escolares, mecanismos de avaliação e certificação, além de se comprometer com a busca ativa e o chamamento de seus potenciais beneficiários. De diversos pontos de vista, os estudos reportados nos artigos indicam que a EJA não se transforma em demanda manifesta por parte das pessoas com baixa escolaridade sem que haja políticas de estímulo, tanto por meio da oferta constante e de qualidade de serviços educativos como pelo convite àqueles que podem ser beneficiados por esses serviços, com atenção às suas especificidades e necessidades.

Em consonância com esta perspectiva, vale lembrar que o Plano Nacional de Educação, aprovado em 2014, na meta 9, que faz referência à redução do analfabetismo no país, anuncia em suas estratégias a necessidade de realizar diagnósticos e identificar a demanda ativa (9.2), assim como apoiar projetos inovadores que atendam às demandas específicas desse público (9.9).

Os caminhos apresentados pelos artigos nos levam também para uma outra constatação: a importância de reconhecer as políticas de EJA no contexto e no diálogo das políticas públicas de educação. Não para buscar uma identidade que possa ser traduzida na lógica da reposição de escolaridade, ao colocar o direito à EJA sob o ponto de vista da educação escolar regular, com suas lógicas, seus currículos, didáticas e mecanismos de avaliação. O direito humano à educação colocado como um discurso generalista quanto ao seu público e os sistemas regulares de ensino acaba por produzir novas exclusões sociais. Como diz Arroyo,

> Todo movimento de defesa da educação como direito nos anos 80 não significou uma escola menos excludente, menos seletiva e menos reprovadora. Por que será? Porque não é suficiente a bandeira da defesa do direito universal à educação. É necessário pensar este direito datado, focado, historicizado, concretizado. E os jovens e adultos que chegam nas escolas são produto dessa afirmação universalista de direitos que se esquecem de sua concretude. Devemos pensar nesses jovens e adultos como sujeitos concretos, com trajetórias concretas, como sujeitos de direitos concretos[1].

A diversidade dos públicos e formatos de oferta educativa, assim como o encalce dos resultados e impactos psicossociais da EJA, constituem desafios particulares que exigem uma integração mais orgânica da pesquisa avaliativa com o desenho e implementação das políticas educacionais. O interesse por uma abordagem abrangente da avaliação integrada às práticas pedagógicas que respeite a diversidade dos sujeitos, portanto, é componente essencial de políticas que se guiam pela visão da educação como direito de todos e todas, em qualquer fase da vida.

Outro aspecto importante indicado pelas pesquisas é a necessidade fundamental de combinar as políticas educacionais com outros direitos sociais que afetam diretamente a vida dos alunos. Uma política universal e permanente de ação afirmativa e reparadora de EJA só produzirá resultados se combinada com outros direitos sociais. Não se trata de lançar novamente o debate se é a educação que conduz as pessoas para processos de promoção social ou se é o desenvolvimento que produz as condições para a promoção social por meio da educação. O reconhecimento da indissociabilidade dos direitos é a premissa básica para dizer que só é possível realizar um direito plenamente se ele for

---

1 Arroyo, M. In: SOARES, L. (org.). *Formar Educadores e Educadoras de Jovens e Adultos.* Formação de Educadores da Educação de Jovens e Adultos. Belo Horizonte: Autêntica/ Secad MEC/Unesco, 2006. p. 30.

acompanhado de outros. Em outras palavras: o sentido reparador e afirmativo da EJA só é possível de ser conquistado de maneira integral se junto estiver sendo realizado o direito destes setores excluídos a uma saúde de melhor qualidade, melhores condições de moradia e saneamento básico, trabalho decente etc., além da superação de todas as formas de discriminação.

O fortalecimento da EJA, com investimentos necessários para a superação de seus desafios teóricos e práticos, requer, por isso, que a sociedade expresse politicamente essa demanda por meio da ação coletiva, de suas organizações e movimentos. Nossa expectativa, como educadores e educadoras, pesquisadores e pesquisadoras, ativistas do campo educacional, é que o conjunto dos artigos fortaleça nossa convicção e nos ofereça novas ferramentas para empreender esse trabalho no plano político e pedagógico.

Vera Masagão Ribeiro[2]
Sérgio Haddad[3]
Roberto Catelli Jr.[4]

---

2 Doutora em Educação pela Pontifícia Universidade Católica de São Paulo. É diretora da Abong (Associação Brasileira de Organizações não Governamentais), coordenadora geral da Ação Educativa – Assessoria, Pesquisa e Informação e coordenadora do Inaf – Indicador Nacional de Alfabetismo Funcional.

3 Doutor em História e Sociologia da Educação pela Universidade de São Paulo (USP). É assessor da Ação Educativa, diretor presidente da Fundação Fundo Brasil de Direitos Humanos, membro do Conselho Internacional de Educação de Adultos e membro do Conselho de Desenvolvimento Econômico e Social da Presidência da República.

4 Mestre em História Econômica e doutorando em Educação pela Universidade de São Paulo. É coordenador da unidade de Educação de Jovens e Adultos da Ação Educativa, consultor do Instituto Nacional de Estudos e Pesquisas Educacionais e Informação (Inep) para avaliações de larga escala e consultor em redes públicas de ensino.

Agradecimentos

Os estudos que compõem esse livro devem-se ao esforço de diferentes instituições e colaboradores. Primeiramente agradecemos ao Instituto Nacional de Estudos e Pesquisas Educacionais Anísio Teixeira (Inep), cujo financiamento possibilitou a criação do Núcleo de Educação de Jovens e Adultos da Ação Educativa e as pesquisas aqui concluídas. Agradecemos especialmente à sua Diretoria de Estudos Educacionais (Dired) pela participação de seus quadros nos dois seminários de pesquisa realizados ao longo do projeto, pelas análises dos relatórios de pesquisa e pelo diálogo estabelecido no desenvolvimento do projeto. Igualmente, agradecemos à Diretoria de Avaliação de Educação Básica (Daeb) pelo fornecimento de dados educacionais que compuseram as análises aqui trazidas.

Agradecemos ao Ministério da Educação, especialmente à Secretaria de Educação Continuada, Alfabetização, Diversidade e Inclusão (Secadi), à Secretaria Nacional de Juventude (SNJ), à Secretaria de Políticas de Promoção da Igualdade Racial (Seppir), à Secretaria de Política para as Mulheres (SPM) e aos Fóruns Estaduais de Educação de Jovens e Adultos pelo diálogo com as diferentes frentes de pesquisa. Igualmente, agradecemos à Universidade Federal do Estado do Rio de Janeiro (UNIRIO), que, por meio de Eliane Ribeiro, articulou uma importante parceria para a avaliação das políticas de juventude.

Agradecemos também aos especialistas que participaram dos seminários parciais de pesquisa e contribuíram com as análises do material: Ana Lima (Instituto Paulo Montenegro – IBOPE), Carmen Gatto (Secadi – MEC), Cláudia Veloso Torres Guimarães (Secadi – MEC), Debora Cristina Jeffrey (Universidade de Campinas), Fransérgio Goulart (Conselho Nacional de Juventude), Geraldo Leão (Universidade Federal de Minas Gerais), Helena Abramo (SNJ), Joana Célia dos Passos (Universidade do Sul de Santa Catarina), José Marcelino de Resende

Pinto (Universidade de São Paulo), Luana Bergmann Soares (Inep – MEC), Marcos Pereira de Novais (Inep – MEC), Maria da Conceição Reis Fonseca (Universidade Federal de Minas Gerais), Marilia Sposito (Universidade de São Paulo), Mauro José da Silva (Secadi – MEC), Ocimar Munhoz Alavarse (Universidade de São Paulo), Regina Novaes (consultora da SNJ), Ricardo Corrêa Gomes (Inep – MEC), Vinicius Zammataro (Fórum EJA – SP).

Agradecemos às Secretarias Estaduais e Municipais de Educação que compuseram os estudos de casos, bem como aos gestores que colaboraram com entrevistas e dados. Agradecemos por nos concederem entrevistas especialmente André Lazaro, Anelise de Jesus da Silva, Carlos José Pinheiro Teixeira, Carmen Isabel Gatto, Daiane de Oliveira Lopes Andrade, Hildete Pereira de Melo, Jorge Luiz Teles da Silva, Luiz Claudio Barcelos, Maria Auxiliadora Lopes, Maria do Pilar Lacerda, Maria Luiza Pio Pereira, Maria Margarida Machado, Mauro José da Silva, Renilda Peres de Lima, Ricardo Henriques, Sônia Couto Souza Feitosa, Timothy Ireland, Valter Silvério.

A Fernando Guarnieri, nossos agradecimentos pela consultoria em estatística. E, finalmente, expressamos nossa gratidão e carinho aos colaboradores, pesquisadores assistentes, bolsistas e estagiários que trabalharam diariamente conosco ao longo dos dois anos em que levamos a cabo as pesquisas: Bianca Boggiani Cruz, Bruna Gisi, Luiz Souza, Mariana Sucupira, Michele Escoura, Raquel Souza, Salomão Ximenes e Uvanderson Silva.

Sumário

Referências internacionais sobre avaliação da educação de adultos[1]

Vera Masagão Ribeiro[2]

1. Introdução

A área da Educação de Jovens e Adultos (EJA) no Brasil é carente de pesquisas de caráter avaliativo, que produzam evidências orientadoras para a tomada de decisões sobre políticas e práticas pedagógicas (HADDAD et al., 2000; SILVA, BONAMINO e RIBEIRO, 2012). Tal situação não é exclusiva do campo da EJA e nem mesmo do contexto brasileiro. Especialmente nos países de língua inglesa, a constatação dessa carência de pesquisas que informem a prática educacional já era amplamente reconhecida há mais de uma década e diversos esforços foram empreendidos para superá-la. David Hargreaves, na década de 1990, contribuiu decisivamente para instaurar um frutífero debate em torno desse tema, denunciando o divórcio entre a pesquisa acadêmica e a prática educacional. Propunha

---

1 O levantamento bibliográfico em que se baseia este artigo foi realizado originalmente como parte das atividades previstas no projeto *Educação de Jovens e Adultos: insumos, processos e resultados*, financiado pelo Instituto Nacional de Estudos e Pesquisas Educacionais Anísio Teixeira (Inep) em cumprimento ao Convênio 737533/2010. O intuito foi recolher referências internacionais que contribuíssem para o adensamento de um campo de pesquisas avaliativas em EJA, uma vez que o objetivo geral do projeto era a constituição de um núcleo de estudos sobre avaliação em EJA. Ao longo das negociações com o Inep, o escopo do projeto foi reduzido à execução de quatro estudos específicos, tendo sido postergada a organização de um banco de referências de pesquisas avaliativas em EJA.

2 Doutora em Educação pela Pontifícia Universidade Católica de São Paulo. É diretora da Abong (Associação Brasileira de Organizações não Governamentais), coordenadora geral da Ação Educativa – Assessoria, Pesquisa e Informação e coordenadora do Inaf – Indicador Nacional de Alfabetismo Funcional.

que os órgãos de fomento à pesquisa induzissem uma produção científica mais colada às necessidades da prática, com emprego de métodos rigorosos, que produzissem evidências confiáveis sobre quais os melhores caminhos para obter resultados desejáveis no campo educacional; os gestores e educadores, por sua vez, deveriam conhecer e dominar estratégias e metodologias educacionais, cuja eficácia fosse baseada em evidências fornecidas pela pesquisa científica (HAMMERSLEY, 2007).

Os adeptos dos métodos quantitativos e experimentais nas ciências sociais abraçaram o argumento, postulando que só esse tipo de pesquisa poderia gerar evidências válidas para fundamentar a prática. Seus oponentes, por sua vez, destacavam que a educação é um campo prático fortemente marcado pelos valores; onde o *dever ser* se interpõe entre o *é* ou *não é*. O conteúdo da educação refere-se a conceitos, procedimentos, atitudes e valores que os grupos sociais almejam distribuir de forma mais ou menos equitativa por meio do ensino formal nos seus diferentes níveis. Abrange também uma série de padrões de pensamento e comportamentos, que são transmitidos de modo não explícito, podendo assim gerar resultados indesejáveis. Portanto, mais do que outros campos em que a ciência pode ser aplicada, como o da medicina, que Hargreaves usa como elemento de comparação, a compreensão do que é a realidade é necessariamente matizada por reflexão, debate e estratégias de convencimento sobre o que ela deve ou pode ser.

Sem dúvida nenhuma, o reconhecimento da necessidade de reunir evidências empíricas que permitam avaliar, de forma comparativa, os resultados educacionais conseguidos pelos sistemas de ensino formal e por programas educacionais, metodologias ou tecnologias específicas se impôs em muitas partes do mundo e no Brasil, à medida que os problemas relacionados à qualidade minam os esforços realizados para atingir uma maior cobertura dos serviços educacionais. Se, antes, as desigualdades sociais reproduziam-se principalmente pela exclusão de certas parcelas da população dos sistemas de ensino, com a sua universalização, as desigualdades são repostas pela diferenciação da experiência escolar em termos de qualidade. Conhecer os fatores que levam a resultados tão desiguais dentro de um sistema de ensino e as medidas que podem mitigar a reprodução das desigualdades no campo educacional torna-se imperativo aos pesquisadores, gestores e educadores comprometidos com os ideais de uma educação democrática e promotora de justiça social.

Os sistemas de avaliação de aprendizagem já se generalizaram no Brasil e são reconhecidos como ferramenta de gestão e prestação de contas à população sobre os resultados de políticas educacionais. Seu uso é ainda muito limitado para orientar propostas pedagógicas e decisões dos educadores sobre metodologias de ensino, porém servem, cada vez mais, como parâmetro para que os atores educacionais se situem em relação ao conjunto. É fato que o alcance e mesmo a validade dos dados obtidos por essas avaliações padronizadas ainda geram controvérsias entre educadores e acadêmicos, e isso é particularmente verdade no campo da EJA. A resistência à avaliação no campo da EJA poderia ser atribuída, em parte, a um sectarismo político ou teórico-metodológico indefensável, mas indubitavelmente também é resultado de uma posição defensiva legítima, num contexto em que os direitos educativos de jovens e adultos não são tão solidamente reconhecidos como os das crianças e adolescentes. Quando se trata de avaliar a educação dirigida aos mais novos, o que está em jogo é buscar meios de realizá-la melhor, enquanto que, na avaliação em EJA, pela pouca institucionalidade da modalidade, resultados insatisfatórios são temidos por acarretar o recuo dos investimentos ou mesmo a extinção dos programas.

O principal fator limitador da cultura avaliativa na EJA, entretanto, é o baixo grau de investimento na modalidade e na pesquisa sobre ela. Poder-se-ia apontar ainda a maior complexidade do campo, que abrange diferentes formatos de programas e públicos. Outro fator de complexidade refere-se à maior abrangência de expectativas que se depositam nos programas de EJA. Para a educação regular, normalmente os sistemas de avaliação se contentam com a verificação das aprendizagens dos conteúdos curriculares, na expectativa de que os benefícios psicossociais dessas aprendizagens tenham lugar num tempo futuro. No caso da educação de adultos, espera-se que as aprendizagens realizadas surtam efeitos psicossociais mais imediatos: melhora da autoconfiança, empregabilidade, envolvimento com questões sociais, engajamento político. Se tal complexidade, por um lado, dificulta a padronização e utilização extensiva de instrumentos de avaliação da EJA, não deixa, por outro lado, de instigar o espírito científico daqueles que se dispõem a conhecer de modo abrangente os sentidos mais profundos do fazer educacional, suas intrincadas relações com a reprodução e/ou com a transformação social.

2. Estados da arte sobre a pesquisa avaliativa em EJA

Visando sistematizar resultados de pesquisa úteis à orientação de práticas e políticas de educação de adultos, realizaram-se, na última década, balanços bibliográficos, cobrindo principalmente estudos na língua inglesa. Em 2001, o governo britânico lançou um programa de EJA, o *Skills for Life*, e encomendou uma revisão desse tipo (TORGERSON et al., 2004). Buscavam-se prioritariamente pesquisas conduzidas segundo métodos experimentais, mas também foram analisados estudos baseados em modelos correlacionais. Para tanto, escrutinaram-se algumas relevantes bases de dados como o *Educational Resources Information Center* (ERIC), *The Campbell Collaboration's Social, Psychologial, Educacional and Criminological Trials Register* e o *Social Science Citation Index* (SSCI). De quase 5 mil referências identificadas, só 59 foram consideradas como atendendo aos critérios metodológicos estabelecidos. Com base na análise desse conjunto, os autores destacam algumas conclusões: que os adultos participantes de programas de alfabetização melhoram seus níveis de habilidades de alfabetismo, mas que os estudos não conseguem provar maior eficácia de uma ou outra metodologia de ensino, exceto uma delas, baseada no diálogo entre professor e alunos ao longo da leitura de textos (*reciprocal teaching*). Os estudos que exploraram o uso de tecnologias de informação e comunicação (TIC) não conseguiram identificar melhores resultados de aprendizagem nos programas que utilizam tais meios, quando comparados com outros que empregam meios de instrução convencional. Com base na revisão de estudos correlacionais, os autores destacam como evidências relevantes na dimensão pedagógica o fato de que exercícios de consciência fonológica, análise de palavras e fluência, além do ensino explícito de estratégias de compreensão de textos, têm efeitos positivos no desempenho dos alunos. Quanto às características dos programas, destacam o fato de que mostraram melhores resultados aqueles que contam com professores habilitados ou monitores que recebem assistência constante na sala de aula, aqueles que têm expectativas altas quanto ao desempenho dos alunos e os que oferecem certificação e encaminham os alunos para prosseguimento de estudos.

Para fazer frente à escassez de evidências baseadas em pesquisas sobre as melhores práticas no campo da educação de adultos, o *National Development Centre for Adult Literacy and Numeracy* (NRDC), da Universidade de Londres, empreendeu o estudo *Effective Teaching and Learning Reading*. A pesquisa investigou a aprendizagem de leitura numa amostra de 454 alunos e 59 salas de aula, envolvendo mais de 470 horas de observação. Um dos seus objetivos foi a compreensão dos fatores escolares que contribuem para uma aprendizagem bem-sucedida (BROOKS et al., 2007). A pesquisa foi conduzida entre 2003 e 2006, por meio de testes aplicados aos alunos, entrevistas e observação das estratégias utilizadas pelos professores em sala de aula, resultando em achados relevantes sobre a aprendizagem dos alunos, sobre práticas pedagógicas eficazes e sobre a formação dos professores. As principais conclusões do estudo apontam que, nas escolas consideradas eficazes, os alunos trabalham mais em grupo ou em pares. Os maiores progressos foram alcançados por mulheres e por trabalhadores, e aspectos como a idade, a etnia e o fato de o inglês ser ou não a primeira língua do aluno não influenciam o progresso e os resultados dos alunos. A pesquisa constatou, ainda, aumento na autoestima e na autoconfiança entre os estudantes e os egressos.

A mesma pesquisa verificou também que as práticas pedagógicas adotadas com maior frequência pelos professores eram a avaliação da leitura, a discussão de vocabulário, o uso de jogos com palavras (quebra-cabeças, lista de palavras e pesquisa de palavras) e de dicionário para a procura do significado de palavras. Um dos limites apontados pela pesquisa é que, durante as aulas, raramente era incentivada a fluência em leitura, o ensino recíproco entre os alunos e a compreensão pelos alunos das estratégias de ensino utilizadas pelos professores. De acordo com o estudo, a prática da leitura em voz alta é fundamental para o progresso da aprendizagem, sendo que sua ausência ajuda a explicar os baixos índices de aprendizagem da leitura verificados em alguns dos casos estudados.

Por sua vez, as entrevistas com os professores evidenciaram as críticas do corpo docente à pressão, à burocratização e à rigidez das propostas curriculares, bem como sua inadequação às necessidades específicas da população adulta. Os autores recomendam que, na formação inicial e continuada dos professores, se enfatize o ensino de formas mais adequadas de utilização dos materiais curriculares, além de estratégias de ensino da leitura adaptadas às necessidades dos alunos. Além disso, destacam a importância de levar os alunos a se sentirem responsáveis pela própria aprendizagem, desenvolvendo condições de estudo autônomo e a distância, com o apoio das tecnologias de informação e comunicação (TICs) e, principalmente, mediante a oferta de oportunidades frequentes de trabalho em grupo na sala de aula.

O mesmo NRDC publicou, alguns anos mais tarde, um balanço bibliográfico focado no campo do numeramento, centrando-se principalmente na produção acadêmica do Reino Unido (CARPENTIERI, LISTER e FRUMKIN, 2010). Os autores adotaram como foco temático os adultos com baixas habilidades matemáticas, os determinantes e efeitos dessa condição, assim como as estratégias de ensino e aprendizagem que favorecem a superação dessas deficiências na idade adulta, o potencial do uso das TICs e das tecnologias móveis. Foram analisadas a literatura acadêmica, publicações voltadas a educadores, relatórios governamentais, *surveys* de larga escala e estudos de caso. Os que focalizam as práticas de promoção do numeramento entre adultos são majoritariamente desse último tipo e abordam temas como a motivação para matrícula e a persistência. Alguns estudos indicam que, quando a matemática é ensinada como parte de um curso de educação básica ou qualificação profissional, é menor a motivação dos alunos para aprendê-la. Outros estudos, entretanto, apontam que tal medida é benéfica, desde que os conteúdos matemáticos estejam bem integrados nos demais.

Quando o foco do estudo são os efeitos de diferentes estilos de ensino, vários estudos mostram a superioridade dos que adotam um estilo "conexionista" – que conduz os alunos a estabelecerem conexões entre informações e conteúdos diversos – em relação ao estilo "transmissão" – que prioriza demonstrações por parte do educador. Este último, entretanto, é o estilo que predomina entre os educadores estudados. As folhas de exercício para toda a turma e para alunos individualmente é a forma mais comum de organização do ensino. Faz-se ainda pouco uso do trabalho colaborativo em grupos e das TICs. Pouco amiúde se observam práticas em que o educador questiona as concepções dos alunos, incentiva-os a resolver problemas novos, explora as respostas incorretas para aprofundar a compreensão do tópico, com o uso criativo também das TICs. Para enfrentar esses desafios, o NRDC está desenvolvendo materiais orientadores para alunos e professores, considerando como princípios de efetividade no ensino de matemática para adultos: partir dos conhecimentos prévios dos alunos; expor e discutir erros frequentes; usar questões que explorem conexões lógicas de níveis mais elevados; trabalhar em pequenos grupos colaborativos; encorajar mais o raciocínio do que a resposta correta; usar tarefas ricas e colaborativas; usar tecnologias.

Com relação às TICs, os estudos resenhados apontam que elas oportunizam acesso aos melhores e mais motivadores materiais instrucionais e que facilitam o estudo no domicílio. Merece destaque pesquisa que focalizou o uso de jogos para telefones celulares como fator de sucesso para a manutenção do interesse na aprendizagem. O uso da calculadora também é enfaticamente recomendado; lamenta-se que, sendo um aparato tão disseminado, não seja mais frequentemente utilizado nas salas de aula. A proposta é usá-la para que os educandos entendam as operações, e não para efetuá-las simplesmente.

Nos Estados Unidos, foram realizados dois esforços importantes de sistematização de resultados de pesquisa, visando extrair orientações práticas. Um painel de especialistas, estabelecido pela parceria do *National Institute for Literacy* (NIFL) e o *National Center for the Study of Adult Learning and Literacy* (NCSALL), produziu um relatório que abarcou a produção relacionada à instrução de leitura para pessoas com 16 anos ou mais com baixas capacidades de alfabetismo, incluindo ações levadas a cabo em centros comunitários de alfabetização, programas de letramento na família, educação em prisões e no ambiente de trabalho. Em termos de modalidades, identificaram a Educação Fundamental, Educação Secundária, Ensino de Inglês como segunda língua e programas para adultos com distúrbios de aprendizagem (KRUIDENIER, MACARTHUR e WRI-

GLEY, 2010). Entre os tópicos estudados, destacam as chamadas habilidades componentes da leitura: consciência fonológica, análise de palavras, fluência, vocabulário e compreensão. Observam que as conclusões a que chegam são ainda emergentes, pois se baseiam num corpo insuficiente de pesquisas de cunho experimental. Dentre as recomendações que extraem dos resultados estão, por exemplo, a de que a pesquisa discrimine perfis de estudantes para então indicar a abordagem instrucional mais adequada a cada um, de acordo com as habilidades componentes que precisam desenvolver. Sugerem também que uma boa estratégia para melhorar a fluência é usar a leitura repetida de um mesmo texto em voz alta. Para melhorar a compreensão, identificam a elaboração de resumos como estratégia de eficácia comprovada. Com relação aos materiais, apontam que os que são orientados especificamente para adultos e contêm conteúdos contextualizados favorecem a motivação e o engajamento dos estudantes. Os autores identificam, enfim, alguns aspectos que merecem mais investimentos em termos de pesquisa: estratégias de ensino de escrita; metodologias para desenvolvimento de habilidades de compreensão em leitura, inclusive com instrução explícita de estratégias, testando quais estratégias são mais indicadas para cada modalidade de cursos: de educação básica, secundária, inglês como segunda língua e para alunos com distúrbios de aprendizagem.

Um relatório ainda mais extenso sobre o estado da arte da pesquisa em educação de adultos foi realizado pelo *National Research Council* a pedido do *U.S. Department of Education* e publicado em 2012 (LESGOLD e WELCH-ROSS, 2012). A demanda colocada ao comitê responsável pela elaboração do relatório foi a de sintetizar resultados de pesquisa em alfabetização e aprendizagem de adultos; extrair implicações para o ensino de adultos; formular recomendações para as pesquisas e as políticas educacionais. No escopo dessa revisão, os especialistas também incluíram, além dos grupos de adultos identificados na revisão acima comentada, os adultos com educação secundária completa, mas com habilidades de alfabetismo insuficientes, participando de cursos especiais promovidos pelos *colleges* para estudantes insuficientemente preparados para o Ensino Superior. No relatório, o comitê também se queixa da escassez de estudos rigorosos no campo, e por isso fazem uso também de evidências de pesquisas produzidas no campo da educação de crianças e adolescentes, sugerindo que a validação do que se acumulou nesse campo seja feita também junto a diferentes grupos de alfabetizandos adultos. O relatório reconhece do mesmo modo que o anterior a importância de que os programas voltados à promoção do alfabetismo entre adultos levem em conta as habilidades componentes da leitura – reconhecimento de palavras, fluência, vocabulário, compreensão, conhecimento prévio, estratégias de análise – além das habilidades componentes da escrita. Os autores recomendam que a instrução explícita dessas habilidades componentes seja combinada com a prática extensiva com textos, ferramentas e tarefas motivadoras e adequadas à bagagem cultural e às expectativas dos estudantes. Destacam também que os programas mais bem-sucedidos são aqueles que contam com sistemas de avaliação e monitoramento do progresso dos alunos e que lhes oferecem *feedback* constante. Entre as recomendações, destacam abordagem integrada da leitura e da escrita; a necessidade de formação de educadores de adultos, maior colaboração entre pesquisadores e os que implementam programas, uso de tecnologias, além de uma melhor tipologia dos diferentes grupos de alunos adultos com baixas capacidades de alfabetismo. Como ferramentas de disseminação do conteúdo do relatório para educadores e formuladores de políticas, os editores organizaram dois cadernos: *Improving Adult Literacy Instruction: Developing Reading and Writing* e *Improving Adult Literacy Instruction: Supporting Learning and Motivation.*

3. Impactos

Nas ciências sociais, são inúmeros os estudos que correlacionam os níveis educacionais com os mais diferentes benefícios sociais e econômicos ou ainda ao comportamento político. Não é consequência direta, entretanto, a conclusão de que tais benefícios sejam os mesmos quando a educação se realiza na idade adulta. Assim, estudos que buscam identificar os impactos da educação e alfabetização na idade adulta constituem campo próprio de suma importância para a orientação das políticas educacionais e para justificar investimentos nesse campo, dando concretude e sentido à noção de educação como direito que se interliga à garantia de outros direitos sociais, econômicos e culturais.

Um balanço realizado por Beder (1999) sintetiza os estudos mais relevantes realizados nos Estados Unidos sobre esse tema nas quatro últimas décadas do século XX. Entre 115 estudos identificados, seleciona os 23 mais consistentes, dos quais deriva as seguintes conclusões: os alunos egressos dos cursos normalmente percebem ganhos em termos de suas habilidades de alfabetismo, porém nem sempre testes aplicados ao final dos programas educativos conseguem comprovar tais ganhos; há evidências de que a participação em programas de alfabetização e EJA resultam em maior empregabilidade e renda; assim como em maior engajamento em oportunidades de educação continuada; a participação em cursos também favorece a certificação de escolaridade correspondente à educação secundária por meio de exame (GED); segundo a visão dos participantes, os cursos têm impactos positivos em sua autoimagem e envolvimento com a educação dos filhos. Diante desses achados, o autor tece três recomendações: criação de sistemas de *standards* de resultados e impactos mensuráveis; realização de um estudo longitudinal para apreender impactos de longo prazo; financiamento de estudos de impacto em nível local e estadual.

Nos anos 2000, alguns estudos de cunho longitudinal foram realizados. Na Inglaterra, há acompanhamentos longitudinais com base em amostras de coortes nascidas numa determinada semana de 1970, que se prestam a estudos dessa natureza. Carpentieri, Lister e Frumkin (2010) reportam análise dos dados coletados nesse acompanhamento, mostrando que pessoas, especialmente mulheres, que melhoram suas habilidades de numeramento na idade adulta obtêm vantagens em termos de renda e situação ocupacional.

Ainda na linha das pesquisas longitudinais, estudo realizado por Stephen Reder ao longo da década dos 2000 merece destaque pela consistência e enorme relevância dos resultados para o campo da avaliação (REDER, 2012). O estudo parte das seguintes questões: em que medida as habilidades de alfabetismo dos adultos continuam a se desenvolver depois que saem da escola; quais são os padrões de participação dos adultos em cursos voltados ao aperfeiçoamento da leitura e da escrita; que experiências de vida estão associadas com a melhoria das capacidades e práticas de leitura e escrita na idade adulta (contextos e atividades); que impactos o desenvolvimento do alfabetismo na idade adulta acarreta em termos de mudanças econômicas e sociais. Para tanto, acompanhou-se ao longo de dez anos, entre 1998 e 2007, uma amostra de jovens e adultos (entre 18 e 44 anos), escolhida aleatoriamente entre residentes da região metropolitana de Portland, no estado do Oregon, que não tinham a educação média completa. Foram realizadas seis ondas de coleta de dados com entrevistas em profundidade e testes de habilidades no domicílio dos sujeitos, além de avaliações sobre engajamento em práticas de leitura e escrita no dia a dia e a autopercepção das próprias habilidades e práticas. Também foram coletadas informações sobre participação em programas voltados ao desenvolvimento de habilidades básicas e capacitação profissional, situação ocupacional, renda e composição da família. No final do período, eles conseguiram reter 90% dos mil casos amostrados no início.

A análise desse relevante conjunto de dados confirmou que as habilidades de leitura e escrita continuam a se desenvolver depois que se encerra a vida escolar, com grandes variações entre os indivíduos. As pessoas que têm níveis altos de engajamento em práticas de alfabetismo também têm níveis mais altos de habilidades em leitura e matemática. Determinados eventos, como conseguir um emprego depois de um período de desocupação, aumentam a probabilidade de o sujeito melhorar suas habilidades de leitura e escrita. Constatou-se que a participação em cursos formais de educação básica é intermitente, mas alternada com períodos de investimento individual na própria formação (autodidatismo).

O estudo não verificou relação significativa entre a participação em programas de educação básica e melhoria nos níveis de proficiência, porém, empregando controles estatísticos rigorosos, pode identificar correção causal entre participação em programas de educação de adultos e maior engajamento em práticas de alfabetismo, como leitura de livros e uso de matemática em tarefas domésticas. Constatou ainda que práticas mais frequentes de leitura e escrita, depois de um período de 5 a 6 anos, levam a um aumento da proficiência, também aplicando o controle de diversas variáveis demográficas e de *background* educacional.

Com relação aos ganhos socioeconômicos, o estudo conclui que tanto o nível inicial de proficiência como o índice de aumento da proficiência na fase adulta afetam positivamente a renda. Portanto seria igualmente importante para os adultos entrar no mercado de trabalho com níveis adequados de proficiência como continuar desenvolvendo suas habilidades ao longo da vida.

Com base nesses achados, o autor defende algumas teses sobre a alfabetização e educação de adultos: primeiramente, que ela traz benefícios para os indivíduos e a sociedade, impactando os níveis de emprego e renda; que os programas de alfabetização e educação básica têm efeitos imediatos somente nas práticas de letramento e numeramento e que, no longo prazo, tais práticas resultam em melhor proficiência. Dessa forma, o autor explica por que avaliações de programas que se limitam a avaliar resultados imediatos na proficiência, muitas vezes, não conseguem identificá-los. Isso não quer dizer que os programas não tenham efeitos positivos nesse domínio, apenas que eles se manifestam num período mais longo, mediante a intensificação das práticas. Essa intensificação, por outro lado, se revela mais imediatamente e pode servir como indicador mais adequado de resultados dos programas em avaliações que coletam dados apenas na saída dos alunos.

Outra mudança radical de perspectiva que o estudo sugere diz respeito à preocupação com a evasão ou intermitência da participação dos adultos em programas de educação básica. Ao verificar que os maiores aumentos de proficiência se dão entre aqueles indivíduos que participaram tanto de programas educativos formais como de atividades de aprendizagem autodirigidas, deduz que seria adequado conectar esses dois tipos de aprendizagem, oferecendo suporte para o desenvolvimento das habilidades de leitura e escrita de adultos. Os adultos normalmente permanecem pouco tempo nos programas de educação básica, então as comunidades locais poderiam desenvolver sistemas de suporte à educação continuada, considerando o autodidatismo apoiado por ferramentas tecnológicas.

Finalmente, o autor chama a atenção para um público prioritário da EJA, adultos mais velhos que vão perdendo suas habilidades de alfabetismo ao longo do tempo. O estudo longitudinal, assim como muitos outros, indica uma perda de capacidades de alfabetismo como fenômeno amplo, tendo início a partir dos 35 anos. As perdas são menores para os adultos com habilidades mais altas e, portanto, programas voltados a esse público, principalmente incentivando o engajamento em práticas de leitura e escrita, são recomendáveis para se extraírem benefícios sociais duradouros dos investimentos em educação que o estado, as famílias e os indivíduos realizam.

4. Conectando a pesquisa com as práticas e as políticas

Respondendo aos crescentes apelos de agências financiadoras de que formuladores de políticas educacionais e educadores baseiem duas decisões em fundamentos científicos, um grupo de renomados pesquisadores da área da educação de adultos, nos Estados Unidos, reuniu-se para propor um sistema de produção de evidências científicas e inovações para aperfeiçoamento de programas educativos (COMINGS et al., 2003). Os autores, entretanto, rejeitam a transposição de um modelo da medicina em que o que conta como evidência são apenas experimentos com seleção aleatória de grupo de tratamento e controle. Propõem uma visão mais ampla, segundo a qual "educação baseada em evidências consiste na integração dos saberes profissionais com as melhores evidências empíricas disponíveis" (COMINGS et al., 2003, p. 19). Os autores destacam o valor de uma melhor integração entre pesquisadores e educadores da EJA na busca de desenhos de programas com efetividade para os diferentes contextos. Propõem um sistema de EJA baseado em evidências articulando três elementos: (1) pesquisa básica e aplicada, que forneça evidências para o desenho de programas, (2) avaliação dos modelos de programas e (3) conhecimentos dos educadores sobre como melhorar a implementação dos programas. Dão exemplos de pesquisas relevantes em diferentes abordagens metodológicas: estudos experimentais, quasi-experimentais, correlacionais e estudos de caso. Os autores propõem que a pesquisa e a avaliação se façam sobre programas que correspondam a certos critérios de excelência. Tais critérios definiriam o que os autores chamam de linha de base de modelos de programas. A modelagem de programas deve, segundo a proposta, basear-se tanto na pesquisa básica e aplicada como nos conhecimentos práticos de educadores, com especificações em relação ao público-alvo e particularidades de contexto.

Em 2007, o *National Center for the Study of Adult Learning and Literacy* (NCSALL) publicou um relatório sistematizando sua experiência com anos de trabalho, visando apoiar a prática da educação de adultos por meio da produção e disseminação de pesquisas. Respondia, dessa forma, à diretriz do plano governamental *No Child Left Behind* de fomentar a adoção de políticas e práticas cuja efetividade tenha sido previamente confirmada por meio da pesquisa, com o objetivo último de ajudar educadores e gestores a acessar, compreender, julgar e usar resultados de pesquisa na fundamentação de suas opções práticas (SMITH, BINGMAN e BEALL, 2007, p. 2). Os autores sumarizam estudos relevantes sobre o uso da pesquisa pelos educadores, indicando que tanto a crença na utilidade da pesquisa como a aplicação de seus resultados é mais efetiva quando os educadores têm espaços para discutir entre pares as pesquisas e quando eles mesmos já participaram de iniciativas de caráter investigativo. Isso quer dizer que é fundamental incluir esses elementos no processo de formação inicial e continuada dos educadores. Com base em uma década de experiência, os autores observam que a maioria dos educadores, público sobre o qual o esforço de disseminação deve começar, acredita na utilidade da pesquisa desde que ela ofereça respostas concretas para seus problemas de sala de aula. Como quase sempre a pesquisa não oferece respostas únicas, mas principalmente alarga as perspectivas de análise ou aponta alternativas, os autores destacam a necessidade de que os próprios educadores sejam encorajados e apoiados a buscar soluções práticas baseadas no seu entendimento e julgamento dos resultados das pesquisas. Uma das principais constatações dos autores é que a melhor forma de engajar os educadores no consumo de pesquisas é aproximá-los daquelas que respondem a seus problemas cotidianos. Educadores e gestores, portanto, devem ser os principais demandadores da produção acadêmica na área.

Os autores sistematizam algumas atitudes que os educadores deveriam adotar na perspectiva de valorizar a prática fundamentada em evidências (SMITH, BINGMAN e BEALL, 2007, p. 18):

- Assumir a crença de que a prática precisa ser baseada em pesquisas ou outras evidências sólidas; quando confrontado com uma nova proposta pedagógica deve questionar se ela está respaldada em evidências ou na sabedoria profissional.

- Procurar ativamente referências de pesquisa, reconhecendo que são essenciais para seu trabalho. Integrar as evidências científicas com os próprios conhecimentos e transformar sua prática com base nelas.
- Produzir pesquisas na sala de aula, em parceria com grupos acadêmicos e/ou documentar suas práticas decorrentes da aplicação de resultados de pesquisa.

Os autores advogam que uma melhor conexão entre a prática e a pesquisa aplicada demanda tempo e planejamento. Depende de um ciclo que envolve a pesquisa acadêmica, equipes técnicas e educadores dos sistemas de ensino, amparados por uma política pública articulada e de longo prazo. Assim eles ilustram o ciclo que deve ser mantido no longo prazo:

Ciclo da produção e utilização da pesquisa em EJA

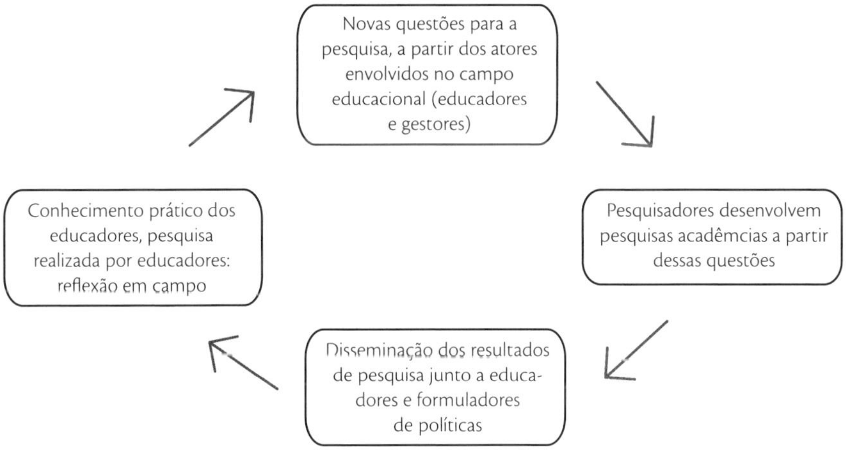

Os autores concluem que a reforma educacional impulsionada pelo ato legislativo de 2001, o *No Child Left Behind*, provocou mudanças importantes no campo educacional norte-americano, que afetaram o trabalho do NCSALL: a demanda dos resultados de pesquisa intensificou-se, seja pela exigência dos gestores de que as propostas pedagógicas adotadas tivessem fundamentação científica, seja pelo desejo de genuinamente entender o que, de fato, a pesquisa tem a dizer em relação ao aperfeiçoamento da prática educacional.

5. Indicações para a prática e a pesquisa em EJA no Brasil

No Brasil, para que um círculo virtuoso como o ilustrado acima se instaurasse, seria preciso, antes de qualquer coisa, que os programas de EJA contassem com um quadro de professores razoavelmente estáveis e identificados com a área. Só assim o conhecimento prático poderia se desenvolver solidamente e gerar as perguntas relevantes para a pesquisa básica e aplicada. Lamentavelmente, na maioria dos sistemas de ensino no Brasil, a EJA não se coloca como opção principal de contrato e carreira dos professores e professoras. Algumas redes públicas, entretanto, conseguem desenvolver propostas pedagógicas próprias para essa modalidade, articulando grupos de profissionais mais capacitados e comprometidos com a modalidade (HADDAD, 2007). Se esses profissionais pudessem contar com parceria permanente de centro de pesquisa disposto a responder às suas perguntas, certamente suas melhores soluções para os problemas práticos de sala de aula poderiam ser aperfeiçoadas e compartilhadas com mais educadores e programas, com o amparo de abordagens rigorosas que explicitassem suas bases científicas, associando as propostas pedagógicas com o perfil de educandos e os contextos em que surtiram efeitos.

A literatura internacional analisada indica que os gestores de políticas tem um papel crucial como demandantes de pesquisas, em condições de viabilizar sua operacionalização. No Brasil, muitas secretarias estaduais e municipais de educação teriam porte para sediar um órgão semelhante ao Inep, dedicado à produção de dados e pesquisas. Por meio de um órgão como esse, os gestores das políticas educacionais poderiam fomentar a participação da pesquisa acadêmica na busca de respostas para as questões suscitadas pela prática educativa e pelas opções de políticas adotadas. A pesquisa avaliativa seria então, como deveria, parte integrante de qualquer política educacional consistente e da rotina dos educadores. O foco dos gestores educacionais no Brasil, porém, ainda está restrito às avaliações de larga escala baseadas em testes padronizados, em torno das quais se organiza nosso sistema de avaliação da educação básica.

No campo da EJA, foram principalmente os programas emergenciais – como o Alfabetização Solidária, o Brasil Alfabetizado e Projovem – que se preocuparam em criar sistemas próprios de monitoramento e avaliação. Freitas et al. (2013), em levantamento bibliográfico sobre o Projovem realizado no âmbito do Projeto *Educação de Jovens e Adultos: insumos, processos, resultados*, identificaram 51 documentos reportando resultados de pesquisas sobre o tema produzidas entre 2005 e 2012. A própria pesquisa desenvolvida pelas autoras comparando o Projovem e a EJA só foi possível graças à disponibilidade de dados produzidos pelo sistema de monitoramento e avaliação do próprio programa. As políticas estruturais de EJA, por sua vez, ficam à margem dos sistemas de avaliação da educação básica. O Censo Escolar, apesar de ser uma fonte valiosa de dados para a pesquisa sobre essa modalidade, encerra uma série de limitações, uma vez que o formato padrão de coleta de dados não se ajusta às especificidades da EJA, onde, por exemplo, existem matrículas semestrais, por disciplina etc. Freitas et al. (2013) puderam constatar, no processo da pesquisa, as limitações dos dados da EJA coletados pelo Censo. Considerando que a coleta de dados em EJA envolve de fato muito mais complexidade, seria recomendável que sistemas de avaliação estaduais e municipais compartilhassem essa responsabilidade.

Temos também que considerar o Exame Nacional para Certificação de Competências de Jovens e Adultos (Encceja) como política de EJA que, em princípio, tem grande potencial para gerar informações relevantes para a pesquisa avaliativa em EJA. Porém, como evidenciaram Catelli Jr. et al. na pesquisa que realizaram sobre o tema, também no âmbito do *Projeto Educação de Jovens e Adultos: insumos, processos, resultados* (Catelli et al., 2013), a aplicação do exame ainda é descontínua e suas bases de dados não vêm sendo devidamente consolidadas. Aliada a essa situação, a resistência dos pesquisadores acadêmicos a essa política tem resultado no esvaziamento do Encceja como instrumento de avaliação, função que poderia cumprir além da certificação. O exame, acompanhado de questionários elaborados com a devida orientação científica, poderia prover informações preciosas sobre as trajetórias formativas de jovens e adultos que buscam a certificação escolar, sobre as qualidades e desafios dos programas educativos em que estiveram inseridos, sobre as principais lacunas na sua formação básica e sobre os conhecimentos que puderam construir na experiência extraescolar.

De qualquer modo, é preciso ter em conta que as avaliações com aplicação de provas padronizadas, mesmo quando acompanhadas por questionários sobre perfil, experiências e expectativas dos jovens e adultos, não são suficientes para responder às perguntas relevantes para a prática pedagógica e para a política de EJA. Os balanços das pesquisas realizadas nos Estados Unidos e Reino Unido analisados nesse artigo indicam que para gerar recomendações sobre as melhores práticas pedagógicas, é fundamental a análise das didáticas e dos processos de aprendizagem; e que, para apreender os impactos da EJA para os educandos e para a sociedade, a abordagem longitudinal tem um potencial extraordinário.

Com relação à eficácia das propostas pedagógicas, os balanços do estado do conhecimento analisados apontam que não há evidências da superioridade de uma dada metodologia sobre as outras, ainda que certos procedimentos tenham sua eficácia comprovada. Uma das constatações a destacar é a eficácia das práticas que envolvem interação entre os educandos, a utilização de material didático apropriado para a faixa etária e proposição de problemas desafiadores do ponto de vista cognitivo. Por outro lado, também o trabalho sistemático sobre habilidades componentes da competência em leitura, como reconhecimento de palavras, fluência e estratégias de compreensão, favorecem o bom desenvolvimento dos educandos. Tal constatação indica a necessidade de materiais e orientações didáticas bem estruturadas, que favoreçam o exercício e a sistematização de conteúdos, mas que não limitem as possibilidades de interação, assim como a reflexão e a resolução de problemas cognitivos de alto nível. Essas constatações sugerem um abrangente programa de pesquisas que poderiam ser realizadas de forma cooperativa por educadores e pesquisadores profissionais.

Com relação aos impactos psicossociais da EJA, há diversas evidências de efetivos ganhos dos adultos que participam de programas educativos em termos de aumento da renda, aproveitamento de oportunidades de aprendizagem e autoconceito. Achados como esse dão concretude à noção da educação como direito, evidenciando como a educação ao longo da vida se articula ao exercício de outros direitos. A abordagem longitudinal adotada por um dos mais inovadores projetos de pesquisa realizados nas últimas décadas, conduzido por Reder (2012), desvela as sinergias entre as aprendizagens escolares e não escolares realizadas pelos adultos. Os achados de tal estudo relativizam a visão de que a intermitência da participação dos adultos em cursos de educação básica não significa anulação dos resultados da EJA em termos de ganhos em competência e adoção de hábitos que favorecem a aprendizagem continuada. O estudo nos provoca a abordar de forma mais integrada o *continuum* da educação escolar e extraescolar, iluminando um vasto campo a ser explorado pela pesquisa, mostrando que a EJA pode ser uma modalidade privilegiada para as investigações sobre as relações entre educação, sociedade, desenvolvimento e direitos humanos.

6. Referências

BEDER, H. *The Outcomes and impacts of adult literacy education in the United States.* NCSALL Reports n. 6. Cambridge: The National Center for the Study Learning and Literacy, 1999. Disponível em: <http://ncsall.net/fileadmin/resources/research/report6.pdf>. Acesso em: 20 fev. 2013.

BROOKS, G.; BURTON, M.; COLE, P.; SZCZERBINSKI, M. *Effective Teaching and Learning Reading.* National Research and Development Centre for adult literacy and numeracy. Londres: NRDC, 2007.

CARPENTIERI, J. D.; LISTER, J.; FRUMKIN, L. *Adult numeracy:* a review of research. Londres: Institute of Education, 2010.

CATTELI JR., R. et al. O Exame Nacional de Certificação de Competências de Jovens e Adultos – Encceja: seus impactos nas políticas de EJA e nas trajetórias educacionais de jovens e adultos. In: Ação Educativa. *Educação de Jovens e Adultos:* insumos, processos, resultados – Relatório de Pesquisa. São Paulo: Ação Educativa, 2013.

COMINGS, J. P. et al. Establishing an Evidence-based Adult Education System. Cambridge, MA: National Center for thef Studies of Adult Learning and Literacy, 2003.

FREITAS, M. V. et al. O impacto do Projovem nas políticas de EJA e juventude e na trajetória Educacional dos Jovens. In: Ação Educativa. *Educação de Jovens e Adultos*: insumos, processos, resultados – Relatório de Pesquisa. São Paulo: Ação Educativa, 2013.

HADDAD, S. et al. *Novos caminhos em Educação de Jovens e Adultos – EJA*: Um estudo de ações do poder público em cidades de regiões metropolitanas brasileiras. São Paulo: Global Editora/Fapesp, 2007.

________. *O estado da arte das pesquisas em Educação de Jovens e Adultos*. São Paulo: Ação Educativa, 2000.

HAMMERSLEY, M. *Educational research and evidence-based practice*. Londres: The Open University/Sage, 2007.

KRUIDENIER, J.; MACARTHUR, C.; WRIGLEY, H. *Adult Education Literacy Instruction:* A Review of the Research. Washington, DC: National Institute for Literacy, 2010.

LESGOLD, A. M.; WELCH-ROSS, M. (ed.). *Improving Adult Literacy Instruction: Options for Practice and Research*. Washington, DC: National Academies Press, 2012. Disponível em: <http://www.nap.edu/catalog.php?record_id=13242>. Acesso em: 14 mar. 2013.

MEADOWS, P.; METCALF, H. *Evaluation of the Impact of Skills for Life Learning*: report on Sweep 2. Research Report RR701. London: Department for Education and Skills, 2005. Disponível em: <https://www.education.gov.uk/publications/eOrderingDownload/RR701.pdf>. Acesso em: 20 fev. 2013.

REDER, S. *The Longitudinal Study of Adult Learning*: Challenging Assumptions (Research Brief). Montreal, QC: Centre for Literacy, 2012. Disponível em: <http://www.centreforliteracy.qc.ca/sites/default/files/CFLRsrchBrief_Chllngng_Assmptns.pdf>. Acesso em: 18 fev. 2013.

REDER, S. *Adult Literacy Development and Economic Growth*. Washington, DC: National Institute for Literacy, 2006.

SILVA, J. L. da; BONAMINO, A. M. C.; RIBEIRO, V. M. Escolas eficazes na educação de jovens e adultos: estudo de casos na rede municipal do Rio de Janeiro. *Educação em Revista* (UFMG. Impresso), v. 28, p. 367-392, 2012.

SMITH, C.; BINGMAN, B.; BEALL, K. *Research Utilization in the Field of Adult Learning and Literacy*: Lessons Learned by NCSALL About Connecting Practice, Policy, and Research. Cambridge, MA: National Center for the Study of Adult

Learning and Literacy, 2007. Disponível em: <http://www.ncsall.net/fileadmin/resources/research/op_research_utilization_CPPR.pdf>. Acesso em: 19 fev. 2013.

TORGERSON, C. et al. *Adult literacy and numeracy interventions and outcomes*: a review of controlled trials. Londres: NRDC, 2004.

O impacto da inclusão da Educação de Jovens e Adultos no Fundo de Manutenção e Desenvolvimento da Educação Básica (Fundeb) no Estado de São Paulo[1]

Maria Clara Di Pierro[2]

1. Introdução: antecedentes históricos, contexto, justificativa e objetivos do estudo

As políticas públicas de educação escolar de jovens e adultos no Brasil remontam a meados do século XX, e sua trajetória de mais de meio século foi marcada, sobretudo, pela indução federal à implementação descentralizada de sucessivas campanhas de alfabetização.

Os movimentos de educação e cultura popular do início da década de 1960 fizeram emergir uma identidade pedagógica peculiar à educação de adultos. O pensamento emancipador de Paulo Freire, que emergiu naquele período, entretanto, foi expurgado dos programas governamentais durante o regime militar que, no intuito de absorver no mercado de trabalho urbano o afluxo

1 Este texto baseou-se no relatório da meta 3, intitulada "O impacto da inclusão da Educação de Jovens e Adultos no Fundo de Desenvolvimento da Educação Básica (Fundeb) no Estado de São Paulo", coordenado por Maria Clara Di Pierro, que teve como assistentes de pesquisa Mariana Sucupira e Bianca Boggiani Cruz, e contou com serviços de análise estatística de Fernando Guarnieri.

2 Professora da Faculdade de Educação da Universidade de São Paulo.

de migrantes rurais pouco escolarizados, institucionalizou a Educação de Jovens e Adultos (EJA) no sistema escolar (em especial nas redes estaduais de ensino) por meio do ensino supletivo, concebido como estratégia alternativa de certificação e reposição acelerada de escolaridade não realizada na infância ou adolescência. Mesmo proscrito, o paradigma da educação popular inspirou muitas das práticas educativas dos movimentos sociais que impulsionaram a transição à democracia e inscreveram na Constituição de 1988 o direito à educação escolar em qualquer idade.

As leis aprovadas no período de redemocratização reconheceram a educação fundamental como direito público subjetivo dos jovens e adultos e responsabilizaram as três esferas de governo, em regime de colaboração, pela provisão de cursos e exames para aqueles que fossem analfabetos ou tivessem baixa escolaridade. As expectativas então geradas de um reposicionamento da modalidade na agenda das políticas educacionais foram frustradas quando, na década de 1990, a reforma do Estado e o ajuste macroeconômico inspirados nos preceitos neoliberais fizeram com que o governo federal se abstivesse do papel indutor que historicamente desempenhara, passando a cumprir, sobretudo, funções de regulação, em um sistema de ensino crescentemente descentralizado, no qual parte das responsabilidades públicas relativas à EJA foi transferida para organizações civis.

Nesse contexto, os municípios, alçados pela Constituição à condição de entes federados autônomos, foram impelidos a assumir crescentes responsabilidades educativas, dentre as quais o Ensino Fundamental aos jovens e adultos. Em meio às dificuldades que os governos subnacionais enfrentaram na transição do milênio para assegurar oportunidades apropriadas de educação básica aos jovens e adultos, sobressai a escassez de meios financeiros, posto que as políticas de fundos da época focalizassem os investimentos públicos na instrução das crianças e adolescentes[3].

---

3 A Emenda Constitucional 14/1996 condicionou o financiamento da educação a um regime de fundos contábeis que focalizou e subvinculou 60% dos recursos atribuídos pelos estados e municípios ao setor à ampliação da matrícula escolar do Ensino Fundamental de

No início dos anos 2000, em um contexto político e econômico diverso – sob o governo do Presidente Lula da Silva –, a EJA voltou à agenda da administração federal, cujas políticas passaram a combinar medidas de inclusão da modalidade nos esquemas de colaboração entre as três esferas de governo para a provisão descentralizada de educação básica (incluindo o financiamento e assistência aos estudantes) com programas desconcentrados de alfabetização, elevação de escolaridade, capacitação profissional e certificação pela via de exames.

Os diagnósticos sobre a situação educacional atual dos brasileiros jovens e adultos são unânimes em apontar a reduzida escolaridade média da população, a persistência de elevados índices de analfabetismo nos grupos de idade mais avançada, e profundas desigualdades educacionais entre as gerações, regiões, zonas urbanas e rurais, grupos étnicos e classes de rendimento. Para suprir demanda social tão extensa, a oferta de oportunidades de formação para a população jovem e adulta é reduzida, marcadamente urbana e escolarizada, e moldada pelo paradigma pedagógico compensatório, cuja inadequação à cultura e às condições de aprendizagem dos destinatários resulta em elevados índices de abandono escolar.

Essa situação configura uma violação dos direitos educativos construídos socialmente e consagrados na legislação, e um desafio às políticas educacionais, que tardiamente foram incorporando as necessidades formativas dos jovens e adultos à agenda nacional de gestão e financiamento do ensino básico, após uma década marcada pelas tendências à descentralização e desfinanciamento dos serviços, e transferência de responsabilidades públicas a organizações da sociedade civil.

Como esse novo contexto – em especial as regras de financiamento do

---

crianças e adolescentes, bem como à melhoria da formação e das condições de trabalho de seus docentes. Ao aprovar a instituição do Fundo Nacional de Desenvolvimento do Ensino Fundamental – Fundef, o Congresso incluiu o ensino de jovens e adultos entre os beneficiários, mas o Presidente Fernando Henrique Cardoso vetou essa parte da lei com o intuito de minimizar a complementação financeira devida pelo governo federal aos estados mais pobres, mantendo assim coerência com a diretriz de contenção do gasto social público e com as demais medidas de ajuste estrutural da economia então realizado nos moldes neoliberais.

ensino instituídas a partir de 2006 pelo Fundo de Desenvolvimento e Manutenção da Educação Básica e de Valorização dos Profissionais da Educação (Fundeb) – impactou a configuração e o desenvolvimento contemporâneo do ensino público de jovens e adultos de São Paulo, o estado mais populoso e economicamente desenvolvido, que reúne o segundo maior contingente de analfabetos do país? Responder a essa pergunta foi o propósito inicial da investigação, que analisou as políticas públicas de EJA como componente e expressão das reformas educacionais consoantes à redefinição do papel do Estado na regulação das políticas sociais no período recente.

A revisão da literatura indica que o financiamento é um aspecto crucial para a inserção efetiva dessa modalidade no sistema de educação básica no país, e constitui componente-chave das políticas de EJA, ora impulsionando-as – como no final da década de 1940, quando um percentual do Fundo Nacional do Ensino Primário foi direcionado ao ensino supletivo de adolescentes e adultos –, ora constrangendo-as – como no período de 1997 a 2006, quando as matrículas na escolarização de jovens e adultos foram excluídas dos cálculos do Fundo Nacional de Desenvolvimento do Ensino Fundamental – Fundef. O financiamento é também um dos meios pelos quais a União exerce a indução de políticas desconcentradas, empregando recursos fiscais na operação de transferências negociadas, condicionadas à adesão dos governos subnacionais aos programas concebidos e controlados pela esfera federal.

Os estudos sobre os custos, o financiamento e o gasto público com a Educação de Jovens e Adultos são escassos e seus autores se ressentem da falta de informações fidedignas desagregadas. Em meados da década de 1990 o gasto público em Educação de Jovens e Adultos correspondia a 1,4% da despesa em educação, prevalecendo o investimento dos estados (62,3%) e dos municípios (28,4%) sobre aquele (9,2%) realizado pela União (ABRAHÃO e FERNANDES, 1999). Estimativas realizadas para o período 2001-2004 indicam que a despesa média anual dos estados e municípios na modalidade de ensino destinada aos jovens e adultos representava aproximadamente 0,3% do PIB e cerca de 10% do gasto com educação básica, situado naquele período em torno de 3% do PIB (BRASIL, 2008; CASTRO, 2007), montante insuficiente para fazer frente aos desafios educativos reconhecidos na legislação nacional e nos compromissos assumidos pelo país no plano internacional.

A implantação do Fundeb modificou parcialmente esse quadro, à medida que permitiu a consideração das matrículas na Educação de Jovens e Adultos, ainda que em condições desfavoráveis em comparação às demais modalidades de ensino[4]. Por essa razão, quando o projeto de pesquisa foi delineado, ao final da década de 2000, duas hipóteses emergiram do exame da literatura sobre a história das políticas públicas de EJA no estado de São Paulo e sobre o financiamento da modalidade no sistema público de ensino: de que a tendência à municipalização do Ensino Fundamental teria continuidade, e de que a oferta de serviços educativos tenderia ao crescimento, sem que, contudo, estivessem dadas as condições para a provisão de um ensino de qualidade.

Até a década de 1980 a oferta pública de ensino para jovens e adultos no estado de São Paulo era realizada predominantemente pela rede estadual de ensino. A descentralização da modalidade teve início em 1990, quando muitos municípios absorveram os serviços de alfabetização e pós-alfabetização até então mantidos pela extinta Fundação Educar, sucedânea do Mobral (HADDAD et al., 1993). A tendência à municipalização se aprofundou a partir de 1996, quando pelo Decreto 40.673 o governo estadual retirou-se da oferta das séries iniciais da EJA, delegando essa tarefa às municipalidades (CARVALHO, 2006; FURLAN, 2007; VIEIRA, 2011). Na década seguinte as estatísticas paulistas registraram a intensificação da municipalização do Ensino Fundamental de jovens e adultos, concomitante ao declínio da oferta privada e, na segunda metade da década, o recuo também das matrículas na rede estadual (Tabela 1).

---

4 Instituído pela Emenda Constitucional 53 e pela Lei 11.494/2007, o Fundeb reformulou as regras de colaboração entre as três esferas de governo para o financiamento de todas as etapas e modalidades da educação básica, incluindo progressivamente em seus cálculos o ensino de jovens e adultos que, entretanto, foi considerado com o menor fator de ponderação (inicialmente 0,7 e depois 0,8 do valor de referência) e o gasto limitado a um teto de 15% do Fundo, restrições estas baseadas em temores (que se mostrariam totalmente infundados) de um "crescimento desordenado ou explosivo das matrículas na EJA" (BORGES, 2007, p. 117).

Tabela 1 – São Paulo: Evolução da matrícula no Ensino Fundamental de Jovens e Adultos por Dependência Administrativa (1995-2011)										
Ano	**Total**	**Federal**		**Estadual**		**Municipal**		**Particular**		
	n.	**n.**	**%**	**n.**	**%**	**n.**	**%**	**n.**	**%**	
1995	347.905	0	–	144.007	41,34	144.082	41,4	59.816	17,2	
2000	577.992	33	–	236.293	40,9	297.357	51,4	44.309	7,6	
2005	598.384	0	–	250.322	41,8	325.747	54,4	22.315	3,7	
2009	389.582	0	–	144.100	37,0	241.300	61,9	4.182	1,1	
2010	302.908	0	–	92.574	30,5	208.066	68,7	2.268	0,7	
2011	262.136	52	–	71.234	27,2	188.571	71,9	2.279	0,9	

Inclui matrículas em cursos presenciais e semipresenciais
Fonte: Inep/MEC – Censo Escolar.

Diante desse quadro, a pesquisa colocou o foco nos municípios e procurou também aferir em que medida a municipalização das matrículas de EJA respondeu aos estímulos da política nacional de fundos de financiamento, ou às estratégias de gestão adotadas pela Secretaria de Estado da Educação em seu relacionamento com as municipalidades.

A considerável representatividade da arrecadação tributária das municipalidades nas finanças públicas nacionais, de seus gastos e dos recursos a elas transferidos, acrescida da municipalização verificada nas matrículas escolares, justificam uma avaliação mais apurada do comportamento dos gastos municipais no ensino, em especial quando analisados na perspectiva que relaciona a descentralização à democratização de oportunidades educacionais (VOLPE, 2010). Além disso, no heterogêneo mosaico dos municípios brasileiros, a gestão local da política educacional confere à oferta escolar uma diversidade significativa quanto a elementos fundamentais, tais como a carreira de professores, as estratégias de formação e as condições de oferta, o que justifica acompanhar com atenção a trajetória do âmbito municipal como espaço de elaboração e implementação de políticas públicas (GOUVEIA, 2008b).

A hipótese original de expansão das matrículas na EJA, por sua vez, baseou-se nas evidências de que, malgrado os termos desfavoráveis pelos quais a modalidade fora incluída no Fundeb, as condições de financiamento por ele criadas eram relativamente melhores que aquelas da década precedente[5], o que gerou a expectativa de que os governos subnacionais seriam induzidos à ampliação de oportunidades educacionais para a população com idade superior a 15 anos. Esta segunda hipótese logo caiu por terra, quando o exame das estatísticas evidenciou que as matrículas nas redes estadual e municipais paulistas sofreram um decréscimo em ritmo superior ao nacional (que foi de 15% no período 2007-2010), operando um recuo de 35,7% matrículas entre 2007 e 2010, sendo que somente entre 2009 e 2010 essa redução chegou a quase 25%.

O estudo foi então reorientado para explicar a queda das matrículas, inquirindo por que o aporte do Fundeb não operou como incentivo à expansão da modalidade, que outros aspectos da gestão estariam influenciando a configuração da oferta e sobre as causas de a demanda potencial por EJA não se manifestar senão em reduzida escala.

Estas questões nos levaram a problematizar mais detidamente as relações federativas, examinando os mecanismos de articulação sistêmica e coordenação intergovernamental, bem como as tensões inerentes aos processos de descentralização e recentralização das decisões e das responsabilidades pelo financiamento e provisão dos serviços educativos.

No caso das políticas públicas de EJA, a questão federativa adquire contornos singulares em virtude da herança histórica (pela qual o governo nacional exerce papel estratégico na indução do comportamento dos demais entes federados) e das profundas desigualdades socioterritoriais, que convocam a União ao exercício da função redistributiva e à coordenação de redes colaborativas e mecanismos intergovernamentais de parceria.

A problemática da colaboração intergovernamental adquire maior com-

---

5 Em 2007 (quando o fator de ponderação da modalidade era de apenas 0,7), os cálculos do custo por aluno ao ano na EJA para efeito de captação do Fundeb variaram de R$ 662,00 nos estados mais pobres a R$ 1.433,00 naqueles com maior arrecadação tributária. Embora insuficientes para prover um ensino de qualidade, esses valores eram bem superiores, por exemplo, aos R$ 250,00 por aluno/ano repassados entre 2002 e 2006 pela União aos estados e municípios no Programa Fazendo Escola, ou do per capita gasto pelo governo federal no Programa Brasil Alfabetizado, cuja média dos anos 2007 a 2010 foi, segundo estimativas de Cara e Araújo (2011), de R$ 264,70.

plexidade se consideramos o crescimento da participação dos municípios na matrícula, revertendo o histórico predomínio das redes estaduais na provisão desse serviço educativo, e também quando estudos recentes identificam no poder local o principal lócus de inovação político-pedagógica dessa modalidade de ensino (DI PIERRO, 2005; HADDAD, 2007).

2. A metodologia e o percurso da pesquisa

A coleta de dados da pesquisa desenvolveu-se entre 2011 e 2012, e foi desenhada em duas etapas, sendo a primeira de construção e análise de um banco de dados quantitativos relativos a uma amostra de municípios do estado de São Paulo, seguida de uma segunda fase qualitativa de estudos de casos municipais.

A primeira fase teve por objetivo verificar a existência de padrões de comportamento na evolução das matrículas da EJA que pudessem estar relacionados com o financiamento ou com variáveis geoeconômicas e sociodemográficas. O desenho do banco de dados privilegiou os municípios como unidade de coleta e interpretação, escolha que considerou o crescente papel desempenhado pelo poder local no sistema de educação básica em consequência da autonomia e prerrogativas criadas pela Constituição, ao lado das reformas no financiamento e gestão do setor que desde meados dos anos 1990 impulsionaram a municipalização do atendimento escolar.

O período considerado no estudo foi o intervalo entre os anos de 2005 e 2010, compreendendo os dois anos que precederam a vigência do Fundeb, sua implantação progressiva nos anos 2007-2009 (em que as matrículas da EJA foram incluídas nos cálculos do Fundo na proporção de 1/3 ao ano) e sua consolidação em 2010.

A construção e alimentação do banco de dados compreendeu um rol de 38 variáveis que permitiram caracterizar e contextualizar a educação escolar de jovens e adultos nos municípios paulistas, e verificar o peso dos fatores que poderiam influenciar a configuração da oferta escolar para esse grupo social. O banco foi estruturado em três eixos: um primeiro conjunto de 11 variáveis sociodemográficas permitiu caracterizar os municípios por localização, porte, grau de urbanização, desenvolvimento socioeconômico e humano[6]; um segundo conjunto de 14 variáveis obtidas nos Censos Demográfico e Escolar permitiu caracterizar o sistema educativo local, aferir a demanda potencial e a oferta de EJA, incluindo informações sobre os programas federais Brasil Alfabetizado e Projovem; um terceiro subconjunto de 13 variáveis proporcionou informações sobre o financiamento da educação, abrangendo indicadores da capacidade financeira dos municípios, sua participação no Fundeb, receitas e despesas em educação e na EJA[7].

Procuramos construir uma amostra representativa dos 645 municípios distribuídos nas 15 regiões administrativas paulistas, porém tivemos que restringir o universo às localidades para as quais fosse possível dispor de informações sobre o financiamento da EJA em pelo menos quatro anos do período 2005 a 2010, de modo a compor uma série histórica. Confirmou-se para o Estado de São Paulo aquilo que Volpe (2010) já constatara em Minas Gerais e que Araújo (2012) verificou posteriormente em todo o país: há nítida subdeclaração dos dados sobre o gasto público na EJA, que são contabilizados em outras rubricas. Com efeito, dos 645 municípios paulistas, 339 (52,5%) não informaram ao Tesouro Nacional quaisquer despesas na modalidade ao longo do período 2005-2010, e apenas 128 deles (19,8%) declararam algum gasto em pelo menos quatro anos do período.

Para efeitos estatísticos, essa quantidade de municípios constitui uma boa

---

6 Foi utilizado o IPRS – Índice Paulista de Responsabilidade Social, um indicador sintético elaborado pela Fundação Sistema Estadual de Análise de Dados (Seade) que classifica os municípios paulistas em cinco grupos, segundo a combinação entre variáveis econômicas e sociais.

7 Foram priorizadas as informações disponíveis no banco Finanças Brasil (Finbra) da Secretaria do Tesouro Nacional, alimentado pelos gestores das finanças estaduais ou municipais por exigência da Lei de Responsabilidade Fiscal. Esses dados foram cotejados com aqueles disponíveis no Sistema de Informações sobre Orçamentos Públicos em Educação (Siope) do Fundo Nacional de Desenvolvimento da Educação (FNDE), que reúne informações prestadas pelos gestores da educação dos estados e municípios como condição para assinatura de convênios e recebimento de complementação do Fundeb pela União. Utilizaram-se também informações do Sistema de Informações da Administração Pública (Siap) do Tribunal de Contas do Estado, que fiscaliza as despesas públicas.

representação do total estadual, configurando uma amostra intencional que, mesmo não tendo sido estruturada com base em critérios sociodemográficos e político-geográficos (como planejado inicialmente), não apresentou grandes distorções em relação ao perfil dos municípios paulistas, exceto por certa sobrerrepresentação da Região Metropolitana da Grande São Paulo e a sub-representação dos pequenos municípios (aqueles com menos de 20 mil habitantes representam 62% do total estadual e constituíram apenas 35% da amostra), evidenciando que os municípios mais populosos, urbanizados e dinâmicos do ponto de vista econômico têm maior probabilidade de manter serviços próprios de EJA que aqueles de pequeno porte.

O número de casos municipais estudados em maior profundidade na segunda etapa da pesquisa foi limitado a cinco, devido às restrições de tempo e de recursos materiais e humanos. A seleção dos casos para estudo qualitativo considerou dois momentos de análise do banco de dados: a caracterização dos municípios em seus aspectos socioeconômicos, demográficos, educacionais e financeiros; e as indicações proporcionadas pelas regressões estatísticas e análise multifatorial do banco de dados com vistas a compreender as relações entre oferta e financiamento, mediada por outras variáveis geográficas, demográficas, econômicas etc.

Buscou-se selecionar um grupo de casos que expressasse a diversidade dos municípios paulistas no que concerne a sua posição geográfica no território estadual[8], à filiação político-partidária dos prefeitos, ao porte dos municípios, ao comportamento das matrículas e do gasto efetuado na EJA. Foram selecionados os municípios de Cubatão, Dois Córregos, Jundiaí, Ribeirão Preto e São Caetano, sendo que neste último o estudo de caso não prosperou devido à indisponibilidade da administração municipal em colaborar em prazo hábil com a pesquisa.

---

8 A regionalização do estado é tarefa complexa, devido à morfologia fortemente polarizada da rede urbana estadual, no interior da qual a Macrometrópole Paulista – que articula as Regiões Metropolitanas da Grande São Paulo, de Campinas, da Baixada Santista, do Vale do Paraíba e aglomerações urbanas adjacentes – concentra 73% da população total em 27% dos municípios do estado.

3. Principais resultados da etapa quantitativa do estudo

3.1 *Sobre as características dos municípios da amostra*

A análise do banco de dados dos 128 municípios pesquisados evidenciou, inicialmente, a heterogeneidade dessas unidades político-administrativas quanto ao seu dinamismo econômico e suas características sociodemográficas, fatores estes que condicionam as políticas públicas descentralizadas e afetam a demanda e oferta de serviços educacionais.

Dentre as similitudes dos municípios pesquisados, sobressaem o elevado grau de urbanização (cuja média se situava em torno de 90%) e o momento da transição demográfica marcado pela tendência ao envelhecimento da população. Por outro lado, a amostra (assim como o universo do estado) mostrou-se extremamente heterogênea quanto ao porte dos municípios, a capacidade de geração de riquezas e sua distribuição entre os cidadãos, com repercussões no grau de escolaridade e no desenvolvimento educacional das localidades, marcado por acentuadas desigualdades.

Assim como na média do estado, que em 2010 registrou 4,3% de analfabetismo, a ampla maioria dos municípios pesquisados (85%) apresentou taxas de analfabetismo inferiores à média nacional, porém, devido ao elevado contingente populacional, a demanda potencial por oportunidades de educação entre jovens, adultos e idosos era extensa, e o índice de cobertura escolar estimado foi, no conjunto do estado, de 6,9% para o Ensino Fundamental e 15,4% para o Ensino Médio (Tabela 2).

Tabela 2 – Demanda e cobertura da EJA no estado de São Paulo (2010)		
Demanda potencial de EJA	Analfabetismo (Censo 2010)	1.404.985 (4,34%)
	Demanda potencial EF (Censo 2010)	11.686.887 (36,1%)
	Demanda potencial EM (Censo 2010)	4.848.253 (14,96%)
Matrículas na EJA (Censo Escolar 2010)	Presencial	503.350
	Semipresencial	102.351
	EJA – Ensino Profissional	328
	Educação Especial – EJA	7.307
	Total	613.336
Matrículas de jovens e adultos no ensino regular (Censo Escolar 2010)	EF – Ciclo 1 (maiores de 15 anos)	3.637
	EF – Ciclo 2 (maiores de 15 anos)	449.131
	EM – Regular (maiores de 18 anos)	397.357
	EM – Técnico (maiores de 18 anos)	4.289
	Total	854.414
Certificação na EJA – 2010 (MEC)	Encceja	67.523
	Enem (Certificação)	83.058
	Total	150.581
Brasil Alfabetizado – 2010 (MEC)	Matrículas	10.981
Projovem Urbano – 2010 (SNJ)	Entradas	6.042
Total de jovens e adultos que estudavam em 2010		**1.635.354**
Demanda atendida (total de jovens e adultos que estudam* em relação à demanda potencial)**	Total da Educação Básica	9,39%
	Ensino Fundamental	6,88%
	Ensino Médio	15,39%

* Matrículas de jovens e adultos de ensino regular, EJA, Programa Brasil Alfabetizado e Projovem Urbano.
** A demanda potencial foi calculada a partir dos dados da Pnad 2010.
Fontes: Inep/MEC, SNJ, Secad/MEC, Fundação Seade e Pnad/IBGE. Organização das autoras.

3.2 *Sobre as características e a evolução da oferta pública de EJA*

A análise da cobertura da EJA no estado de São Paulo e nos municípios da amostra apontou que a tendência geral no período 2005-2010 foi de acentuada queda no número de matrículas. No agregado do estado, houve diminuição em todos os anos do período analisado, com queda de 46,69% entre 2005 e 2010, isto é, em cinco anos, o número total de matrículas de EJA no estado de São Paulo caiu quase pela metade, sendo tal redução mais acentuada na rede estadual (–49,48%) do que na municipal (–35,12%).

Analisando separadamente as etapas/segmentos da EJA, foi possível perceber que há uma tendência geral de queda no número de matrículas. Nos anos iniciais do Ensino Fundamental houve queda de 40,13%; nos anos finais do Ensino Fundamental, de 52,25%; no Ensino Médio, de 43,77%. Em todas as etapas ou em todos os segmentos, a curva declinante se acentuou entre 2009 e 2010.

Quanto à divisão de responsabilidades entre as esferas de governo, é clara a tendência à municipalização da oferta de matrículas de EJA no Ensino Fundamental, etapa cuja responsabilidade é legalmente compartilhada entre estado e municípios. Desde 1996 a rede estadual de ensino se abstém da oferta das séries iniciais do Ensino Fundamental. Em 2005 a rede estadual era responsável por 54,82% das matrículas de EJA nos anos finais do Ensino Fundamental, passando para 42,53%, em 2010; as redes municipais, por sua vez, passaram de 42,13% para 57,02% no mesmo período. Ambas as redes perderam matrículas, mas a queda foi mais intensa na rede estadual (–63,20%) do que nas municipais (–35,38%). A diminuição no número de matrículas nas redes municipais nos anos iniciais do Ensino Fundamental e nos anos finais do Ensino Fundamental não foi tão acentuada como na rede estadual; entre 2007 e 2008, houve, inclusive, um pequeno aumento do número de matrículas municipais nesses dois segmentos.

Os dados convidam a considerar a hipótese de que há determinantes gerais (que extrapolam o âmbito da gestão local) que determinam o comportamento das matrículas, ou que existam diversas causas operando em uma mesma direção. Sugerem também que houve, em alguma medida, uma política coordenada da Secretaria de Estado da Educação para o fechamento de turmas de EJA nos grandes centros urbanos.

Tabela 3 – Evolução das matrículas presenciais de EJA no estado de São Paulo (2005-2010)

Ano	Total Geral*	Total (Pres.)	Fundamental					Médio					Educ. Prof.
			Total	Fed.	Est.	Mun.	Part.	Total	Fed.	Est.	Mun.	Part.	Fed.
2005	1.136.872	873.564	473.417	–	143.717	314.559	15.141	400.147	–	367.897	14.107	18.143	–
2006	1.067.563	834.894	433.056	–	142.165	284.101	6.790	401.838	32	373.562	13.744	14.500	–
2007	932.658	755.173	375.600	–	125.748	246.112	3.740	379.573	46	358.410	11.524	9.593	161
2008	911.241	742.704	380.162	–	108.310	267.808	4.044	362.542	14	340.653	11.495	10.380	234
2009	794.129	638.244	324.329	–	87.230	233.442	3.657	313.915	–	294.708	10.413	8.794	300
2010	606.029	503.350	260.477	–	58.139	200.114	2.224	242.873	–	228.970	9.268	4.635	328

*Inclui Ensino Fundamental e Ensino Médio em cursos presenciais, semipresenciais e EJA-EP. Não inclui as matrículas de jovens e adultos na Educação Especial, organizados em separado nas Sinopses Estatísticas do Censo Escolar. Em 2010, foram registradas pouco mais de 7 mil matrículas nessa modalidade.

Fonte: MEC/Inep – Censo Escolar.

Tabela 4 – Evolução das matrículas semipresenciais de EJA no estado de São Paulo (2005-2010)

Ano	Total Geral*	Total (Semi)	Fundamental					Médio				
			Total	Fed.	Est.	Mun.	Part.	Total	Fed.	Est.	Mun.	Part.
2005	1.136.872	263.308	124.967	-	106.605	11.188	7.174	138.341	-	124.800	4.400	9.141
2006	1.067.563	232.669	105.549	-	93.346	7.882	4.321	127.120	-	117.911	1.899	7.310
2007	932.658	177.324	77.938	-	68.461	8.025	1.452	99.386	-	92.805	4.338	2.243
2008	911.241	168.303	72.526	-	61.137	10.020	1.369	95.777	-	88.152	5.110	2.515
2009	794.129	155.585	65.253	-	56.870	7.858	525	90.332	-	84.355	5.218	759
2010	606.029	102.351	42.431	-	34.435	7.952	44	59.920	-	53.826	6.005	89

*Inclui Ensino Fundamental e Ensino Médio em cursos presenciais, semipresenciais e EJA-EP. Não inclui as matrículas de jovens e adultos na Educação Especial, organizados em separado nas Sinopses Estatísticas do Censo Escolar. Em 2010, foram registradas pouco mais de 7 mil matrículas nessa modalidade.
Fonte: MEC/Inep – Censo Escolar.

Na análise das relações federativas merece atenção também registrar a nula participação do estado e a baixa adesão dos municípios paulistas aos programas federais de EJA – Brasil Alfabetizado (PBA)[9] e Projovem[10] –, bem como a pequena magnitude do Proeja no estado.

O perfil dos jovens e adultos que frequentam a Educação Básica no estado de São Paulo evidencia que a maioria o faz em cursos regulares, e não em cursos da modalidade EJA. Os estudantes da EJA, por sua vez, são predominantemente jovens com menos de 24 anos egressos de cursos regulares que não conseguiram concluir os estudos na idade ideal; essa característica juvenil é bastante marcante nos educandos inscritos no segundo segmento do Ensino Fundamental. Nas séries iniciais do Ensino Fundamental, entretanto, é significativa a participação de pessoas com 40 anos ou mais, faixa etária que aumentou proporcionalmente sua participação em todos os segmentos da EJA no estado.

A perda massiva de matrículas na EJA observada nas redes estadual e municipais de ensino paulistas entre 2005 e 2010 incidiu sobretudo no grupo com idades entre 25 e 39 anos, em que se concentra a população economicamente ativa, o que reforça a hipótese de que a diminuição da participação de jovens e adultos em processos de escolarização presenciais esteja relacionada a sua inserção no mercado de trabalho, corroborando a literatura que aponta a dificuldade de conciliar estudo e trabalho como uma explicação importante para as elevadas taxas de abandono registradas. Outro fator a considerar na explicação da incidência da perda de matrículas ser concentrada naquele grupo etário é o conflito entre maternidade e estudo, igualmente registrado nas pesquisas, já

9 Em 2005 o PBA registrou 85.090 inscrições, reduzidas a 72.738 em 2006; em 2007 as inscrições caíram abruptamente para 18.068, reduzindo-se ainda mais em 2008 para 8.477; em 2009 as inscrições voltaram a crescer para 13.861, porém declinaram novamente em 2010 para 10.891.

10 O Projovem original, vigente entre 2005 e 2008, recebeu 2.630 inscrições no estado, 65% das quais na capital, e as demais em dez municípios da região metropolitana da Grande São Paulo. Depois que o Programa foi reformulado em 2008, alguns municípios de médio e grande porte do interior e do litoral ingressaram, e a capital não mais participou. Nas turmas que se iniciaram entre 2008 e 2010, o Projovem Urbano teve turmas em 18 municípios do estado, totalizando 26.643 inscritos.

que as taxas de fecundidade no estado são mais elevadas entre as mulheres de 20 a 34 anos.

3.3 *Sobre as finanças municipais, o investimento em educação e o gasto com EJA*

No que concerne à capacidade financeira dos municípios da amostra, constatou-se enorme variedade de situações, pois entre os municípios paulistas existem pequenas localidades com reduzidas receitas próprias e elevada dependência de transferências intergovernamentais, ao lado de grandes cidades com economias pujantes e elevada arrecadação própria. Na média, a receita dos municípios é composta de três partes equivalentes, constituídas pelas transferências federais, estaduais e receitas próprias, mas existe enorme variabilidade na combinação dessas fontes em cada município particular.

Os dados disponíveis evidenciaram que os municípios paulistas cumpriam os dispositivos legais que obrigam a aplicação de um mínimo da receita de impostos em educação e, na maior parte dos casos analisados, as despesas efetuadas no setor excederam a receita vinculada.

Além da capacidade financeira dos municípios para investir em políticas públicas, o financiamento da educação é afetado pelo modo como cada unidade se insere no Fundeb, doando receitas próprias ou recebendo recursos do Fundo, de acordo com sua participação nas matrículas da educação básica, em suas diferentes etapas e modalidades. Dentre os 128 municípios da amostra, 47 (36,71%) apresentaram receita líquida negativa em 2009, enquanto os 81 restantes (63,3%) foram beneficiados pelo mecanismo de compensação do Fundo.

A redistribuição promovida pelo Fundeb mitigou, mas não assegurou equidade no investimento por aluno, de modo que, embora o valor de referência por aluno/ano no estado vigente para efeito dos cálculos do Fundo em 2009 tenha sido estimado em R$ 2.263,00, encontramos nos municípios pesquisados uma enorme variação na receita *per capita* disponível para gasto em educação, de um mínimo de R$ 1.021,28 (55% menor) a um máximo de R$ 3.113,30 (37,5% maior que o valor de referência).

O Fundeb corrigiu distorções decorrentes da focalização de recursos no

Ensino Fundamental promovida pelo Fundef, elevando o patamar geral de financiamento da educação e beneficiando principalmente aqueles municípios que investiam em Educação Infantil e EJA, modalidades que passaram a ser retribuídas pelo novo Fundo.

Em tese, esse incremento de receita poderia beneficiar todos os níveis e modalidades de ensino, incluindo a EJA. De fato, houve um pequeno crescimento no gasto efetuado na modalidade pelo conjunto dos municípios analisados no intervalo 2005-2009, elevando o gasto *per capita* (até mesmo devido à redução de matrículas). Entretanto, a participação do gasto em EJA na despesa total com educação diminuiu de 0,62% para 0,44% e, diante da contração das matrículas, somos levados a concluir que fatores outros – que não apenas a disponibilidade financeira – operaram na oferta da modalidade. Essa conclusão é reforçada pelo fato de que as despesas efetuadas na EJA estavam bem abaixo do teto de 15% fixado na regulamentação do Fundeb.

Tabela 5 – Receitas do Fundeb e da EJA no estado de São Paulo (2009)

	Estado	Municípios	Total
Receitas totais do Fundeb	R$ 14.320.287.957	R$ 6.758.205.633	R$ 21.078.493.590
Matrículas de EJA	446.536	262.187	708.723
Matrículas ponderadas de EJA	357.228,8	209.749,6	566.978,4
Receitas do Fundeb relativas à EJA	R$ 808.425.992	R$ 474.673.454	R$ 1.283.099.446
Receitas da EJA em relação ao total	5,65%	7,02%	6,09%

Fonte: CALLEGARI, 2010. Organização própria.

Toda conclusão sobre esse aspecto, porém, merece cautela, pois a aferição da despesa efetuada com EJA foi prejudicada pela subdeclaração dos gastos na modalidade, já observada por Volpe (2010) e Araújo (2012)[11]. De fato, dos 645 municípios paulistas, 339 (52,5%) não informaram ao Tesouro Nacional quaisquer despesas na modalidade ao longo do período 2005-2010 e, dentre os 128 (19,8%) que o fizeram por pelo menos quatro dos cinco anos considerados, muitos declararam valores irrisórios, incompatíveis com o porte do atendimento realizado[12]. Os dados informados aos diferentes bancos públicos – Finbra/STN, Siope/FNDE e Siap/TCE-SP – com frequência eram incompletos e divergentes, a análise da série histórica evidenciou inconsistências e, em alguns casos, os valores declarados eram inverossímeis. Encontramos evidências de que, na declaração dos gastos aos bancos públicos, somente uma pequena parcela dos valores investidos na EJA eram contabilizados como tal, sendo frequente a omissão do principal componente de gasto, que são os salários e encargos com pessoal, provavelmente devido a que os educadores da EJA sejam docentes da Educação Infantil e do Ensino Fundamental regular que completam a jornada de trabalho em período noturno. A invisibilidade dos gastos na EJA repercute negativamente sobre o controle e a avaliação das políticas públicas.

Não obstante essa dificuldade, encontramos evidências de que a consideração das matrículas da EJA para efeito de captação de recursos do Fundeb não tem sido capaz, por si só, de incentivar o investimento na modalidade, que segue sendo muito inferior àquele realizado na educação básica de crianças e

---

11 O estudo promovido pela União Nacional dos Dirigentes Municipais de Ensino contrastou o gasto médio da EJA registrado no Siope em 2009 – de apenas R$ 140,10 (evidentemente subestimado) – com dados coletados direta e criteriosamente em uma amostra de 224 municípios de todo o país. Na coleta direta de informações, a média nacional de gastos por aluno da EJA foi de R$ 1.881,95, que correspondia a 0,67 do valor obtido para as séries iniciais do Ensino Fundamental de crianças e adolescentes (ou seja, menor que o fator de ponderação atribuído à EJA no Fundeb), evidenciando a pouca prioridade que os municípios concedem à modalidade. A pesquisa registrou significativa variação entre as regiões Nordeste (cujo gasto médio na modalidade foi de R$ 1.075,83) e a despesa média dos estados do centro-sul do país (R$ 2.369,89 no Sul, R$ 2.417,91 no Centro Oeste e R$ 2.778,52 no Sudeste). A amostra não permitiu a obtenção de valor para a região Norte (ARAÚJO, 2012).

12 Dezessete municípios – dentre os quais a rica capital São Paulo e o industrializado Cubatão – declararam valores irrisórios, inferiores de R$ 50,00 por aluno ao ano, incompatíveis com a extensão e o padrão do ensino oferecido.

adolescentes. Para que a inclusão da EJA nos fundos de financiamento produzisse o efeito indutor esperado sobre a oferta pública, seria necessário não só que o valor por aluno/ano fosse equiparado ao atribuído à educação básica de crianças e adolescentes e o teto de gasto suprimido, mas também que os valores de referência fossem controlados na execução orçamentária, inibindo a subdeclaração de gastos e induzindo a realização de despesas na modalidade.

3.4 Sobre a análise estatística dos bancos de dados

Embora a baixa qualidade dos dados sobre o gasto realizado pelos municípios na EJA no período 2005-2010 comprometa os resultados das regressões e da análise multivariada, os bancos de dados foram submetidos às provas estatísticas, que visaram compreender principalmente as relações entre a evolução da oferta e o financiamento, mediada por outras variáveis geográficas, demográficas e econômicas.

Não se verificou correlação estatisticamente significativa entre a evolução das matrículas e a taxa de urbanização, o PIB municipal, a incidência de pobreza, o IPRS, a receita municipal *per capita* e aquela receita advinda dos Fundos.

Como era esperado, os municípios que reduziram de modo mais moderado as matrículas de EJA foram aqueles em que o analfabetismo regrediu de modo mais significativo no período intercensitário, confirmando a hipótese de que a oferta da modalidade tem impacto – ainda que discreto – sobre os níveis de escolarização da população.

Observou-se que os municípios com maior proporção de população adulta ou idosa tiveram menor perda de matrículas de EJA, indicando ser provável que, nos municípios em que a transição demográfica se encontra em estágio mais avançado, a administração pública confira alguma prioridade à modalidade.

Com respeito às relações entre o financiamento e a oferta de EJA, constatou-se que a queda das matrículas foi menor naqueles municípios beneficiados pelo Fundeb, em que a receita líquida do Fundo foi proporcionalmente maior em relação à receita vinculada à educação. Um ritmo menos acentuado de queda das matrículas foi observado também naqueles municípios que investem mais na EJA em proporção à despesa total em educação. Com base nesses resultados, pudemos concluir que, embora a vigência do Fundeb não tenha sido suficiente para incrementar as matrículas na EJA, a disponibilidade de recursos orçamentários e o investimento realizado na modalidade influíram positivamente na oferta de oportunidades educacionais para essa população.

4. Os estudos de caso: conclusões e recomendações

Os limites de extensão deste capítulo impedem a exposição dos dados de cada um dos municípios estudados – Cubatão, Dois Córregos, Jundiaí, Ribeirão Preto e São Caetano do Sul –, permitindo apenas expor as conclusões e recomendações a que chegamos a partir desses casos.

4.1 Sobre os problemas de informação

A primeira conclusão que saltou à vista na análise dos casos apreciados foram os graves problemas de informação que afetam a pesquisa, a gestão, a participação e o controle social dos serviços públicos de EJA.

A coleta de dados estatísticos sobre a matrícula é realizada anualmente por ocasião do Censo Escolar, coordenado nacionalmente pelo Inep, utilizando critérios e conceitos oriundos dos modos de funcionamento do ensino dito "regular", destinado às crianças e adolescentes. Entretanto, como a modalidade EJA admite diversificadas formas de organização dos tempos e espaços escolares – todas elas "regulares" (regulamentadas e ancoradas na legislação pertinente) – e frequentemente admite inscrição a qualquer tempo e obedece ao regime semestral (e não o anual), os dados estatísticos do Censo Escolar são por vezes dessemelhantes de outros registros disponíveis nas administrações municipais, seja pela variedade de datas de coleta, seja pela diversidade de regimes de progressão e de critérios de consideração das inscrições ou outros descritores do fluxo escolar. Para aproximar os registros estatísticos da realidade escolar seria recomendável desencadear um diálogo técnico-político entre os gestores municipais (reunidos na Undime) e o Inep, com vistas a avaliar criticamente e rever a forma como o Censo Escolar vem captando as informações sobre a EJA.

Outra lacuna de informação refere-se aos exames de certificação que, sendo organizados em âmbito nacional pelo Inep – no caso do Encceja e do Enem – em parceria com secretarias de educação dos estados e municípios, não disponibiliza uma base de dados com informações municipais que permita conhecer os índices de aprovação, reprovação e conclusão em cada localidade, ou mesmo analisar eventuais e prováveis fluxos de jovens e adultos entre os cursos mantidos pelos diferentes provedores e os exames. Recomenda-se, portanto, ao Inep organizar e tornar público em base municipal o banco de dados dos exames nacionais (e também os descentralizados, quando existirem), com informações sobre inscritos, presentes, aprovados e concluintes.

Um terceiro âmbito em que as informações são insuficientes e pouco fidedignas é aquele do gasto público das esferas subnacionais de governo com a EJA, que é claramente subdeclarado. Embora existam três diferentes bases de dados oficiais destinadas ao controle das despesas em MDE e à transparência pública – Finbra, Siope e TCE –, cada uma delas pode ser alimentada por diferentes órgãos da administração adotando critérios variados, o que frequentemente resulta em incongruências. Por outro lado, embora as regras do Fundeb definam anualmente um valor de referência para o gasto por aluno da EJA em cada unidade da Federação, os governos subnacionais não são obrigados a se orientar por esse parâmetro para executar o gasto nem mesmo a informar as despesas efetuadas nessa subfunção e, quando o fazem, podem incluir ou omitir na declaração certas rubricas, sendo frequente a omissão do principal componente de gasto que são os salários e encargos com pessoal. O resultado é a impossibilidade de aferir com rigor os custos da EJA, analisar o comportamento e acompanhar a evolução dos gastos, relacionando insumos e resultados, como pretendia esta pesquisa.

Se a inclusão da EJA nos cálculos do Fundeb tem o intuito de induzir o comportamento dos governos subnacionais, viabilizando e incentivando a ampliação da oferta da modalidade e a melhoria de sua qualidade, os dados coletados neste estudo indicam que essa estratégia só terá eficácia se os valores de referência forem considerados não só para efeitos de captação dos recursos do Fundo, mas também para a execução dos gastos, cuja transparência pública requer urgente regulamentação nacional.

4.2 Sobre as tendências da demanda e do atendimento na EJA

Os resultados do Censo Demográfico de 2010, em especial aqueles relativos aos municípios estudados, demostram a existência de extensa demanda potencial por EJA no estado de São Paulo. Embora os índices de analfabetismo tenham regredido a patamares relativamente baixos (quando comparados a outras Unidades da Federação), o contingente de analfabetos é numeroso (especialmente nas grandes cidades), concentrando-se nos grupos de idade mais elevada, os afrodescendentes e as famílias de baixa renda.

Tabela 6 – Demanda potencial e cobertura da EJA (2010)

Município	Taxa de analfabetismo	Demanda potencial por EJA	% de cobertura da EJA	% de cobertura de todo o sistema escolar
Cubatão	5,3%	53.814	7,2%	14,4%
Dois Córregos	8,2%	13.662	1,8%	5,3%
Jundiaí	3,1%	142.073	5,4%	8,6%
Ribeirão Preto	2,9%	243.324	3,0%	8,1%
S. Caetano do Sul	1,5%	49.925	2,5%	9,7%

Fontes: IBGE – Censo Demográfico 2010; MEC/Inep – Censo Escolar, 2010.

Nos casos dos municípios paulistas estudados, o menos populoso – Dois Córregos – tinha taxa de analfabetismo mais alta e índices de escolaridade inferiores à média estadual. Apesar da demanda potencial ser aí proporcionalmente maior, foi a localidade com menor cobertura escolar para a população jovem e adulta, devido principalmente à omissão dos poderes públicos que, à revelia do que determina a legislação, delegaram a uma escola privada sem fins de lucro todo o atendimento aos jovens e adultos na etapa do Ensino Fundamental.

Sendo municípios grandes com alto grau de desenvolvimento socioeconômico, Jundiaí, Ribeirão Preto e São Caetano do Sul apresentaram baixos índices de analfabetismo, mas elevados contingentes de jovens e adultos por escolarizar, e alcançaram índices de cobertura escolar entre 8% e 10% da demanda potencial.

O destaque positivo, nesse quesito, ficou para Cubatão que, sendo rico e tendo indicadores sociais desfavoráveis, apresentou taxa de analfabetismo maior que a média do estado (embora bem inferior à registrada na década anterior), porém realizou maior esforço de atendimento aos jovens e adultos, alcançando um índice de cobertura mais alto que os demais.

O paradoxo observado nos casos estudados é que a extensa demanda potencial por EJA não se manifesta ou não se efetiva senão em proporções reduzidas, sendo mais numeroso o contingente dos jovens que frequentam (com defasagem na relação idade-série) as turmas do ensino de adolescentes, do que os jovens, adultos e idosos que acorrem aos cursos organizados especificamente para esses grupos geracionais. Esse fenômeno sugere a necessidade de pesquisas que esclareçam as motivações e condições dos diferentes grupos de adolescentes, jovens, adultos e idosos para retornar aos estudos, e coloca em pauta a necessidade de difusão da cultura, do direito à educação ao longo da vida e de políticas públicas de mobilização da demanda por EJA. Emerge aqui não só uma agenda de pesquisa acadêmica, mas também um campo de ação para os gestores públicos e operadores do direito, em especial o Ministério Público.

Tabela 7 – Jovens e Adultos* no ensino "regular" (2007-2010)

Município	2007		2008		2009		2010		Variação 2007-10	
	EF	EM	EF	EM	EF	EM	EF	EM	EF	EM
Cubatão	2.175	1.769	2.291	1.581	2.232	1.441	2.372	1.519	+9%	−14%
Dois Córregos	219	171	226	209	217	213	270	215	+23%	+26%
Jundiaí	2.892	3.403	2.128	3.235	1.912	2.895	1.872	2.670	−35%	−21%
Ribeirão Preto	6.790	5.568	6.971	5.259	6.847	5.313	6.961	5.362	+2%	−1%
São Caetano do Sul	1.564	1.676	1.529	1.690	1.697	1.452	1.804	1.775	+15%	+6%

*Corresponde aos estudantes com 15 anos ou mais matriculados no Ensino Fundamental, ou com 18 anos ou mais inscritos no Ensino Médio.
Fonte: MEC/Inep – Censo Escolar.

Vários dos gestores entrevistados atribuíram a queda das matrículas na EJA à redução da procura da modalidade pelos jovens, em virtude da mudança demográfica ou de uma eventual regularização do fluxo escolar na infância e adolescência em decorrência das políticas de aceleração escolar e progressão continuada. De fato, observa-se no estado de São Paulo uma transição demográfica pela qual a população jovem diminui sua participação na pirâmide etária, porém, tal mudança se realiza em ritmo lento e de modo discreto, que não justifica a brusca redução de matrículas (FIPE, 2010; SEADE, 2010a). É verdade que a escolaridade média dos jovens no estado de São Paulo vem se elevando, mas os dados dos Censos Escolares sobre a idade dos estudantes do ensino dito "regular" nos cinco municípios estudados mostram comportamentos variados, sendo mais comum o crescimento que a redução do número daqueles que cursam a Educação Básica com idades defasadas em relação à série em que estudam (Tabela 7).

Embora nem a demografia nem as estatísticas educacionais validem a crença difundida entre os gestores de que a demanda potencial por EJA esteja declinando, os testemunhos colhidos são unânimes em diagnosticar que a procura por vagas é reduzida, a frequência intermitente, a evasão elevada e os índices de conclusão muito baixos. Considerando que no caso da EJA a configuração da oferta escolar molda a demanda (MESSINA, 1993), adquire força a hipótese de que é necessário rever o rígido modelo escolar predominante (reduzido à aceleração de estudos do "ensino supletivo") em favor de formas de organização mais flexíveis, relevantes, apropriadas e atrativas (de que é exemplo o CMEJA Prof. Dr. André Franco Montoro de Jundiaí), o que requer, dentre outros insumos, a formação específica dos docentes, equipes pedagógicas e gestores. Outra hipótese que merece estudo é a de que a ampliação de oportunidades de educação a distância ou de certificação pela via de exames (Encceja e Enem) estabeleça concorrência com os cursos presenciais ou semipresenciais com avaliação no processo de ensino e aprendizagem, o que não foi possível aferir neste estudo.

Tabela 8 – Evolução do atendimento público na EJA (2005-2010)

Município	EF1*	EF2		EM		Total	Programas	
	Mun. (em %)	Est. (em %)	Mun. (em %)	Est. (em %)	Mun. (em %)	Total (em %)	PBA (em %)	Projove (em %
Cubatão	−43	−63	−15	−23, 5	–	−35, 4	−45, 6	–
Dois Córregos	–	–	–	−69	–	−69	–	–
Jundiaí	−14	−90	+23	−79	+94	−22	–	–
Ribeirão Preto	−16	−67,5	−47,5	−49	−41	−53	−100	−55,4*
São Caetano do Sul	−52	−84	−44	−0, 5	−71,5	−65	–	–

*Não há atendimento de EJA pela rede estadual nas séries iniciais do Ensino Fundamental.
**O Projovem Urbano teve início em 2009 com 700 inscrições e no ano seguinte caiu para 312.
Fonte: MEC/Inep – Censo Escolar.

Assim como no conjunto do estado e na amostra de municípios estudados na fase quantitativa desta pesquisa, os casos selecionados confirmaram o acentuado declínio das matrículas na EJA no período 2005-2010, tanto nos cursos de Ensino Fundamental como nos de Ensino Médio. Conforme se observa na Tabela 8, embora o recuo tenha ocorrido em todas as etapas e em ambas as redes públicas, houve queda mais acentuada de matrículas estaduais nas séries finais do Ensino Fundamental e no Ensino Médio. Os números corroboram testemunhos colhidos em entrevistas nos quais gestores municipais se queixam do governo estadual pela transferência não negociada aos municípios de responsabilidades que as duas instâncias governamentais deveriam compartilhar na provisão do Ensino Fundamental. Oferecem evidências, também, de que o estado vem se omitindo face à responsabilidade que lhe é própria, como a provisão do Ensino Médio.

Ainda que a postergação da EJA na rede estadual de ensino salte aos olhos, os mecanismos que a promovem não são explícitos, e os agentes governamentais entrevistados foram extremamente zelosos em negar a existência de políticas de restrição à oferta. Os sinais de desprestígio da modalidade são discretos e podem ser encontrados na inadequação do calendário antecipado e na passividade da "chamada pública" (reduzida à publicação das datas de inscrição no *Diário Oficial*), na exigência de número mínimo de candidatos para abertura de turmas, na política de nucleação em escolas-polo e no veto à atribuição de turmas de EJA a professores efetivos (medidas estas operadas por comunicação oral ou mecanismos informais, uma vez que não foi possível localizar portarias ou documentos oficiais que orientem explicitamente nesta direção), reforçados pela ausência de oportunidades de formação continuada e de materiais didáticos específicos para a modalidade.

Mesmo que essa convicção não tenha qualquer amparo legal, os discursos dos gestores deixam entrever a difusão e naturalização da crença de que a provisão da EJA pelos municípios é conveniente e, no caso daqueles que dispõem de mais recursos financeiros e técnicos, a transferência de encargos pode estender-se também ao Ensino Médio (como vimos ocorrer nos casos de Jundiaí, Ribeirão Preto e São Caetano do Sul).

Embora os municípios estudados sejam distantes entre si e administrados por partidos políticos distintos, os discursos dos gestores municipais e dos supervisores da rede estadual de ensino são bastante homogêneos quando se trata de explicar a redução das matrículas, tendendo a atribuir aos jovens e adultos analfabetos ou com baixa escolaridade a resistência em superar essa condição. Na sua percepção (nem sempre isenta de preconceitos) os jovens, adultos e idosos são acomodados e carecem de motivação para retornar aos estudos ou persistir até a conclusão dos cursos, repetindo o abandono escolar com o qual estariam familiarizados desde a infância, e que teria se incorporado à cultura desse grupo social. Ainda que existam evidências demonstrando que os procedimentos rotineiros de "chamada escolar" são ineficazes ou que a nucleação de turmas desestimula a demanda social, os gestores não reconhecem ter responsabilidade na queda das matrículas, insistindo que todos os jovens e adultos que demandam têm vagas asseguradas, ainda que não na unidade escolar de sua preferência.

Os gestores de ambas as redes públicas de ensino admitem que o modelo escolar predominante não é suficientemente flexível, relevante ou atrativo para boa parte dos cidadãos aos quais se destina. No caso dos gestores municipais, essa admissão impulsiona a procura por alternativas mais efetivas, como a criação de escolas especiais para adultos (como é o caso do CMEJA de Jundiaí), a adesão a programas de alfabetização que se desenvolvem nas comunidades (como é o caso do Mova ou do PBA), que oferecem algum auxílio econômico aos estudantes (como é o caso do Projovem Urbano) ou que proporcionam qualificação profissional (como é o caso do Proeja/FIC). No caso da rede estadual de ensino, cuja gestão é verticalizada, os supervisores tendem a delegar eventuais decisões de mudança aos órgãos centrais da Secretaria de Educação, pois a formulação de alternativas é vista como algo que escapa ao seu âmbito de governança.

4.3 Sobre as relações entre as esferas de governo na garantia do direito à EJA

Os estudos de caso indicam que a garantia do direito dos jovens e adultos à educação básica no estado de São Paulo em regime de colaboração intergovernamental é negativamente afetada por fenômenos típicos do que Abrucio (2005) qualificou como "federalismo compartimentalizado": isolamento e heterogeneidade dos municípios, cuja capacidade financeira, administrativa e pedagógica é muito desigual; fragmentação de políticas e programas; competição político-eleitoral entre os governos das três instâncias; falta de mecanismos efetivos de redistribuição e coordenação entre elas.

Com respeito à transferência da União para os governos subnacionais, os estudos de caso evidenciam que os programas universais – que tardiamente incluíram os estudantes da EJA entre os beneficiários do transporte escolar, da merenda, do livro didático e dos recursos descentralizados para as unidades escolares – melhoraram as condições de oferta da EJA e suprimiram obstáculos que dificultavam o acesso ou permanência de estudantes. Pode-se cogitar que, se tais programas não tivessem sido implementados, a redução de matrículas poderia ter sido ainda mais drástica.

No que concerne às transferências negociadas da União ao estado e seus municípios, que são condicionadas pela adesão dos governos subnacionais aos programas federais de alfabetização (PBA) e elevação de escolaridade (Projovem ou Proeja), constatou-se que o governo estadual foi refratário a todos eles, provavelmente em razão da acirrada competição eleitoral que envolveu os partidos políticos que ocupavam os executivos federal e estadual (PT e PSDB, respectivamente) no período analisado (VIEIRA, 2011).

No que tange à participação dos municípios nos programas federais, o fator de competição eleitoral não se manifestou claramente, pois houve adesão de municípios governados por partidos que compõem e que não compõem a coalização de apoio ao governo federal (respectivamente Cubatão e Ribeirão Preto). A presença dos programas federais nos municípios paulistas foi reduzida e não obedeceu a um padrão claro: o Brasil Alfabetizado, aberto a qualquer município, esteve presente apenas em Cubatão e Ribeirão Preto (Dois Córregos não conseguiu mobilizar candidatos ao Programa); já o Projovem Urbano, originalmente focalizado em municípios com mais de 200 mil habitantes, recebeu a adesão de Ribeirão Preto, mas não as de Cubatão, Jundiaí ou São Caetano do Sul. O que foi possível observar, nos casos em que houve adesão dos municípios aos programas federais, é que isso não representou uma ampliação do atendimento final, mas sim a substituição dos serviços mantidos pelos municípios com recursos próprios ou a diversificação de formas de organização da EJA de modo a atrair grupos sociais distintos, sempre com risco de competição ou superposição e dificuldades de integração, com reduzido fluxo de egressos dos Programas para etapas subsequentes nos sistemas municipais de ensino. Devido à reduzida presença da rede federal de ensino no estado, o Proeja foi encontrado apenas em Cubatão, atendendo a um público muito reduzido, já que a Unidade Descentralizada do Ifet/SP não acolheu a proposta do município para implementar o Proeja/FIC na etapa do Ensino Fundamental.

As relações entre o estado e os municípios se caracterizam mais pela delegação de responsabilidades que pela colaboração propriamente dita. A Secretaria de Estado da Educação não provê qualquer aporte aos municípios, seja financeiro ou técnico, para a provisão da EJA. O estado, que já se retirara unilateralmente da oferta das séries iniciais do Ensino Fundamental em 1996[13], vem progressivamente se retirando também da oferta das séries finais, sem negociar com os municípios a transferência desse encargo, o que teve repercussões negativas nas matrículas dessa etapa. Conforme registrado na Tabela 8, embora na maior parte dos casos (exceto em Jundiaí) tenha havido queda nas matrículas em ambas as redes, houve um nítido processo de municipalização das matrículas, especialmente visível nas séries finais do Ensino Fundamental, mas também no Ensino Médio (exceção feita a São Caetano do Sul, onde a rede estadual se manteve estável, enquanto a rede municipal se contraiu). Os estudos de caso registraram manifestações de insatisfação dos gestores municipais com respeito àquele que parece ser o único ponto de contato entre as redes municipal e estadual de ensino: a transição dos egressos das séries iniciais para as séries finais, ou do Ensino Fundamental para o Ensino Médio.

Considerados os dados reunidos nesta pesquisa, podemos afirmar que, exceto a redistribuição de recursos proporcionada pelo Fundeb, as demais relações federativas não obedeceram ao princípio redistributivo.

O equacionamento desse quadro é complexo, e um dos caminhos promissores parece ser o desenvolvimento de mecanismos horizontais de coordenação intergovernamental que considerem o território como unidade de planejamento e ação, produzindo colaboração e sinergias que minimizem as desigualdades existentes entre os municípios. No caso paulista, esse caminho tem sido obstruído pela ausência de Plano Estadual de Educação e pela recusa do governo estadual em aderir à proposta da Secretaria de Educação Continuada, Alfabetização, Diversidade e Inclusão (Secadi) do MEC de constituição, em cada Unidade da Federação, de uma Agenda Territorial de Desenvolvimento Integrado de Alfabetização e Educação de Jovens e Adultos[14]. Por outro lado,

---

13 A Seesp mantém o Programa Alfabetiza São Paulo, mas, ao menos no caso de Ribeirão Preto, não consultou nem negociou com a municipalidade a atuação da organização não governamental Alfabetização Solidária na localidade.

14 Proposta pela Secadi/MEC em fins de 2008, a Agenda Territorial seria um pacto intergovernamental e pluri-institucional complementar ao Plano de Desevolvimento da Educação (PDE) com o objetivo de planejar e articular as ações de alfabetização e educação de jovens

não temos registro de consórcios intermunicipais envolvendo atividades de EJA, mas experiências promissoras de articulação intermunicipal foram reportadas nos estudos de caso de Ribeirão Preto (que em 2005 liderou uma rede de 52 municipalidades do Nordeste Paulista em projeto de formação de educadores patrocinado pela Fundação Abrinq) e de Cubatão (que faz parte de um fórum de articulação regional de EJA que em 2012 envolveu administrações municipais da Baixada Santista).

4.4 Sobre o financiamento da EJA e a política de Fundos

Conforme assinalado anteriormente, os dados disponíveis sobre o financiamento da EJA são subdeclarados, incompletos e, em alguns casos, incongruentes, o que dificulta realizar comparações, tecer análises e extrair conclusões. Consideradas estas limitações, podemos afirmar que o Fundeb ampliou os recursos para aplicação na manutenção e desenvolvimento do ensino (MDE) em todos os municípios em que foram feitos estudos de caso, e mesmo aqueles com receita líquida negativa do Fundo (como os casos de Cubatão, Jundiaí e São Caetano do Sul) puderam ampliar o investimento nos sistemas municipais de ensino, o que provavelmente beneficiou todas as modalidades, incluindo possivelmente a EJA.

Nos poucos casos em que o registro de despesas com a EJA contabiliza os salários docentes – o que, segundo a literatura, varia entre 75 e 85% dos gastos do setor (Relatório, 2001; CARREIRA e PINTO, 2006) –, verificou-se que o percentual de gastos realizado na subfunção foram ínfimos, nunca superando 2% da despesa total realizada no setor.

Os dados relativos ao gasto por aluno na EJA no período de implementação de transição do Fundef para o Fundeb não estão disponíveis ou são pouco confiáveis, e seu comportamento ao longo do tempo não guarda uniformidade, oscilando para mais ou menos ao longo dos anos (nos casos de Jundiaí e São

---

e adultos, sob coordenação dos governos estaduais. A proposta não teve a adesão dos governos de partidos da oposição (em especial São Paulo, Minas Gerais e Rio Grande do Sul) e não prosperou na maior parte dos demais estados.

Caetano do Sul), mantendo-se estável (no caso de Dois Córregos) ou declinando (no caso de Ribeirão Preto).

Exceção feita a São Caetano do Sul, que declara valores extraordinariamente elevados de despesa na EJA (o que não foi possível aclarar devido à recusa da administração municipal em colaborar com a pesquisa), nos demais municípios em que foi possível apurar o gasto por aluno ao ano, as despesas realizadas eram muito inferiores aos valores de referência da EJA no Fundeb paulista. Os depoimentos dos gestores confirmam que, embora válidos para os cálculos de receita do Fundo, esses valores não são considerados como parâmetro para os gastos da modalidade, que são definidos em referência ao lugar secundário que a EJA ocupa na agenda educacional dos municípios, tomada por outros desafios como os da universalização da Pré-Escola e implantação do Ensino Fundamental de tempo integral.

É possível afirmar que a inscrição da EJA nas políticas universais da educação básica (alimentação, transporte, livro didático, descentralização de recursos) teve efeitos positivos sobre as condições de oferta escolar, mas a vigência do Fundeb em si não teve qualquer impacto positivo mensurável ou percebido pelos gestores sobre a modalidade.

Embora a análise de realidade seja limitada pela escassez de informações fidedignas sobre os custos e o gasto público com a alfabetização e o ensino de jovens e adultos, os dados disponíveis nos levam a concluir que o padrão de gasto atual é insuficiente para uma provisão de qualidade e que, nos moldes vigentes, a política de fundos que rege a colaboração intergovernamental é ineficiente para induzir os governos subnacionais a ampliar e qualificar o atendimento, que minguou ao longo do quinquênio analisado.

Para além do incremento do financiamento público total para o setor educacional (em debate no âmbito do novo Plano Nacional de Educação em tramitação no Congresso Nacional), os caminhos de correção dessa situação passam, no curto prazo, pela remoção do teto de gasto e pela elevação do fator de ponderação do valor por aluno atribuído ao ensino de jovens e adultos nos fundos de financiamento da educação básica (Fundeb), de modo a incentivar os gestores a realizar investimentos na modalidade. Essa estratégia só terá eficácia, porém, se os valores de referência forem considerados não só para efeitos de captação dos recursos dos fundos, mas também para a execução dos gastos, cuja transparência pública requer urgente regulamentação nacional.

5. Referências

A educação de jovens e adultos no estado de São Paulo: síntese dos principais indicadores. São Paulo, Secretaria de Estado da Educação. Centro de Informações Educacionais, 2005. (Série Estudos).

ABRAHÃO, J.; FERNANDES, M. A. *Sistema de Informações sobre os Gastos Públicos da área de Educação – SIGPE*: diagnóstico para 1995. Brasília: IPEA, 1999. (Textos para Discussão, 674)

ABRUCIO, F. L. *A coordenação federativa no Brasil*: a experiência do período FHC e os desafios do Governo Lula. *Revista de Sociologia e Política*, Curitiba, n. 24, p. 41-67, jun. 2005.

ADRIÃO, T.; DRAGONE, A. *O Fundef e a educação básica em São Paulo*: análise de quatro municípios. *Educação, Teoria e Prática* (Rio Claro), v. 12, n. 22, p. 43-48, 2004.

_________.; SCHUVETER, M. H. Consequências da implantação do Fundo de Manutenção e Desenvolvimento do Ensino Fundamental e Valorização do Magistério nos municípios de Limeira e Santa Gertrudes-SP. *Educação, Teoria e Prática* (Rio Claro), v. 13, p. 11-22, 2005.

ALMEIDA, L. R. O ensino noturno no estado de São Paulo: um pouco de sua história e de seus problemas. *Cadernos de Pesquisa*, São Paulo, n. 66, p. 49-62, ago. 1988.

ARAÚJO, R. L. S. (coord.) *Perfil dos gastos educacionais nos municípios brasileiros (ano base: 2009)*. Relatório de pesquisa. Brasília: União Nacional dos Dirigentes Municipais de Educação, 2012.

ARELARO, L. R. G.; KRUPPA, S. M. P. A educação de jovens e adultos. In: OLIVEIRA, R. P.; ADRIÃO, T. *Organização do ensino no Brasil*: níveis e modalidades na Constituição Federal e na LDB. São Paulo, Xamã, 2001. p. 89-107.

ARROYO, M. G. Educação de jovens e adultos: um campo de direitos e de responsabilidade pública. In: SOARES, L. J. G; GIOVANETTI, M. A.; GOMES, N.

L. *Diálogos na educação de jovens e adultos*. Belo Horizonte: Autêntica, 2005. p. 19-50.

BARREYRO, G. B. A terceirização na execução de políticas de alfabetização de adultos: sobre escolas, igrejas e associações comunitárias. *Jornal de Políticas Educacionais*, v. 2, p. 15-26, 2007.

BARROSO, J. O Estado, a educação e a regulação das políticas públicas. *Educação & Sociedade*, v. 26, n. 92, p. 725-751, 2005.

BASSI, M. *Gestão e financiamento da educação básica*: repercussões do Fundef em sete municípios paulistas. São Paulo, PUC-SP, 2001.

BEISIEGEL, C. R. A educação de jovens e adultos analfabetos no Brasil. *Alfabetização e Cidadania* (São Paulo), São Paulo, v. 16, p. 19-27, 2003.

BEISIEGEL, C. R. *Estado e educação popular*: um estudo sobre a educação de adultos. São Paulo: Pioneira, 1974.

BEISIEGEL, C. R. *Política e educação popular*: a teoria e a prática de Paulo Freire no Brasil. 3. ed. São Paulo: Ática, 1982.

BORGES, V. O. *Fundo de Manutenção e Desenvolvimento da Educação Básica e de Valorização dos Profissionais da Educação – Fundeb*: impactos financeiros junto aos governos estaduais e municipais nos primeiros cinco anos de sua implantação. Brasília: UnB, 2007 (Dissertação de Mestrado).

BRASIL. *Emenda Constitucional 53*, de 19 de dezembro de 2006.

________. Lei 10.172, de 9 de janeiro de 2001. Plano Nacional de Educação.

________. Lei 11.494, de 20 de junho de 2007.

________. Lei 9.394, de 20 de dezembro de 1996. Lei de Diretrizes e Bases da Educação Nacional.

________. MEC. IFETSP. *Relatório de gestão do Exercício 2010*. São Paulo, mar. 2011.

________. Ministério da Educação. Fundo Nacional de Desenvolvimento da Educação. *Siope – Manual de Orientação para o usuário*. Brasília: FNDE, 2010.

________. Ministério da Educação. Secretaria de Educação Continuada, Alfabetização e Diversidade. *Brasil – educação e aprendizagens ao longo da vida*: documento nacional preparatório à VI Confintea. Brasília, maio 2008, 37p.

________. Presidência da República. Conselho de Desenvolvimento Econômico e Social. *As desigualdades na escolarização no Brasil*. Brasília, jun. 2009.

_________. *Lei Complementar* 101, de 4 de maio 2000.
CALLEGARI, César (org.). *Fundeb:* Financiamento da educação pública no estado de São Paulo. 5. ed. São Paulo: IBSA/Apeosp, 2010.
CARA, Daniel; ARAÚJO, Luís. *Nota técnica*: por que 7% do PIB para a educação é pouco? Campanha Nacional pelo Direito à Educação, ago. 2011. Disponível em: <http://portal.aprendiz.uol.com.br/wp-content/uploads/2011/08/estudo--campanha-nacional.pdf>. Acesso em: 3 set. 2014.
Caracterização socioeconômica das regiões do estado de São Paulo: Região Administrativa de Ribeirão Preto. São Paulo: Secretaria de Planejamento e Desenvolvimento Regional, 2012.
CARREIRA, D.; PINTO, J. M. R. *Custo aluno qualidade inicial*: rumo à educação pública de qualidade no Brasil. São Paulo: Campanha Nacional pelo Direito à Educação, 2007.
CARVALHO, M. P. *A Educação de Jovens e Adultos nas gestões Covas – Alckmin (1995-2005)*: O que virá depois? São Paulo: Feusp, 2006 (Dissertação de Mestrado).
CASTRO, J. A. Financiamento e gasto público na educação básica no Brasil: 1995-2005. *Educação & Sociedade*, Campinas, v. 28, n. 100, p. 857-876, out. 2007.
CATELLI JR, R.; GISI, B. *Censo Escolar:* Matrículas na EJA segundo a Região Geográfica e Unidade Federada (2002-2010). São Paulo: Ação Educativa, 2011.
CURI, C. R. J. *Parecer CNE/CEB 11/2000 que dispõe sobre as Diretrizes Curriculares para a Educação de Jovens e Adultos*. Brasília: MEC/CNE, 2000.
Declaração de Hamburgo sobre Educação de Adultos e Agenda para o Futuro. In: IRELAND, T. *et al.* (orgs.). *Educação de jovens e adultos*: uma memória contemporânea (1996-2004). Brasília: Unesco/MEC, 2004, p. 41-82.
Desenvolvimento e inclusão social: os indicadores do estado de São Paulo. São Paulo: Fundação Seade, 2006.
DI PIERRO, M. C. Descentralização, focalização e parceria: uma análise das tendências nas políticas públicas de educação de jovens e adultos. *Educação em Pesquisa*, v. 27, n. 2, jul./dez. 2001, p. 321-337.
_________. Luta social e reconhecimento jurídico do Direito Humano dos jovens e adultos à educação. *Revista Educação* (UFSM), v. 33, n. 3, p. 395-410, set./dez. 2008. Disponível em: <www.ufsm.br/revistaeducacao>. Acesso em: 3 set. 2014.

________. Notas sobre a redefinição da identidade e das políticas públicas de educação de jovens e adultos no Brasil. *Educação & Sociedade*, v. 26, p. 1.115-1.139, 2005.

________. *O financiamento público da educação básica de jovens e adultos no Brasil no período 1985-1999*. Trabalho apresentado na 23ª Reunião Anual da Anped (Caxambu, MG: 2000).

________. Una evaluación de los progresos y las limitaciones de las políticas públicas recientes de educación de jóvenes y adultos en Brasil. In: FINNEGAN, F. (Org.). *Educación de jóvenes y adultos*: políticas, instituciones y prácticas. Buenos Ayres: Aique Educación, 2012, v. 1, p. 45-70.

________.; VIEIRA, R. S. *O desafio da alfabetização de jovens e adultos no estado de São Paulo*. São Paulo: 2009 (mimeo).

________., VOVIO, C. L., ANDRADE, E. R. *Alfabetização de jovens e adultos:* lições da prática. Brasília: Unesco, 2008. FIPE – Fundação Instituto de Pesquisa Econômica. *Pesquisa jovem paulista 2020*: sumário executivo. São Paulo: Coord. Estadual de Juventude/Secretaria de Relações Institucionais, jun. 2010.

FURLAN, R. M. C. *Políticas Públicas de educação de jovens e adultos nas escolas estaduais de São Paulo*: avanços e desafios à sua consolidação. São Paulo: Universidade Cidade de São Paulo, 2007 (Dissertação de Mestrado).

GOBETTI, S. W. *Estimativa dos Investimentos Públicos*: um novo modelo de análise da execução orçamentária aplicado às contas nacionais. Brasília: ESAF, 2006. 51p.

GOUVEIA, A. B. Financiamento da educação e o município na federação brasileira. *RBPAE*, v. 24, n. 3, p. 437-465, set./dez. 2008a.

________. Políticas e financiamento da EJA: As mudanças na política de financiamento da educação e possíveis efeitos na educação de jovens e adultos. *Eccos*, São Paulo, v. 10, n. 2, p. 379-395, jul./dez. 2008b.

________.; SOUZA, Â. R. Financiamento da Educação e a Questão Metropolitana. In: 28ª Reunião Anual da ANPED, 2005, Caxambu. *40 anos da Pós Graduação em Educação no Brasil*: produção do conhecimento, poderes e práticas. Rio de Janeiro: ANPED, 2005.

HADDAD, S. *O Ensino Supletivo no Brasil*: estado da arte. Brasília, Inep, 1987.

________. Os desafios da educação de jovens e adultos. In: GRACIANO, M.

(coord.). *O Plano de Desenvolvimento da Educação*. São Paulo: Ação Educativa, 2007, p. 25-28. (Em Questão, 4)

________. Por uma nova cultura de Educação de Jovens e Adultos, um balanço de experiências de poder local. In: HADDAD, S. (coord.). *Novos caminhos em Educação de Jovens e Adultos*: um estudo de ações do poder público em cidades de regiões metropolitanas brasileiras. São Paulo: Global/Ação Educativa/Fapesp, 2007, p. 7-25.

________. (coord.). *Educação de jovens e adultos no Brasil (1986-1998)*. Brasília: MEC/Inep/Comped, 2002. (Série Estado do Conhecimento, n. 8)

________.; DI PIERRO, M. C.; FREITAS, M. V. Perfil do atendimento em alfabetização de jovens e adultos no estado de São Paulo. *Revista Brasileira de Estudos Pedagógicos*, v. 74, n. 178, p. 495-528, Brasília, 1993.

INEP – Instituto Nacional de Estudos e Pesquisas Educacionais. *Mapa do analfabetismo no Brasil*. Brasília, 2003.

IPEA – Instituto de Pesquisa Econômica Aplicada. Evolução do analfabetismo e do analfabetismo funcional no Brasil no período 2004-2009. *Comunicados do IPEA*, n. 70. Brasília, dez. 2010.

MARTINS, A. M. O processo de municipalização no estado de São Paulo: um novo desenho da política educacional. In: MARTINS, A.; OLIVEIRA, C. de; BUENO, M. S. S. de (orgs.) *Descentralização do Estado e municipalização do ensino*: problemas e perspectivas. Rio de Janeiro: DP&A, 2004, p. 151-177.

MESSINA, G. *La educación básica de adultos:* la outra educación. Santiago de Chile: Unesco/Orealc, 1993.

OLIVEIRA, R. P. Reformas educativas no Brasil na década de 1990. In: CATANI, A. M.; OLIVEIRA, R. P. (org.). *Reformas educacionais em Portugal e no Brasil*. Belo Horizonte: Autêntica, 2003.

__________; SANTANA, W. *Educação e federalismo no Brasil*: combater as desigualdades, garantir a diversidade. Brasília, Unesco, mar. 2010.

PASTORE, J. D. *Parcerias entre organizações sociais e governo como política de alfabetização e escolarização inicial de jovens e adultos no Estado paulista*: o Programa Alfabetiza São Paulo. São Paulo, Feusp, 2012 (relatório de pesquisa apresentado para exame de qualificação ao Mestrado).

PINTO, J. M. R. A política recente de fundos para o financiamento da educação e seus efeitos no pacto federativo. *Educação & Sociedade*, v. 28, n. 100, p. 877-897, 2007.

________. Financiamento da educação no Brasil: um balanço do governo FHC (1995-2002). *Educação & Sociedade*, v. 23, n. 80, p. 109-136, set. 2002.

Rede urbana e regionalização do Estado de São Paulo. São Paulo, Emplasa, 2011.

Relatório sobre Financiamento da Educação. *Revista Brasileira de Estudos Pedagógicos*, Brasília, v. 82, n. 200/201/202, p. 117-136, jan./dez. 2001.

SANTOS, I. B. *Educação de jovens e adultos*: a questão do financiamento no Município de Barra do Choça. Vitória da Conquista, Universidade Estadual do Sudoeste da Bahia, 2008 (Monografia de conclusão de curso de Pedagogia).

SEADE – Fundação Serviço Estadual de Análise de Dados. A inversão da pirâmide etária paulista. *São Paulo Demográfico*, v. 10, n. 3. São Paulo, abr. 2010a.

________. *O Estado dos municípios 2004-2006*. Índice Paulista de Responsabilidade Social (IPRS). Metodologia. São Paulo, 2008.

________. *Pesquisa de Emprego e Desemprego* (PED). São Paulo, 2010b.

VIEIRA, R. S. *O regime de colaboração entre União e o estado de São Paulo na oferta de políticas de EJA no período 2003-2009*. São Paulo, FEUSP, 2011 (Dissertação de Mestrado).

VOLPE, G. C. M. *O financiamento da educação de jovens e adultos no período de 1996 a 2006*: farelos de migalhas. Campinas, Faculdade de Educação da Universidade Estadual de Campinas, 2010 (Tese de Doutoramento).

YAZAKI, L. M. Análise da fecundidade no estado de São Paulo. *São Paulo em Perspectiva*, São Paulo, Fundação Seade, v. 22, n. 1, p. 48-65, jan./jun. 2008.

O Encceja no cenário das políticas de Educação de Jovens e Adultos no Brasil[1]

Roberto Catelli Jr.[2]
Luis Felipe Soares Serrao[3]

1. Introdução

Criado em 2002 na gestão de Fernando Henrique Cardoso, o Exame Nacional para Certificação de Competências de Jovens e Adultos (Encceja) foi uma das estratégias de atendimento do público da EJA mantido pela gestão Luiz Inácio Lula da Silva. Diferente do que ocorria desde a promulgação da Lei de Diretrizes e Bases da Educação Nacional em 1996 (LDBEN), que determinava a oferta de exames supletivos pelos governos estaduais e municipais, foi proposto pelo Inep um exame para certificação de conclusão de escolaridade com abrangência nacional.

---

1 O artigo que aqui se apresenta teve como base a pesquisa intitulada "O Exame Nacional de Certificação de Competências de Jovens e Adultos – Encceja: seus impactos nas políticas de EJA e nas trajetórias educacionais de jovens e adultos", realizada entre 2010 e 2013. Parte das análises presentes nesse texto foram publicadas no artigo *Encceja: cenário de disputas na EJA*: Rev. bras. Estud. pedagog. (online), Brasília, v. 94, n. 238, p. 721-744, set./dez. 2013. Participaram do trabalho de pesquisa também Bruna Gisi e Michele Escoura.

2 Mestre em História Econômica e doutorando em Educação pela Universidade de São Paulo. É coordenador da unidade de Educação de Jovens e Adultos da Ação Educativa, consultor do Instituto Nacional de Estudos e Pesquisas Educacionais e Informação (Inep) para avaliações de larga escala e consultor em redes públicas de ensino.

3 Mestrando em Educação pela Universidade de São Paulo. É assessor da Unidade de Educação de Jovens e Adultos da Ação Educativa – Assessoria, Pesquisa e Informação.

O objetivo da proposta foi ampliar as alternativas para que pessoas jovens e adultas completassem os ensinos fundamental e médio. Dentre os argumentos oficiais para a sua criação, estavam a defesa da criação de um exame de maior qualidade técnica frente àquelas produzidas nos estados, o combate à "indústria" de venda de diplomas e a possibilidade de se construir indicadores de qualidade das políticas públicas dessa modalidade.

Entretanto, a iniciativa foi alvo de muitas críticas de pesquisadores, educadores e gestores ligados à Educação de Jovens e Adultos (EJA), uma vez que a proposta de uma política como o Encceja demonstrava reforçar um cenário em que o Estado, sobretudo a União, se retirava progressivamente da oferta direta de serviços educacionais para se transformar apenas em um regulador da sua qualidade. No caso específico da EJA, colocava-se a inadequação da criação de uma prova padronizada de abrangência nacional, desconsiderando a grande diversidade cultural existente no país e as especificidades da modalidade.

Desde 2002, mesmo com o cancelamento de algumas edições, houve significativa procura pelo Encceja, sendo que, somente em 2008, foram quase 600 mil inscritos, mesmo havendo pouca divulgação por parte do governo federal. Ao longo da existência desse exame, não ocorreu qualquer divulgação de bancos de microdados, relatórios pedagógicos ou notas técnicas sobre quem eram e como se saíram as pessoas que o procuravam, o que possibilitaria identificar evidências da articulação do Encceja com políticas locais.

Um reflexo dessa ausência de cuidado do Inep na divulgação de dados relativos ao exame foi a pequena quantidade de pesquisas e estudos sobre esse programa ao longo de sua existência. Poucos foram os que se dedicaram a pensar se e como exames como o Encceja se articularam com a defesa do direito à educação de pessoas jovens e adultas, e, na maioria das vezes, as análises feitas dirigiram-se quase que exclusivamente para os princípios e conceitos utilizados na elaboração do exame.

Nesse sentido, esta pesquisa avaliativa sobre o Encceja se dedicou a preencher algumas dessas lacunas de dados, informações e análises, e se propôs a analisar se e em que medida o exame ampliou ou não as oportunidades educacionais para a população historicamente excluída dos processos formais de educação.

Investigou-se também a possibilidade de o exame estar sendo usado como instrumento de redução dos investimentos na educação de jovens e adultos, estimulando aquelas pessoas que frequentam a escola a prestá-lo, eximindo, em certo sentido, o Estado da responsabilidade pela garantia da educação pública presencial.

Para tanto, os trabalhos desta pesquisa envolveram revisão da literatura existente sobre o Encceja, análise de documentos e estatísticas oficiais sobre o exame e sobre a EJA, e realização de entrevistas em profundidade com profissionais de destaque no Inep no momento de formulação e revisão do Encceja. De modo a aprofundar a discussão sobre os efeitos do Encceja para o campo das políticas públicas de EJA, foram realizados estudos de caso em cinco diferentes estados brasileiros para compreender o lugar ocupado pelo Encceja nas políticas locais para a modalidade; para tanto, foram realizadas entrevistas em profundidade com gestores estaduais de EJA e grupos focais com representantes dos fóruns estaduais de EJA. Paralelamente, uma banca de especialistas analisou técnica e pedagogicamente os cadernos de prova de diferentes edições do exame; contudo, esta última parte não será objeto de análise deste artigo.

Com base nos dados disponibilizados pelo Inep, foi possível afirmar que o exame atraiu um número crescente de pessoas sem escolaridade básica completa que estavam fora do universo escolar, principalmente aquelas que já possuíam mais anos de estudo e estavam próximas de concluir o Ensino Fundamental ou o Ensino Médio. Já para aquelas pessoas que estavam há mais tempo distantes da escola ou com menos anos de estudo, o caminho do Encceja pareceu não ter se tornado uma alternativa para obtenção de diplomas, pois precisariam retornar à escola para ampliar os conhecimentos escolares sem os quais não é possível obter a certificação.

Deve-se considerar que a maneira pela qual o Encceja foi concebido tem como foco a cobrança de habilidades, saberes, competências e conhecimentos desenvolvidos majoritariamente em ambientes escolares, sem apelo a outras estratégias que pudessem, por exemplo, validar conhecimentos a partir de experiências e trajetórias de vida. Por isso, a aprovação no Encceja e até mesmo a procura pelo mesmo só ocorre, na maioria dos casos, por pessoas que estão próximas de concluir uma etapa de ensino ou mesmo por aquelas que estão nas redes e sistemas de ensino.

Mesmo que os exames existentes não eliminem a necessidade de jovens e adultos menos escolarizados frequentarem a escola, aparentemente parte dos governos estaduais decidiu pela utilização do Encceja como estratégia complementar às ações de redução de custos por meio da *nucleação* e fechamento de salas de EJA. Nesse caso, os resultados da pesquisa indicaram que foram governos estaduais com pouca clareza sobre o que realizar em termos de políticas de EJA aqueles que promoveram o sucateamento da modalidade, independentemente da existência de um exame de caráter nacional.

Nos estudos de caso realizados evidenciaram-se os diferentes carninhos da política pública estadual relativa aos exames para certificação na educação de jovens e adultos. Houve casos de gestões que negam o caminho dos exames e outros que fortalecem ao máximo essa forma de atendimento, reduzindo o espaço da escola presencial.

Assim, analisar o processo de implantação e execução do Encceja exigiu esforços para compreender a política pública constituída de um modo mais amplo. Para tanto, foi preciso se debruçar sobre o que ocorria no governo federal, nos governos locais e também analisar o posicionamento e enfrentamentos provocados pelos atores que pautam o tema da educação de jovens e adultos na sociedade brasileira.

2. Encceja: concepção, execução e oposições

Com a aprovação da nova LDBEN pelo Congresso Nacional, em 1996, reafirmou-se, com base nos princípios da Constituição de 1988, a educação enquanto um direito que deveria ser oferecido em igualdade de condições de acesso e permanência, valorizando a liberdade de aprender e ensinar e o pluralismo de ideias e concepções pedagógicas.

Durante as duas gestões do presidente Fernando Henrique Cardoso (1995-2002) ocorreram várias mudanças na política pública de educação. Do ponto de vista do financiamento, entrou em vigor, em 1998, o Fundo de Manutenção e Desenvolvimento do Ensino Fundamental e de Valorização do Magistério

(Fundef), que criava uma nova sistemática de distribuição de recursos para a educação, com clara focalização dos esforços públicos na universalização do acesso ao Ensino Fundamental, assim como afirmou estudo do Instituto de Pesquisa Econômica Aplicada (IPEA, 2011, p. 11):

> A priorização do Ensino Fundamental no período em questão deve-se, largamente, ao extinto Fundef, que introduziu, além da subvinculação de recursos exclusivamente para aquele nível de ensino, uma forma inovadora de repartição dos recursos para o Ensino Fundamental, principalmente ao estipular uma equalização do valor do gasto por aluno/ano com base em um indicador educacional – a matrícula.

Assim como ilustram os dados desse mesmo estudo (IPEA, 2011, p. 11), na prática, o Fundef não propiciou um crescimento significativo dos gastos com educação: em 1995, ainda sem o fundo, no primeiro ano da gestão FHC foram investidos R$ 73,5 bilhões em educação e, em 2002, último ano de sua gestão, foram gastos R$ 94,5 bilhões. Em termos percentuais, houve uma redução em relação ao PIB: em 1995 foram gastos 4,01%, enquanto, em 2002, foram investidos apenas 4,09% do PIB.

Di Pierro (2010) argumentou que a lógica de focalização dos investimentos na expansão do Ensino Fundamental não incluiu a EJA e, por isso, poucos investimentos foram realizados na modalidade, ficando evidente o foco da política educacional em atender prioritariamente crianças e adolescentes, fato também evidenciado por estudo do IPEA (2011).

2.1 *A criação do Encceja*

De acordo com o Relatório técnico-pedagógico do Encceja, de 2002 (apud GATTO, 2008, p. 61), a principal motivação para criação de um exame nacional de certificação foi a necessidade de combater a "indústria de diplomas para o supletivo" denunciada pela mídia. Para Paulo Renato Souza, então Ministro da Educação, combater tais fraudes foi efetivamente uma das razões da criação do exame: "o Encceja é do interesse [...] daqueles que não tiveram a oportunidade de estudar na idade adequada e são ludibriados por cursinhos que fazem propaganda enganosa e fraudam o sistema" (GOIS, 2003). Além disso, segundo ele, pretendia-se criar: "um padrão nacional de qualidade do Ensino Médio no país, e o Encceja era uma parte importante, junto com o Enem (Exame Nacional do Ensino Médio)".

Em entrevista concedida à Ação Educativa, Maria Inês Fini, responsável pela Diretoria de Avaliação para Certificação de Competências (DACC), do Inep, em 2002, afirmou que a ideia de criar o Encceja relacionou-se também com a dificuldade que brasileiros residentes em outros países, em especial, o Japão, tinham em validar seus diplomas no Brasil.

De fato, o problema do atendimento educacional de brasileiros residentes no Japão já havia sido objeto de discussão no Conselho Nacional de Educação (CNE) em 1999. De acordo com o Parecer CEB/CNE 11/1999, havia um diálogo entre a Embaixada Brasileira no Japão e o Ministério das Relações Exteriores no sentido de criar condições para atender às necessidades educacionais da grande população brasileira residente naquele país. Buscando atender esta solicitação do Itamaraty, o então Ministro Paulo Renato Souza promoveu uma cooperação entre MEC, CNE e o Departamento de Educação de Jovens e Adultos da Secretaria de Estado da Educação do Paraná para garantir a oferta de exames supletivos no Japão. A expressiva presença de paranaenses naquele país já fazia com que a reivindicação pelos exames supletivos fosse frequentemente direcionada ao Paraná. A Secretaria de Estado da Educação desse estado já era responsável por ofertar o exame desde 1999. No entanto, já constava no referido parecer do CNE a recomendação de que o Inep assumisse a incumbência de formular os exames.

O tema foi ainda retomado no Parecer CEB/CNE 18 de 2001 que fazia referência a um ofício enviado pelo Inep ao CNE prestando informação sobre as providências tomadas para realização dos exames supletivos no Japão e solicitando que a cooperação com a Secretaria de Educação do Paraná fosse mantida no ano de 2001 por questões operacionais de elaboração do exame. Em 2002, os exames já estariam sob orientação direta do Inep.

A vinculação entre a criação do Encceja e a oferta de exames de certificação no exterior foi ainda confirmada pela determinação estabelecida nas Diretrizes Curriculares Nacionais para a Educação de Jovens e Adultos (Resolução CNE/CEB 07, de 05/07/2000), na qual a competência para a realização de exames supletivos fora do território nacional era privativa da União (Art. 14). Esta determinação foi fundamentada no Parecer da Câmara de Educação Básica do Conselho Nacional de Educação (Parecer CEB/CNE 11/2000) com base no Artigo 22, XXIV da Constituição Federal onde constava que legislar sobre as diretrizes e bases da educação nacional era de competência privativa da União.

Houve, portanto, uma demanda pela criação de um exame formulado e ofertado pela União para brasileiros residentes no exterior. De acordo com relato de Maria Inês Fini, ao receber a solicitação para elaboração deste exame, ela teria exigido que ele fosse aplicado também no Brasil com o objetivo de formular uma referência de qualidade para a EJA:

> O que a gente queria era criar uma referência de qualidade, essa foi a intenção do Encceja, e permitir que as pessoas pudessem fazer o exame ou não. Ela é uma proposta, o único caráter político que ela tem é de criar uma referência de qualidade e tentar impedir que se venda diplomas[4].

Para Gatto (2008), o processo de formulação do Encceja, que antecedeu sua instituição oficial pela Portaria Ministerial 2270 de 14 de agosto de 2002, envolveu consultas ao CNE, Conselhos Estaduais de Educação, União Nacional dos Dirigentes Municipais de Educação (Undime) e União dos Conselhos Municipais de Educação (Uncme) e Coordenação Geral de Educação de Jovens e Adultos (COEJA) da Secretaria de Ensino Fundamental do Ministério da Educação. Este processo foi conduzido pela DACC/Inep, que elaborou o primeiro documento-base e o apresentou às entidades citadas em reuniões e audiências públicas sob a coordenação de Maria Inês Fini. O parecer da COEJA foi favorável à criação do

4 Entrevista concedida à Ação Educativa em 18/04/2012.

exame e, como resposta à consulta feita aos Conselhos Estaduais de Educação, oito foram favoráveis à proposta do Encceja: Ceará, Bahia, Maranhão, Paraíba, Paraná, Pernambuco, São Paulo e Acre.

Os objetivos do exame, resumidos anteriormente, são descritos na Portaria Ministerial 2270 de 14 de agosto de 2002 e reproduzidos no Livro Introdutório:

> Art. 2º O Encceja, como instrumento de avaliação para aferição de competências e habilidades de jovens e adultos em nível do Ensino Fundamental e do Ensino Médio tem por objetivos:
>
> I – construir uma referência nacional de autoavaliação para jovens e adultos por meio de avaliação de competências e habilidades, adquiridas no processo escolar ou nos processos formativos que se desenvolvem na vida familiar, na convivência humana, no trabalho, nos movimentos sociais e organizações da sociedade civil e nas manifestações culturais;
>
> II – estruturar uma avaliação direcionada a jovens e adultos que sirva às Secretarias da Educação para que procedam à aferição de conhecimentos e habilidades dos participantes no nível de conclusão do Ensino Fundamental e do Ensino Médio nos termos do artigo 38, §§ 1º e 2º da Lei 9.394/1996 – Lei das Diretrizes e Bases da Educação Nacional (LDB);
>
> III – oferecer uma avaliação para fins de classificação na correção do fluxo escolar, nos termos do art. 24, inciso I alínea "c" da Lei 9394/1996;
>
> IV – consolidar e divulgar um banco de dados com informações técnico-pedagógicas, metodológicas, operacionais, socioeconômicas e culturais que possa ser utilizado para a melhoria da qualidade na oferta da educação de jovens e adultos e dos procedimentos relativos ao Encceja;

> V – construir um indicador qualitativo que possa ser incorporado à avaliação de políticas públicas de Educação de Jovens e Adultos.

Ainda que o Encceja não tenha sido utilizado ao longo de sua existência com a finalidade de avaliar a Educação de Jovens e Adultos no país, foi apresentado no Livro Introdutório como um de seus objetivos principais (INEP, 2002). A primeira referência apresentada é a da LDBEN de 1996, na qual está prevista a realização de processos avaliativos do rendimento escolar para melhoria da qualidade de ensino, e a da Lei 9.448 de 1997, que atribui ao Inep a responsabilidade de implantar uma política nacional de avaliação como estratégia de monitoramento das políticas educacionais. Sendo o Encceja embasado em um "novo" paradigma pedagógico focado nas competências do sujeito e não apenas na quantidade de informações e conhecimentos do candidato, ele poderia servir como indutor de mudanças significativas no processo de ensino-aprendizagem. Nesse documento (INEP, 2002, p. 23):

> A avaliação é assumida como diálogo com a sociedade, garantindo o direito democrático da população interessada em saber o que de fato deve ser aprendido (e aquilo que deveria ter sido aprendido), para que possa compreender a função do processo educativo e exigir os direitos de uma educação de qualidade para todos. Educação básica e avaliação, portanto, têm por objetivo promover a equidade na participação social.

Ainda no que diz respeito à construção da justificativa para o Encceja, o Livro Introdutório fez referência a um dos pilares da perspectiva dominante sobre a EJA: a que trata de sujeitos que, apesar de não terem frequentado a escola, detêm um conjunto de saberes adquiridos ao longo da vida profissional, na comunidade e na família. Este pressuposto foi reforçado logo no início do documento, na definição do público potencial do Encceja, segundo o qual (INEP, 2002, p. 11):

> Esses cidadãos que não tiveram possibilidades de completar seu processo regular de escolarização, em sua maioria, já são adultos, inseridos ou não no mundo do trabalho, e têm constituído diferentes saberes, por esforço próprio, em resposta às necessidades da vida. Nesse sentido, assinala-se, nos termos da Lei, o direito a cursos com identidade pedagógica própria àqueles que não puderam completar a alfabetização, mas que, ao pertencerem a um mundo impregnado de escrita, envolveram-se, de alguma forma, em práticas sociais da língua.

Nesse sentido, a certificação via exames possibilitaria a validação pelo Estado dos conhecimentos, saberes e habilidades adquiridos por meios formais, não formais ou informais ao longo da vida. Diferentemente da "tradição do currículo enciclopédico", descontextualizado e fragmentado, o Livro Introdutório (INEP, 2002, p. 14) afirmava que o Encceja não priorizaria a memorização, mas sim "a autonomia do estudante em ler informações e estabelecer relações a partir de certos contextos e situações". Nesse sentido, uma Matriz de Competências e Habilidades[5] deveria ser o referencial fundamental para a elaboração de exames para jovens e adultos, por ser considerada mais adequada às suas possibilidades de ler e interagir com os problemas cotidianos, com o apoio do conhecimento escolar (INEP, 2002). O foco da avaliação, conforme o Livro Introdutório (INEP, 2002,p. 27),

---

5 A estrutura da matriz de competências e habilidades foi formalizada na Portaria n. 77 do Inep/MEC de 16 de agosto de 2002 (Artigo 3): 5 competências do sujeito (eixos cognitivos), a saber: domínio de linguagens, compreensão de fenômenos, enfrentamento e resolução de situações-problema, capacidade de argumentação e elaboração de propostas; 9 competências estabelecidas em cada área do conhecimento; 45 habilidades resultantes da associação das 9 competências estabelecidas em cada área do conhecimento e os 5 eixos cognitivos do sujeito. As cinco competências que servem de base para a formulação do Encceja foram as mesmas utilizadas para o Exame Nacional do Ensino Médio (Enem), criado em 1998, com a finalidade de avaliar estudantes do Ensino Médio brasileiro pela aplicação de uma prova.

> [...] recai sobre a aferição de competências e habilidades com as quais transformamos informações, produzimos novos conhecimentos, reorganizando-os em arranjos cognitivamente inéditos que permitem enfrentar e resolver novos problemas.

2.2 *As oposições ao exame*

O Encceja foi uma política amplamente questionada desde o momento de sua concepção: severas críticas foram direcionadas tanto aos seus pressupostos político-pedagógicos como aos possíveis impactos e efeitos que causaria na já fragilizada política de EJA. Identificada como uma estratégia de inspiração neoliberal, o exame foi compreendido pelos seus opositores como uma clara ameaça à garantia do direito humano de pessoas jovens e adultas à educação na medida em que reforçava a valorização do diploma em detrimento de se organizar um atendimento educacional presencial de qualidade.

Nesse sentido, Clarisse Vieira (2006) afirmou que o exame representaria a chegada da "onda dos sistemas nacionais de avaliação" na EJA. Expressão do processo de redefinição neoliberal do Estado, as avaliações ocupariam lugar central nas políticas educacionais do país: "[...] a avaliação apresenta um grande potencial para concretizar a transformação do Estado na gestão da educação pública, que assume como funções prioritárias legislar e avaliar" (INEP, 2002, p. 101). Este modo de funcionamento constituiria um Estado avaliador que, de acordo com o educador português Almerindo Afonso (*apud* VIEIRA, 2006, p. 102), significaria que

> [...] o Estado adotou um ethos competitivo, decalcado no que seria designado por neodarwinismo social, passando a admitir a lógica do mercado com a importação para o domínio público de modelos de gestão privada cuja ênfase é posta nos resultados ou produtos do sistema educativo.

Como apresentado anteriormente, um exame nacional como o Encceja, na visão de seus criadores, seria uma estratégia coerente com a construção de um parâmetro nacional de qualidade e também para evitar que instituições privadas pudessem fomentar uma indústria de diplomas no âmbito da EJA sem qualquer preocupação com a formação efetiva desses cidadãos.

Em 2003, com a chegada do Partido dos Trabalhadores ao poder, o Encceja foi suspenso pelo então ministro Cristovam Buarque que, por meio da Portaria Ministerial 2134 de agosto de 2003[6], determinou a realização de estudos sobre o exame para compatibilizá-lo com as orientações das Diretrizes Curriculares Nacionais para a Educação de Jovens e Adultos (GATTO, 2008). Conforme o então presidente no Inep, Luiz Araújo, em entrevista concedida ao jornal *Folha de S. Paulo* (GOIS, 2003):

> O problema é que o Encceja quer fazer uma certificação nacional, e essa é uma responsabilidade dos estados. O governo passado tentou fazer com os estados e municípios uma espécie de convênio de adesão, e não se pode revogar uma competência estadual ou municipal apenas por um termo de adesão. Teríamos que fazer uma mudança na LDB (Lei de Diretrizes e Bases da Educação). Oferecer uma matriz nacional como subsídio para os estados é uma coisa, mas chamar a responsabilidade da certificação e gastar recursos da União para fazer isso em nível nacional é outra. Não é preciso, necessariamente, chegar a esse extremo. Há outras formas de combater o problema, como mudando a legislação e estabelecendo mais rigor no controle de conselhos estaduais[7].

Além da suspensão do exame, propunha-se a construção de uma política pública de EJA que trouxesse novas perspectivas para a modalidade com a participação mais efetiva dos movimentos sociais em secretarias, comissões e

---

6 Revogava a Portaria Ministerial 2.270, de 14/08/2002, que instituiu o Encceja.

7 O problema ao qual se refere Luiz Araújo era o da irregularidade de cursos supletivos privados que vendiam diplomas aos interessados de maneira irregular.

conselhos governamentais. Em 2004, foi criada a Secretaria de Educação Continuada, Alfabetização e Diversidade (Secad), com a finalidade de construir uma política de estado para a educação de jovens e adultos. Neste mesmo ano, foi criada a Comissão Nacional de Alfabetização e Educação de Jovens e Adultos (CNAEJA) com a participação de movimentos sociais, representantes de organismos internacionais, ONGs e instituições de representação das secretarias estaduais e municipais que poderiam influir na reformulação desta política.

Neste mesmo sentido, em 2003, a Coordenadora-Geral de Educação de Jovens e Adultos (MEC), professora Cláudia Veloso Torres do Amaral, encaminhou à Diretora do Departamento de Políticas Educacionais documento sobre o Encceja em que levava em consideração as manifestações do Eneja, da Undime e do Fórum Estadual de EJA do Rio Grande do Sul, todos contrários ao exame. Apesar desta tentativa inicial de ampliação do debate sobre o Encceja, em outubro de 2004, a Portaria 3.415 assinada pelo Ministro Tarso Genro instituiu o exame para o ano seguinte. Esta decisão, no entanto, não expressava um consenso interno ao Ministério, pois a Diretoria de Educação de Jovens e Adultos da Secad manteve sua posição contrária ao exame (GATTO, 2008).

Um dos principais focos das críticas dizia respeito ao caráter centralizador do Encceja. Por ser um exame nacional, estaria desconsiderando, por um lado, a autonomia dos estados na elaboração de suas políticas educacionais para a modalidade e, por outro, a contextualização do conhecimento, considerada essencial para a EJA. De acordo com este ponto de vista, o Encceja não seria capaz de dar conta das diferenças regionais e da diversidade dos sujeitos da EJA partindo de conhecimentos que sejam significativos para esses sujeitos.

Estas críticas foram elaboradas e confirmadas em diversos momentos. Ainda em 2002, no ano de lançamento da portaria que instituiu o Encceja, foi realizado em Belo Horizonte (MG) o IV Encontro Nacional de Educação de Jovens e Adultos (IV Eneja) e uma das deliberações da plenária do encontro foi o posicionamento contrário ao exame:

> IV Eneja posicionou-se contrário à concepção político-pedagógica centralizadora e padronizante do Encceja – Exame Nacional

> para Certificação de Competências de Jovens e Adultos, e apresenta profunda preocupação quanto às consequências deste exame na Educação Popular e na Educação de Jovens e Adultos. O IV Eneja recomenda aos fóruns estaduais e municipais o aprofundamento do tema, encaminhando suas conclusões, por escrito, à Comissão Nacional de Fóruns até novembro de 2002[8].

Em 2006, quando o exame passou por um processo de reestruturação que pretendia ampliar a adesão dos estados e a aplicação do exame, ocorreu uma articulação política contrária ao Encceja. Os coordenadores estaduais de EJA, em reunião em março daquele ano, elaboraram uma carta aberta em que se manifestaram contrários ao exame com a justificativa de que representaria um tratamento discriminatório com a EJA, por ser a única avaliação em larga escala com função certificadora, além de estimular os jovens e adultos a trocarem os cursos de EJA pelo exame. A reunião de coordenadores deliberou pela solicitação para que o Inep atuasse como colaborador técnico no aprimoramento dos exames estaduais e não como um formulador de política para a EJA. Conforme o documento:

> A Educação de Jovens e Adultos, neste Governo, tem sido tratada como modalidade da Educação Básica que atende à demanda social de um público historicamente excluído e não como correção de fluxo ou aligeiramento da escolarização. A EJA, com a reedição em nível nacional do Encceja, estará recebendo do MEC/Inep tratamento discriminatório, incoerente com as suas políticas pois, diferentemente de outras

---

8 Relatório-síntese do IV Eneja publicado no boletim *Informação em Rede* da Ação Educativa. O Eneja é o Encontro Nacional dos Fóruns Estaduais da Educação de Jovens e Adultos que ocorre a cada dois anos e tem como finalidade discutir diretrizes gerais do movimento que luta pela defesa dos direitos da educação de jovens e adultos.

> avaliações nacionais, fará, com este Exame, a certificação. A EJA, hoje nos estados, vem priorizando a inclusão do público jovem, adulto e idoso em cursos, tendo em vista a adequação às demandas destes. Portanto, transformar os Exames em uma política centralizada do Governo Federal, com divulgação nas mídias, poderá significar a migração de adolescentes entre 15 e 18 anos do Ensino Regular, bem como dos alunos jovens, adultos e idosos dos cursos de EJA para os Exames Supletivos[9].

Em maio do mesmo ano, representantes dos fóruns estaduais de EJA realizaram uma audiência com o então Ministro da Educação, Fernando Haddad, e entregaram um documento em que reforçavam os argumentos apresentados pelos coordenadores de EJA de que o exame poderia estimular o "aligeiramento" da escolarização e questionavam a possibilidade de um exame nacional contemplar as diversidades culturais e de conhecimentos dos sujeitos da EJA. Também destacavam que o exame desobrigava o estado de garantir o direito à educação nos sistemas públicos de ensino, conforme indicava a LDB promulgada em 1996. Com estes argumentos, solicitavam, por fim, o cancelamento do Encceja.

Além desses pronunciamentos, ocorridos em 2006, outra expressão importante da posição dos militantes da EJA sobre o exame estava registrada no Documento Nacional Preparatório à VI Conferência Internacional de Educação de Adultos (Confintea) produzido ao longo de 2008[10]. O documento defendia o desenvolvimento de avaliações processuais realizadas em cursos presenciais em oposição aos exames de certificação. Nas recomendações do documento ao

---

9 Carta aberta enviada pelos coordenadores estaduais de EJA ao Ministro da Educação, ao Presidente do Inep, ao Conselho Nacional de Educação, ao CNAEJA e à Secad/Deja, elaborada em 7 de março de 2006.

10 A Confintea é um evento realizado pela Organização nas Nações Unidas para a Educação, a Ciência e a Cultura (Unesco), a cada 12 anos, desde 1949 e tem como objetivo definir as diretrizes que orientarão as ações dos Estados Membros nesta área. Sua quarta edição ocorreu em 2009 no Brasil, primeiro país do hemisfério sul a sediar a conferência. O documento mencionado aqui é o resultado dos debates desenvolvidos nos 33 encontros preparatórios realizados no Brasil para a Conferência.

Ministério da Educação (BRASIL, 2009) propõe-se: "Suprimir a oferta do Exame Nacional para Certificação de Competências de Jovens e Adultos (Encceja) uma vez que este não atende às especificidades da EJA no Brasil".

Outro momento importante de debate sobre o Encceja foi o processo de elaboração das Diretrizes Operacionais de Educação de Jovens e Adultos, iniciado em 2007, mas que só foi aprovado pelo MEC em 2010[11]. Ainda que o principal objeto de discussão tenha sido a definição da idade mínima para exames e cursos de EJA, o Encceja esteve presente durante todo o debate. Esta associação decorre da avaliação de que a redução da idade mínima para exames trazida pela Lei de Diretrizes e Bases de 1996 (Lei 9.394/1996) era, assim como a criação do Encceja, reflexo da focalização das políticas federais de educação no Ensino Fundamental. Dado que o ensino obrigatório compreendia a população de 7 a 14 anos, a redução da idade mínima para exames de Ensino Fundamental para 15 anos foi vista como confirmação da visão de que a responsabilidade de garantia da educação pelo poder público se restringia à população de 7 a 14 anos. É o que afirma Regina Vinhaes Gracindo, relatora do Parecer CEB/CNE23/2008:

> A drástica alteração ocorrida por força da Lei 9.394/96 (LDB), antecipando a idade mínima dos exames de 18 (dezoito) para 15 (quinze) anos (Ensino Fundamental) e de 21 (vinte e um) para 18 (dezoito) anos (Ensino Médio), por certo decorreu exatamente do momento em que o poder público deliberou por dar focalização privilegiada ao Ensino Fundamental apenas para as crianças de 7 (sete) a 14 (quatorze) anos e, assim, delimitando, com clareza, a população-alvo de sua responsabilidade e, consequentemente, de suas políticas públicas prioritárias. Com essa medida, alcançou-se um patamar de quase universalização do acesso dessas crianças (97%) no Ensino Fundamental. Por outro lado, pesquisas e estudos que

---

11 Carmen Gatto (2008) realiza uma análise detalhada do processo de discussão das Diretrizes Operacionais para EJA.

> acompanharam os impactos dessa medida apontaram a pífia atenção dada, nesse período, à Educação Básica como um todo orgânico e à Educação Superior. Dessa forma, na Educação Básica, tanto a Educação Infantil (zero a cinco anos), como o Ensino Fundamental (para os maiores de 14 anos) e o Ensino Médio, ficaram excluídos da oferta obrigatória do Estado.

A preocupação com os possíveis efeitos da redução da idade mínima para exames já se encontra expressa no Parecer CEB/CNE 11/2000 elaborado por Carlos Roberto Jamil Cury como base das Diretrizes Curriculares Nacionais para a Educação de Jovens e Adultos. O relator destacou em diferentes momentos a importância de que a idade mínima de 15 e 18 anos para os exames de Ensino Fundamental e Médio, respectivamente, não fosse utilizada para legitimar a saída precoce da educação escolar regular. Apesar das ressalvas apontadas, neste momento ainda não havia a tentativa de elevação da idade mínima para exames, mas sim a extensão desse limite para ingresso nos cursos de educação de jovens adultos, impedindo que crianças e adolescentes de até 14 anos fossem matriculados na educação de jovens e adultos.

Nas discussões sobre as Diretrizes Operacionais para EJA, foi central o tema da idade mínima, tendo sido selecionado como um dos três objetos de revisão: "1) os parâmetros de duração e idade dos cursos para a EJA; 2) os parâmetros de idade mínima e de certificação dos Exames na EJA; 3) o disciplinamento e orientação para os cursos de EJA desenvolvidos com mediação da Educação a Distância" (Parecer CEB/CNE 23/2008). A defesa da elevação da idade mínima para realização de exames de Ensino Fundamental para 18 anos tinha como fundamento a necessidade de adequar a LDB ao Estatuto da Criança e do Adolescente (Lei n 8.069 de 13 de Julho de 1990) – que define como adolescentes as pessoas com idade entre 12 anos completos e 18 anos incompletos – e de frear o processo conhecido como a juvenilização da EJA. Afirma a relatora:

> Tal situação é fruto de uma espécie de migração perversa de jovens entre 15 (quinze) e 18 (dezoito) anos que não encon-

> tram o devido acolhimento junto aos estabelecimentos do ensino sequencial regular da idade própria. Não é incomum se perceber que a população escolarizável de jovens com mais de 15 (quinze) anos seja vista como "invasora" da modalidade regular da idade própria. E assim são induzidos a buscar a EJA, não como uma modalidade que tem sua identidade, mas como uma espécie de "lavagem das mãos" sem que outras oportunidades lhes sejam propiciadas (Parecer CEB/CNE 23/2008).

Esta migração de adolescentes do ensino regular para a educação de jovens e adultos era vista, tal qual a aposta nos exames de certificação, como "aligeiramento" da formação escolar. No lugar de garantir o direito dos adolescentes de frequentar e permanecer no ensino regular, esta lógica contribuiria para a visão equivocada da educação de jovens e adultos como meio de "acelerar" a escolarização e corrigir a defasagem idade/série dos adolescentes, definindo a certificação como principal finalidade da educação.

Com o intuito de envolver diferentes segmentos da sociedade e órgãos públicos na discussão sobre os referidos temas, em agosto de 2007, o CNE organizou três audiências públicas. Para subsidiar as audiências foram elaborados três textos base: "Idade para EJA", produzido pela professora Isabel Santos; "Exames Supletivos/Certificação na Educação de Jovens e Adultos", elaborado pela professora Maria Aparecida Zanetti; e "Educação Básica de Jovens e Adultos mediada e não mediada pelas Tecnologias de Informação e Comunicação – TIC multimídia em comunidade de aprendizagem em rede", elaborado pela professora Maria Luiza Pereira Angelim.

O texto de Maria Aparecida Zanetti sobre os exames supletivos foi quase inteiramente dedicado à análise da inadequação do Encceja como instrumento de certificação para jovens e adultos. Como será mais bem desenvolvido adiante, seu principal argumento de crítica diz respeito ao caráter centralizador do Encceja e ao fato de ele expressar a visão da EJA como correção de fluxo, aligeiramento da escolarização e possibilidade de redução de investimentos na educação. Nas audiências públicas a quase totalidade dos grupos acompanha as críticas de Zanetti e confirma a inadequação do Encceja como mecanismo de certificação.

Na entrevista concedida à Ação Educativa em 2012, Zanetti retomou o debate acerca da idade, relacionando-o com uma política educacional de inspiração neoliberal:

> Por que a idade dos exames na LDB baixou para 15 anos? Porque aquele universo desses jovens, que são normalmente multirrepetentes, tem uma relação com a escola que já foi ficando complicada; eles custam, naquela lógica neoliberal dos anos 90, eles custam mais. Vir para a EJA é uma forma de tirar do Ensino Regular esses multirrepetentes e aí a certificação via exames; ela é uma certificação que também acelera esse movimento de saída destes jovens[12].

Ainda no que diz respeito ao debate acerca da elevação da idade mínima para cursos e exames, cabe destacar que este tema determinou a não homologação da proposta de Diretrizes Operacionais para EJA de 2008 pelo Ministro da Educação. Em Nota Técnica enviada ao CNE (Nota Técnica 38/2009/DPEJA/Secad), o Departamento de Educação de Jovens e Adultos da Secad discorda do diagnóstico sobre a juvenilização da EJA fazendo referência aos dados do Inep e IBGE. Argumenta que a elevação da idade significaria restringir as oportunidades de conclusão do Ensino Fundamental da população entre 15 e 17 anos e sua liberdade de escolha. Comenta ainda que existe a sinalização de que o ensino obrigatório seja estendido até os 17 anos, o que tornaria a demanda pela EJA ainda maior para este grupo. A partir desta nota técnica, em 2010, outro parecer é elaborado pelo Conselho Nacional de Educação (Parecer CNE/CEB 6/2010) mantendo a idade mínima em 15 anos para os exames e cursos

12 Entrevista concedida por Maria Aparecida Zanetti à Ação Educativa em 24/10/2012.

de EJA de Ensino Fundamental.

Neste cenário de intenso debate político sobre o Encceja não ocorreu uma avaliação efetiva do impacto que o exame pode ter provocado nas redes estaduais de educação de jovens e adultos. Não foi divulgado nem mesmo quantos jovens e adultos atenderiam aos critérios mínimos de certificação nestes anos, e se estes estariam deixando os cursos presenciais para realizar o exame. Não se sabe também qual é o perfil do público que busca o exame. A falta de dados para refletir sobre a implementação desta política impediu uma avaliação efetiva de seu funcionamento, o planejamento de sua execução por parte do Estado e o controle social de sua implementação por parte da sociedade civil.

A disseminação dos exames de certificação e a defesa da noção de competência receberam muitas críticas da comunidade acadêmica e de grupos que lutavam pelo direito à educação de jovens e adultos. Segundo Sérgio Haddad (1998 *apud* VIEIRA, 2006, p. 105), a ênfase nos exames de certificação coloca em segundo plano o que

> a pedagogia consagrou como bases necessárias para a aquisição do conhecimento: os professores, o currículo, os materiais didáticos, as metodologias etc. Garantindo apenas a avaliação do produto, o Estado joga para o mercado da educação a responsabilidade pelo processo educacional. Ou seja, o Estado abre mão da responsabilidade de formação, garantindo apenas os mecanismos de creditação e certificação.

Para parte dos pesquisadores, educadores e gestores ligados à EJA, os exames reforçariam a precarização já existente na modalidade, desconsiderando uma dimensão fundamental/central do ensino que é o processo de socialização e construção coletiva da cidadania que só poderia ser garantida no ensino presencial. O fortalecimento do exame de certificação foi interpretado como diminuição da responsabilidade do sistema público e não como estratégia de garantia ao direito educacional.

Esta visão esteve presente ainda no Documento Nacional Preparatório à VI

Conferência Internacional de Educação de Adultos – Confintea (BRASIL, 2009, p. 33), publicado em 2009 com a participação de vários setores da sociedade civil e governo:

> Dada a diversidade de sujeitos da EJA, as estratégias político-didático-pedagógicas não prescindem da presença humana do professor e educandos, da interação, da troca, do diálogo, pela certeza de que aprender exige ação coletiva, entre sujeitos com saberes variados, mediados pelas linguagens, objetivando conhecimento emancipador.

O mesmo documento argumentava que a EJA deveria se basear numa perspectiva de emancipação humana e, para tanto, deveria estar articulada com uma oferta educacional contextualizada e coerente com às condições sócio-históricas e culturais dos sujeitos da EJA. Na prática, estes princípios estiveram articulados com a defesa da avaliação processual, a ser desenvolvida em cursos presenciais, em detrimento de exames de certificação, assim como apontado no trecho a seguir (BRASIL, 2009, p. 34-35).

> Ao longo da vida, jovens e adultos estiveram sempre aprendendo e, portanto, detêm saberes que não podem ser ignorados. Seus saberes podem dialogar, produtivamente, portanto, com o currículo da escola, reconsiderando tempos de aprendizagem, formas de organização. Articular saberes cotidianos de jovens e adultos a saberes técnicos e científicos sistematizados numa perspectiva de emancipação põe-se como desafio para o currículo da EJA. O que importa como finalidade da ação pedagógica é saber o que sabem e como aprendem jovens e adultos e, para isso, o trabalho docente – valendo-se de modos de avaliação processual – deve pôr o aprender acima do certificar. [...] A avaliação na EJA também implica enfrentar o desafio e a lógica perversa da cultura hierárquica e submissa

> que formou o povo brasileiro. Cabe agora pensar de que modo cada sujeito se apropria dos conhecimentos e os faz seus, para si, para sua comunidade, e sociedade, o que requer avaliação processual, contínua e formativa, que não remete somente à necessidade de certificação, referendo de um sistema de reconhecimento formal na sociedade. Como documento burocrático, o certificado muitas vezes tem sido o motor que conduz jovens e adultos de volta à escola, sem que esta se dê conta de estar diante de uma bela oportunidade de transformar a expectativa inicial dos sujeitos, minimizando seu valor, e maximizando o valor do conhecer e da capacidade de jovens e adultos pelos aprendizados realizados.

Para além deste questionamento mais geral que implicavam na crítica aos exames de certificação, houve também questionamentos específicos sobre a possibilidade e a validade de uma iniciativa como o Encceja avaliar competências e habilidades não escolares, assim como afirmou Vieira (2006, p. 106).

> O Encceja se propõe a avaliar uma série de competências e habilidades adquiridas em processos formativos escolares e não escolares. Se, por um lado, isso implica o reconhecimento dos processos de aprendizagem construídos fora do contexto escolar, por outro, não está claro como tais saberes serão articulados aos saberes teóricos e científicos, no sentido de uma síntese criadora que incorpora o senso comum, mas o supera no sentido de sistematizar e ampliar a compreensão da realidade. Há uma série de lacunas nesse sentido, sobretudo quando se considera a diversidade de saberes construídos no mundo do trabalho, da cultura, dos movimentos sociais, na família etc. Em que medida estes saberes serão avaliados? Como as especificidades locais serão consideradas nesta avaliação? Como tais saberes serão articulados à noção de competência?

Reynaldo Fernandes, presidente do Inep entre 2006 e 2009, em entrevista concedida à Ação Educativa, fez referência às dificuldades que encontrou enquanto gestor na reestruturação e ampliação do Encceja em 2006, sofrendo muitas críticas de movimentos, educadores, gestores e pesquisadores relacionados à EJA. Para ele, o Encceja era uma proposta de inclusão, por isso defendia sua expansão. Afirmou ele que:

> É um sistema de certificação enorme, com grande potencial, muitas pessoas poderiam usar. [...] As provas de estado, não todas, eram muito ruins. Para isso, era preciso ter uma prova boa. Fazer certificação sem a TRI[13] é difícil. [...] A ideia era abrir, indicar a pontuação para a certificação. A maior surpresa foi a reação enorme que enfrentei para fazer isso. Teve dois grupos: todo um pessoal de ONGs e o pessoal que defende a escola. Diziam que eu estava tirando o direito das pessoas irem para a escola. Está induzindo que a pessoa vá para a escola e vá fazer o teste. Está tirando o direito delas à educação. [...] O segundo grupo era o pessoal que fazia a prova nos estados. Aí o corporativo falava muito, a prova tem que ser regional. A matemática do Pará tem que ser diferente da prova de São Paulo? Houve uma reação do próprio MEC, da Secad [...]. A crítica deles era a da precarização e da redução da escola. [...] Aí foi tirado um pouco, cresceu, mas poderia ter sido maior, nós queríamos fazer um grande exame, mas aí politicamente ficou difícil, achei melhor ir mais devagar[14].

---

13 A Teoria da Resposta ao Item (TRI) constitui-se em um modelo logístico utilizado em diversas iniciativas de avaliação educacional para montagem de instrumentos, tratamento de dados e construção de escalas a partir de resultados apresentados por alunos em provas de rendimento.

14 Entrevista concedida por Reynaldo Fernandes à equipe da Ação Educativa em 26/04/2012.

A ata da reunião da Comissão de Alfabetização e Educação de Jovens e Adultos (CNAEJA) da Secad/MEC, realizada em março de 2006, retrata estes conflitos acerca do Encceja a que Reynaldo Fernandes se refere. Ele participou desta reunião para discutir a proposta de mudança do Encceja e a ampliação da aplicação do exame. Ao justificar a reformulação do exame e defender-se das críticas feitas ao mesmo, a ata da CNAEJA (BRASIL, 2006, p. 14) registrou:

> Segundo Reynaldo Fernandes, o grande momento da crítica é esse de que eu vou tirar as pessoas da escola e a forma correta de educação é pela escola regular. Em tese, ele concorda que isso seja o melhor para a maioria, mas existem casos específicos de pessoas adultas que têm dificuldades por trabalhar, dificuldades de horário ou não têm programas ou horários próximos à casa dele, etc, e ele pode buscar uma alternativa. [...] Ele acha que algumas experiências de EJA são fantásticas, mas não se pode generalizar. Os exames, por exemplo, do Enem, mostram que algumas escolas fizeram 23 pontos, geralmente escolas de EJA. Não todas, tem escolas de EJA que vão bem. 20 pontos é o aleatório, se você chutar tudo você vai acertar em média 20% da prova. Fazer 23 pontos é, na média, referente a escolas em que ninguém aprendeu quase nada. Este é o primeiro ponto da discussão que ele entende, segundo que este debate é atração de um e de outro, terceiro, que não sabemos sobre o impacto destes exames no incentivo de tirar as pessoas de um lugar para o outro. [...] Só para terminar esta questão, estes exames já existem e estão previstos na LDB, assim é uma defesa dos exames e não do Encceja. Com relação ao segundo ponto do Encceja, ao admitir que os exames supletivos têm uma característica positiva, que pode ser muito boa, excelente, ou moderada, cumpriria um papel. Seria pior se não tivéssemos o exame com uma exclusão muito maior.

Em contraposição, a ata registrou a posição dos Fóruns de EJA na CNAEJA (BRASIL, 2006, p. 14):

> Enfatizou que a crítica maior da migração dos alunos das escolas para a certificação rápida, que se pretende universalizante, coloca para a Secad pensar uma das suas contradições: a conformação atual da Secretaria, na perspectiva da educação continuada e da diversidade, conflitua com uma proposta de certificação que não contempla a diversidade das experiências dos sujeitos e dos contextos de aprendizagem. A educação como direito à formação humana, e como continuidade, são princípios dos quais não abrimos mão.

Maria Aparecida Zanetti, reiterando as críticas formuladas em 2006, no texto elaborado para as audiências públicas por ocasião da aprovação das Diretrizes Operacionais para Educação de Jovens e Adultos, destacava que o Encceja, por ser uma prova nacional, assumiu "caráter centralizador, definindo os critérios avaliativos, independente das diferenças locais, regionais e de matriz curricular e também substitutivo aos exames ofertados pelos estados e municípios" (ZANETTI, 2007). Questiona-se, assim, a possibilidade de um exame nacional, aplicado indistintamente em todas as regiões do país, conseguir contemplar experiências cotidianas tão diversas com a finalidade de avaliar certas competências comuns.

No que diz respeito a essa discussão sobre a possibilidade de uma prova nacional dar conta das diferenças regionais, existiu uma proposta apresentada no parecer acerca das Diretrizes Operacionais de EJA (BRASIL, 2010, p. 16). Considerando a dificuldade técnica e financeira de alguns municípios e estados para realizar seus exames, a possibilidade de a União desenvolver um exame não deveria ser descartada. A elaboração deste exame, no entanto, seria o resultado de um trabalho articulado de estados e municípios no sentido de exames intergovernamentais unificados. Como resultado de um regime de colaboração, este processo respeitaria, diferentemente do que ocorreu com o

Encceja, a autonomia dos entes federativos. Nesta alternativa, a metodologia da proposta poderia ter condições de considerar a variabilidade de conteúdos dos componentes curriculares dos diferentes sistemas de ensino:

> Esse cuidado exige uma radiografia e uma consideração dos diferentes pontos de partida (diversidade) e um avançar no sentido de exames unificados (comuns) sem serem uniformes (comum-unidade). Em outras palavras, que a tradução das diretrizes em matéria de cobrança das competências da certificação (escolar) acolha tanto a exigência de uma base nacional comum quanto as peculiaridades que os diversos pontos de partida possam abrigar.

Consta também no parecer a sugestão de que o Inep oferecesse apoio técnico, pedagógico e financeiro aos sistemas de ensino para garantir a regionalização do exame. Defendia também a existência de um exame nacional como instrumento de avaliação e diagnóstico da EJA com o objetivo de contribuir com a elaboração de políticas públicas adequadas, sem a função certificadora. Foi destacada a importância de essas iniciativas serem acompanhadas do investimento na ampliação da oferta de EJA nos três turnos, na forma presencial e com avaliação no processo.

2.3 *O histórico da aplicação do exame no Brasil*

As sistemáticas mudanças internas na organização do Inep, as alternâncias na sua presidência, os embates com a Secad/MEC e a oposição pública ao exame gerou certo recuo na perspectiva de tornar o Encceja instrumento aplicado em grande escala ainda em 2006, fazendo com que se afrouxasse o compromisso da instituição com a aplicação do exame, inclusive com falta de investimento na criação e desenvolvimento de um sólido banco de itens. O progressivo crescimento do Enem e o grande número de avaliações realizadas pelo Inep também trouxeram consequências para o Encceja, pois aparentemente o exame ficou em segundo plano. Sua realização foi sempre uma incerteza nos anos que se sucederam, haja vista a ausência de calendário pré-definido para a sua aplicação. Em 2009 e 2011, por exemplo, não ocorreram, ainda que em 2009 tenha havido o processo de inscrição. Sobre isso, explicou o então diretor da Diretoria de Avaliação da Educação Básica (Daeb), do Inep, Alexandre dos Santos:

> Cada exame, cada avaliação tem uma agenda associada desde a elaboração do item. Quer dizer, não conseguimos processar e encaminhar todas as agendas de todas avaliações e aí nesse sentido o Encceja foi seriamente prejudicado e a gente é muito demandado pelas secretarias estaduais e municipais por essa inconstância[15].

Apesar das disputas em torno do Encceja e das dificuldades do Inep no oferecimento do exame, ocorreu sua ampliação ao longo do tempo. Foi o que mostraram os dados de número de inscritos e adesões das secretarias estaduais e municipais ao programa. Como se observa no gráfico a seguir, houve crescimento constante no número de inscritos: em 2005 o exame contou com 38.391 inscritos, em 2008 este número subiu para 846.142 – 22 vezes maior. Neste ano, observou-se o pico no número de inscritos, diminuindo em 2010 para 671.213.

15 Entrevista de Alexandre André dos Santos concedida a Ação Educativa em 22/05/2012.

Gráfico 1 – Total de inscritos Encceja/Enem (2002-2010)

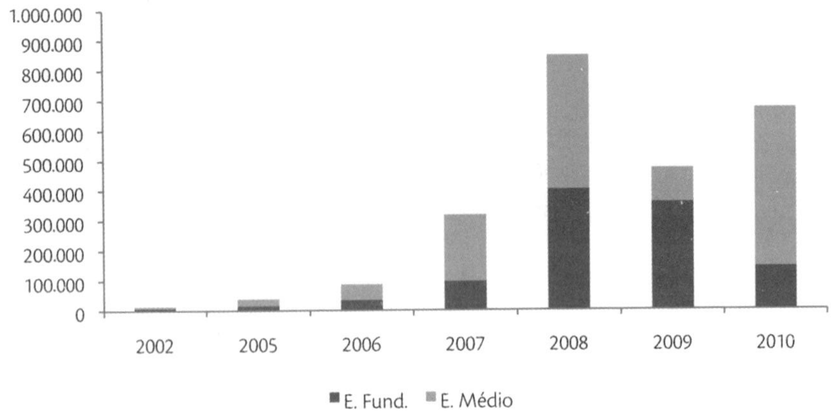

Fonte: MEC/Inep.

Este grande crescimento do número de inscritos a partir de 2008 pareceu estar relacionado com o fato de que, nesse ano, o Inep passou a arcar com parte significativa dos custos da prova, importante estímulo à adesão de municípios e estados tendo em vista os altos custos de elaboração e aplicação de exames estaduais de certificação. Como se observa no Quadro I, a seguir, ainda que o número de inscritos não tenha um crescimento constante, o número de secretarias estaduais que aderiram ao exame cresceu a cada edição. Em 2008 foram oito secretarias estaduais e, em 2010, 22.

Quadro 1 – Evolução da adesão ao Encceja por estado (2002-2010)															
Região	UF	2002		2005		2006		2007		2008		2009		2010	
Norte	RO						1				1		19		
	AC		1												7
	AM						1		1				62		1
	RR		2				1		1		2		15		
	PA		2		1		1		1		11		6		15
	AP										2				
	TO				71		13		13		18		139		
Nordeste	MA				3		3		3		28		25		13
	PI				1				1		5		3		
	CE		2		4		2		1		16		9		6
	RN		3		3		2		2		13		26		
	PB		1		1		1				8		5		
	PE		1		1		1		1		6		6		
	AL		1								14		4		
	SE		1								3		2		
	BA		3		2		7		7		38		28		
Sudeste	MG				1		4		6		53		141		
	ES		3		4		9		8				17		
	RJ				1		1		1		6		30		
	SP		4		11		10		11		22		173		
Sul	PR				1		1		1		18		9		
	SC		25		1		2		2		2		79		
	RS		1		1		1		1		14		95		11
Centro-Oeste	MS								1		5		46		
	MT								6		3		1		
	GO		1		2		4		2		26		9		
	DF												14		
TOTAL		2	51	1	109	3	65	4	70	8	314	13	963	22	53

	Secretarias Estaduais
	Secretarias Municipais

Fonte: Ação Educativa/Inep-MEC.

A relevância de observar este quadro de evolução das adesões está no fato de que, ao aderir ao Encceja, estes estados podem estar substituindo suas provas locais pelo exame, o que amplia enormemente sua importância. Na etapa de estudos de casos, em seis estados brasileiros que aderiram ao exame em várias edições, cinco deles (Maranhão, Tocantins, Mato Grosso do Sul, São Paulo e Rio Grande do Sul) substituíram seus exames estaduais pelo Encceja.

Ainda que seja possível constatar o aumento da importância e dimensão do exame e o papel do Inep neste movimento, não foi somente a indução no plano federal que determinou os caminhos da educação de jovens e adultos nos estados. Não foi possível avaliar o impacto do Encceja na redução das matrículas nos estados e municípios sem compreender também a lógica da política local para a educação de jovens e adultos. Para tanto, foi preciso analisar o sentido da construção da política de educação de jovens e adultos em cada um dos estados da federação, pois o crescimento do interesse e adesão ao Encceja e, ao mesmo tempo, o esvaziamento das salas de aula, ocorre especialmente nos casos em que a política estadual não tomou a modalidade como prioridade de investimento.

Não foi possível negar, no entanto, que ao arcar com os custos e organização da prova, o governo federal induz a adesão ao Encceja contribuindo para uma possível desarticulação entre as ofertas de exames de certificação e a de cursos de EJA nos sistemas estaduais e municipais de ensino. Essa desarticulação dificulta que a oferta de exames integre as políticas estaduais e municipais de educação de jovens e adultos de um modo complementar ao ensino presencial e não excludente.

De qualquer forma, para avaliar a relação do Encceja com a diminuição das matrículas na educação de jovens e adultos ou com as altas taxas de evasão nesta modalidade é necessário que as motivações dos candidatos e os possíveis efeitos do exame sejam objeto de pesquisa. É preciso levar em consideração a possibilidade de que a opção pelo exame tenha menos a ver com a falta de interesse dos jovens e adultos pela escola e mais com a inviabilidade da escola para essas pessoas considerando seus contextos de vida. Isso seria um indicativo de que há uma deficiência no formato de escola oferecido que no Brasil não conseguiu criar formatos mais flexíveis que levem em conta as possibilidades reais de jovens e adultos frequentarem a escola ao mesmo tempo em que trabalham e têm ainda obrigações familiares. Além das motivações indicadas pelos candidatos para a realização do exame, interessa aprofundar a análise para saber em que medida há uma forte articulação entre o bom desempenho nos exames e uma maior escolarização dos candidatos sendo, neste caso, o Encceja, em seu modelo atual, um exame válido para jovens e adultos que estejam mais próximos da finalização de uma etapa e tenham maior familiaridade com os conhecimentos construídos em um formato escolar. Isso restringiria o Encceja a um foco específico de influência sobre a redução das matrículas da EJA.

Os dados socioeconômicos da prova realizada em 2010 para o Ensino Fundamental indicam a grande presença de alunos que já tinham vários anos de estudo, sendo que apenas 9% estava frequentando a escola naquele momento e 66% já haviam cursado alguma série na educação de jovens e adultos. Dos inscritos para a prova do Encceja do Ensino Fundamental em 2010 que responderam ao questionário socioeconômico, 29,1% abandonaram a escola na 8ª série do ensino regular. Deve-se mencionar ainda que 80% dos candidatos deixaram de estudar quando estavam cursando alguma série do Ensino Fundamental II, ou seja, do atual 6º ao 9º ano. Dos inscritos no exame que já tinham frequentado a escola, 44% deixaram de estudar quando tinham entre 15 e 18 anos de idade e 27% entre 10 e 14 anos. A partir destes dados fica evidente que a maioria dos candidatos ao Encceja foi composta por indivíduos que frequentaram a escola e um terço dos inscritos estava prestes a completar o Ensino Fundamental. Podemos especular que o exame serviu para os que estavam próximo de completar o Ensino Fundamental, mas precisavam do certificado para o mercado de trabalho ou mesmo para dar continuidade aos estudos.

Se observarmos os dados presentes no questionário socioeconômico relativos às motivações dos candidatos para realizar a prova, 62,6% dos candidatos declararam que não querer estudar não era o principal motivo para realizar o Encceja. Dos inscritos, 39% declararam que fariam o Encceja pelo fato de não poderem estudar e 63, 9% consideraram muito relevante o Encceja por considerar a melhor forma de conciliar estudos e trabalho. Por fim, 73,6% atribuíram máxima importância, em uma escala de 0 a 5, habilitar-se para fazer um curso profissionalizante e se preparar para o mercado de trabalho. O exame parece representar um caminho mais rápido para alcançar melhores posições no mercado de trabalho, entretanto, isso não significa necessariamente a falta de interesse de jovens e adultos em retomar a vida escolar, mas sim as dificuldades em frequentar uma escola pouco flexível e com currículos que, talvez, não venham de encontro às suas expectativas de vida.

3. Ensino Médio: do Encceja para o Enem

A partir de 2009, o Enem assumiu a função de exame de certificação de conclusão de escolaridade em nível médio, deixando o Encceja como uma política voltada apenas ao Ensino Fundamental. Assim como o Encceja, o Enem integrou o que Paulo Renato Souza denominou de "ciclo de avaliações da Educação Básica" (SOUZA, in MURRIE, 2002, p. 8) juntamente com o Sistema de Avaliação da Educação Básica (Saeb). Esse ciclo de avaliações foi, à época, um dos pilares do processo de reforma educacional levada a cabo a partir da segunda metade da década de 1990, quando um realinhamento das forças políticas no Congresso Nacional favoreceu o encaminhamento da plataforma política liderada pela coligação PSDB-PFL, sob liderança de Fernando Henrique Cardoso, pautada pela defesa da redução das áreas de atuação do Estado, atrelada ao fortalecimento de sua natureza reguladora de modo a recuperar sua capacidade administrativo-financeira e de governança (BRASIL, 1997).

Concebido e implantado na gestão do Ministro da Educação Paulo Renato Souza (1995-2002) como um procedimento de avaliação voluntária do desempenho individual de estudantes do Ensino Médio, a Portaria MEC/Inep 438, de 1998, definiu o exame como uma autoavaliação de estudantes concluintes e egressos do Ensino Médio com o propósito de fornecer subsídios para que cada pessoa tomasse decisões individuais acerca da continuidade de estudos e de questões relacionadas ao mundo do trabalho. Além disso, previa-se também que o exame funcionasse como instrumento complementar aos diferentes processos de seleção para o Ensino Superior e para cursos profissionalizantes.

> Artigo 1º Instituir o Exame Nacional do Ensino Médio – Enem, como procedimento de avaliação do desempenho do aluno, tendo por objetivos:
>
> I – conferir ao cidadão parâmetro para autoavaliação, com vistas à continuidade de sua formação e à sua inserção no mercado de trabalho;
>
> II – criar referência nacional para os egressos de qualquer das modalidades do Ensino Médio;
>
> III – fornecer subsídios às diferentes modalidades de acesso à educação superior;
>
> IV – constituir-se em modalidade de acesso a cursos profissionalizantes pós-Médio.

O Inep, responsável por toda a execução do exame, também ficaria responsável por criar um banco de dados e disponibilizá-lo, juntamente com seus relatórios analíticos, às secretarias estaduais de educação (Artigo 6º, da Portaria MEC/Inep 438/1998), que, em posse dos resultados, poderiam identificar virtudes e desafios do Ensino Médio, mesmo que tais resultados não pudessem ser generalizados devido ao caráter voluntário do exame e ao fato de abarcar número limitado de egressos dessa etapa de ensino (BRASIL, 2001).

Ao longo de sua existência o Enem foi realizado em todos os anos e suas funções foram ampliadas ao longo desse período, aumentando a sua importância e o número de inscritos. Entre 1998 e 2000, foi relativamente pequena a participação no exame quando comparada com os anos seguintes. Verifica-se que houve dois grandes saltos no número de inscritos no exame: o primeiro, entre 2000 e 2001, deveu-se à isenção da taxa de inscrição a determinados segmentos sociais[16], beneficiando principalmente estudantes de escolas públicas; o segundo, ocorrido entre 2004 e 2005, quando passou de 1,55 para 3 milhões de inscritos. Isso ocorreu após a criação do Programa Universidade para Todos (Prouni) e seu atrelamento ao resultado no exame.

Os dados disponíveis trazem indícios de que o lançamento do Sistema de Seleção Unificado (Sisu), em 2009, programa de seleção para ingresso em instituições federais de Ensino Superior, baseado no desempenho no Enem, foi acompanhado de um novo salto no número de inscritos nas edições seguintes do exame, assim como ocorrera em 2001 e 2005. Outras vinculações a políticas e programas como o Pronatec, por meio do Sisu-Tec, e ao Programa Ciências Sem Fronteiras, parecem ter alavancado o interesse inclusive pela certificação no Enem.

As diversas mudanças ocorridas no Enem alteraram-no significativamente, sobretudo, em relação aos usos que se fizeram de seus resultados desde sua criação – como, por exemplo, o atrelamento do desempenho a processos seletivos de ingresso em universidades públicas e de concessão de bolsas e de isenções em universidades particulares – e, portanto, ao seu público-alvo – maior número de egressos do que de concluintes do Ensino Médio.

A estrutura original do Enem, contudo, se manteve sem modificações substantivas até 2009, quando foi finalizado um processo de reformulação em que lhe foi atribuída a função certificadora. Foi neste momento que o Encceja se restringiu somente ao Ensino Fundamental dentro do território nacional e, ao mesmo tempo, marcou o momento em que este último exame passou a sofrer maior intermitência em sua realização.

O "novo" Enem, como assim o definiram seus responsáveis, foi caracterizado por uma nova matriz de referência e por novos objetivos. Antes, pela Portaria MEC/Inep 438/1998, com as modificações feitas pela Portaria MEC/Inep 318 de 2001, a matriz era constituída por cinco competências e 21 habilidades referentes

---

16 A isenção da taxa de inscrição foi direcionada a concluintes do Ensino Médio em escolas públicas, a estudantes carentes de escolas de Ensino Médio privadas (mediante declaração do dirigente da instituição), a concluintes do Ensino Médio na modalidade EJA e a egressos do Ensino Médio que atestassem impossibilidade de arcar com tal custo.

à parte objetiva da prova e cinco competências para a prova de redação. Já em 2009, pela Portaria MEC/Inep 109 de 2009, a matriz passou a ser constituída por cinco eixos cognitivos comuns a todas as áreas do conhecimento e por matrizes de referências para cada área de conhecimento, as quais possuíam competências, habilidades e objetos do conhecimento específicos.

É preciso mencionar que, segundo os formuladores dessas mudanças, a matriz adotada foi construída com base na matriz de competências do Ensino Médio elaborada para o Encceja em 2002 e reformulada em 2006. Assim, a matriz do Enem introduziria mudanças pontuais à matriz original do Encceja e acrescentaria a elas uma lista de objetos de conhecimentos (conteúdos) de cada uma das áreas do conhecimento.

O caderno de prova do Enem passou de 63 questões e uma proposta de redação (texto em prosa do tipo dissertativo-argumentativo) a serem resolvidas em um dia, para 180 questões e uma proposta de redação (texto em prosa do tipo dissertativo-argumentativo) a serem elaborados em dois dias. Desde 2009, são aplicadas quatro provas com 45 questões cada, organizadas da seguinte maneira: Prova I – Linguagens, Códigos e suas Tecnologias e Redação, Prova II – Matemáticas e suas Tecnologias, Prova III – Ciências Humanas e suas Tecnologias e, por fim, Prova IV – Ciências da Natureza e suas Tecnologias. Assim como antes, cada participante deveria entregar o questionário socioeconômico preenchido no primeiro dia de aplicação da prova.

A ampliação do número de questões do Enem relacionou-se diretamente com a necessidade de discriminar os candidatos em um processo de seleção muito competitivo. Foi preciso ampliar o número de pontos válidos para que se selecionassem eficazmente aqueles que conseguissem fazer a maior pontuação dentre muitos milhares de candidatos em um curso específico. Entretanto, essa nova configuração segue uma lógica contrária ao que se espera de um exame de certificação, no qual a pessoa participante não está em uma situação de seleção, mas de busca do reconhecimento de competências, habilidades e conhecimentos básicos. Nesse sentido, o novo Enem passou a impor a realização de um exame elaborado para atender, prioritariamente, a processos seletivos para ingresso no Ensino Superior.

Em resumo, pela Portaria MEC/Inep 109/2009, o Enem passou a ter sete diferentes objetivos, sendo mantida a perspectiva de ser uma referência para autoavaliação e de ser um instrumento complementar de processos seletivos para o mundo do trabalho e para cursos pós-Médio. Agora, além de seu resultado poder ser utilizado para pleitear a certificação de conclusão do Ensino Médio, o exame também serviria como uma avaliação de base dos ingressantes no Ensino Superior e como indicador de desempenho das unidades escolares.

> Art. 2º Constituem objetivos do Enem:
>
> I – oferecer uma referência para que cada cidadão possa proceder à sua autoavaliação com vistas às suas escolhas futuras, tanto em relação ao mundo do trabalho quanto em relação à continuidade de estudos;
>
> II – estruturar uma avaliação ao final da educação básica que sirva como modalidade alternativa ou complementar aos processos de seleção nos diferentes setores do mundo do trabalho;
>
> III – estruturar uma avaliação ao final da educação básica que sirva como modalidade alternativa ou complementar aos exames de acesso aos cursos profissionalizantes, pós-médios e à Educação Superior;
>
> IV – possibilitar a participação e criar condições de acesso a programas governamentais;
>
> V – promover a certificação de jovens e adultos no nível de conclusão do Ensino Médio nos termos do artigo 38, §§ 1º e 2º da Lei 9.394/96 – Lei das Diretrizes e Bases da Educação Nacional (LDB);

> VI – promover avaliação do desempenho acadêmico das escolas de Ensino Médio, de forma que cada unidade escolar receba o resultado global;
>
> VII – promover avaliação do desempenho acadêmico dos estudantes ingressantes nas instituições de Educação Superior.

Posteriormente, na Portaria MEC/Inep 807, de 2010, que instituiu o Enem 2010, manteve-se a perspectiva de ser uma autoavaliação para orientar a continuidade de estudos e a inserção no mercado de trabalho[17], além de ser uma via de certificação para efeito de conclusão do Ensino Médio e instrumento para acesso ao Ensino Superior e para ingresso em programas governamentais. Uma mudança de destaque foi ressaltar que seus resultados poderiam ser utilizados para estudos e indicadores da educação brasileira.

No que se refere à certificação, em 2010, a Portaria MEC/Inep 04 de 2010 fixou o desempenho mínimo de 400 pontos na parte objetiva e de 500 pontos na redação para que os participantes pleiteassem a certificação junto a instituições certificadoras. Já em 2012, o desempenho mínimo na parte objetiva passou para 450 pontos, mantendo-se as mesmas exigências para a redação. Ainda nesse mesmo ano, o Artigo 3º da Portaria MEC/Inep 10 reafirmou que a certificação pelo Enem não pressupunha a frequência em escola pública e, por isso, não poderia ser utilizada para efeito de benefícios de programas federais.

3.1 *Análise dos microdados do Enem 2010*

Ao analisar os microdados de 2010 do Enem, verificou-se que, primeiramente, em termos de distribuição dos inscritos por sexo, houve significativa diferença entre o grupo que solicitou a certificação e o grupo que não solicitou a certificação. Como indica a tabela a seguir, no primeiro grupo, houve maior representação de pessoas do sexo feminino, enquanto que, no segundo grupo, a distribuição foi mais equilibrada.

---

17 Destaca-se que a expressão mundo do trabalho foi substituída por mercado de trabalho.

Tabela 1 – Distribuição dos inscritos no Enem por sexo (2010)		
Sexo	**Não solicitou certificação (em %)**	**Solicitou certificação (em %)**
Feminino	60, 6	51, 2
Masculino	39, 4	48, 8

Fonte: Inep-MEC.

Verifica-se também que houve uma maior representação de pessoas mais velhas entre aquelas que pediram certificação. Mais de 67% dos que não solicitaram a certificação está em grupos de idade até 23 anos, enquanto que, entre aqueles que solicitaram, pouco mais de 50% estavam localizados em grupos de idade maiores que 24 anos.

Tabela 2 – Distribuição dos inscritos no Enem por grupos de idade (2010)		
Idade	**Não solicitou certificação (em %)**	**Solicitou certificação (em %)**
< 15	0,1	0
15	0,7	0
16	4,0	0
17	16,5	0
18	13,7	13,7
19	9,5	11,3
20-23	22,6	24,2
24-26	10,1	10,6
27-29	7,1	8,5
30-39	10,7	18,4
40-49	3,9	9,8
> 50	1,1	3,5

Fonte: Inep-MEC.

Pela tabela abaixo, destacou-se que, entre aqueles que não pediram certificação, mais de 85% concluíram ou iriam concluir essa etapa no Ensino Médio regular. Já entre os inscritos que solicitaram a certificação, eram pouco mais de 63%. Destacou-se, contudo, que aqueles provenientes da EJA representaram quase um terço dos que solicitaram a certificação.

Tabela 3 – Distribuição dos candidatos no Enem por modalidade do Ensino Médio (2010)

Modalidade	Não solicitou certificação (em %)	Solicitou certificação (em %)
Ensino regular	85,7	63,7
EJA	8,4	30,3
Profissionalizante	5,6	4,6
Outras	0,3	1,3

Fonte: Inep-MEC.

Não houve diferenças significativas entre aqueles que pediram ou não a certificação para o Ensino Médio via Enem segundo o estado de origem. A exceção pareceu ser o Rio Grande do Sul: esse estado foi o único com mais peso entre os que solicitaram (11,7%) do que entre os que não solicitaram a certificação (5,7%).

De maneira geral, a maioria dos inscritos era proveniente de instituições públicas de ensino. Entre aquelas pessoas que solicitaram a certificação, a maioria (87,9%) provinha de escolas estaduais, assim como entre aqueles que não solicitaram (76,6%). Vale destacar que, nesse último grupo, os participantes provenientes de escolas privadas foram 12,5 pontos percentuais maior do que em relação ao primeiro grupo.

A série de gráficos seguintes retratou a distribuição do desempenho dos participantes da edição de 2010 do Enem em Ciências da Natureza, Ciências Humanas, Linguagens e Códigos e Matemática. Foi possível perceber que a distribuição entre aqueles que pediram e aqueles que não pediram certificação foi similar.

Gráfico 2 – Desempenho por área de conhecimento no Enem (2010)

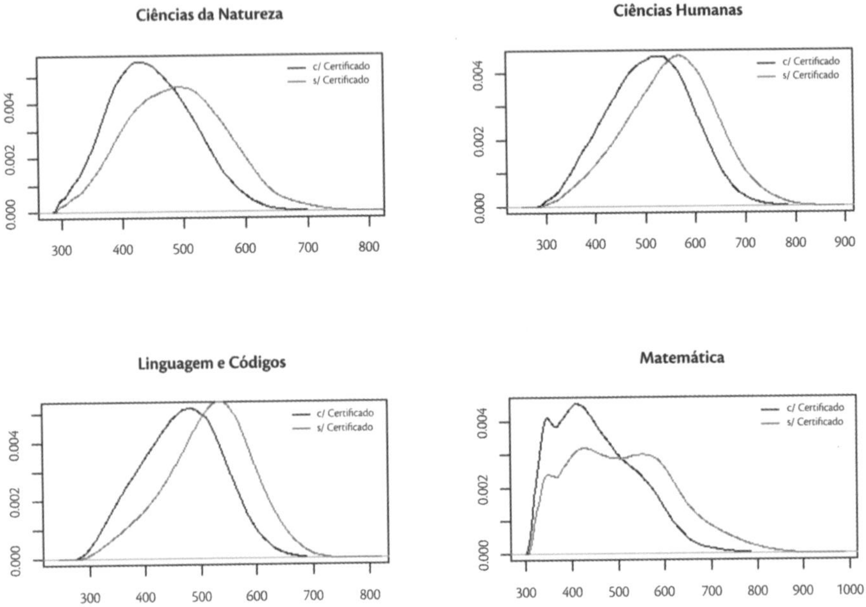

Fonte: Inep-MEC.

O desempenho médio por área de conhecimento entre o grupo que solicitou e o grupo que não solicitou certificação foi semelhante. Entretanto, em todas as áreas, o desempenho médio dos que não solicitaram foi, no mínimo, 8% maior em relação aos que solicitaram a certificação.

Tabela 4 – Desempenho médio por área de conhecimento no Enem (2010)

Área de conhecimento	Não solicitou certificação (em pontos)	Solicitou certificação (em pontos)
Ciências da Natureza	486	449
Ciências Humanas	550	508
Linguagens e Códigos	509	466
Matemática	501	455

Fonte: Inep-MEC.

Ao considerarmos que o Inep fixou, na edição de 2010, a pontuação mínima de 400 pontos na parte objetiva e 500 pontos na redação para solicitar a certificação, é importante destacar que, como demonstra a tabela abaixo, a parcela de participantes que pleiteou a certificação e que ficou acima dessa pontuação foi consideravelmente menor do que quando se compara com aquelas pessoas que não pediram a certificação.

Tabela 5 – Participantes do Enem que atingiram a pontuação mínima exigida para certificação (2010)

Área de conhecimento	Não solicitou certificação (em %)	Solicitou certificação (em %)
Ciências da Natureza	59,2	48,3
Ciências Humanas	65,5	57,9
Linguagens e Códigos	60,2	48,8
Matemática	52,7	41,7
Redação	51,3	35,0

Fonte: Inep-MEC.

Entre os dados mais significativos para esta pesquisa estavam aqueles relativos às motivações para participantes do Enem solicitarem a certificação de escolaridade. Na edição de 2010 foi perguntado aos inscritos qual o grau de importância, em uma escala de 0 a 5, do certificado para se conseguir um emprego, para se conseguir um emprego melhor, para avançar no emprego atual e para continuar os estudos no Ensino Superior. Destaca-se que 91% dos candidatos deu muita importância para a certificação como forma de continuar os estudos, 80% indicou que o título era muito importante para conseguir um emprego melhor. Já cerca de 70% disse que a certificação era importante para conseguir um emprego e 54% informou que era importante para progredir no emprego atual.

Tais dados reforçaram a hipótese de que a busca pela certificação foi orientada pela perspectiva de continuidade dos estudos, principalmente para aqueles que interromperam suas trajetórias escolares ou aqueles de classes sociais mais desfavorecidas.

Dos participantes que requisitaram a certificação de conclusão do Ensino Médio, 16,9% disseram não ter frequentado o ensino regular. O principal motivo apontado para essa situação foi a falta de tempo de estudar devido à necessidade de trabalhar; o segundo motivo mais apontado foram questões pessoais (casamento, nascimento de filho, falta de apoio da família). Por fim, vale destacar que a falta de escola foi apontada por 12% como um fator muito importante para não ter frequentado o ensino regular.

4. O Encceja na perspectiva das secretarias estaduais de educação e dos Fóruns de EJA

Na perspectiva de se analisar o processo de implementação do Encceja pelas secretarias estaduais de educação, levantamos dados e realizamos entrevistas qualitativas com gestores de secretarias e integrantes de Fóruns de EJA de cinco estados diferentes do país: Tocantins, Maranhão, Mato Grosso do Sul, Rio Grande do Sul, São Paulo e Rio Grande do Sul. Todos esses, nessa década de existência do Encceja, tiveram significativa participação no exame, nos colocando a possibilidade de buscar compreender em que medida a sua existência provocou mudanças na Educação de Jovens e Adultos desses estados.

4.1 Opções metodológicas

A pesquisa foi realizada com diferentes secretarias estaduais de educação para contemplar minimamente as diversidades regionais do Brasil e também analisar os casos relacionados à fase de terminalidade do Ensino Fundamental e do Ensino Médio, que, na grande maioria dos casos, são de responsabilidade dos governos estaduais.

A escolha pelos estudos de caso em estados se deveu também à importância desses entes federados na política de EJA, tendo em vista que, no período estudado, concentraram sempre mais da metade das matrículas nessa modalidade, como apresentado na tabela a seguir.

Tabela 6 – Matrículas de EJA no Brasil por Dependência Administrativa (2002-2010)*								
Ano	**Total**	**Federal**	**%**	**Estadual**	**%**	**Municipal**	**%**	**Privada**	**%**
2002	4.734.117	3.327	0,07	2.555.890	53,99	1.784.155	37,69	390.745	8,25
2003	5.432.813	1.284	0,02	3.042.401	56,00	2.038.757	37,53	350.371	6,45
2004	5.718.061	697	0,01	3.311.296	57,91	2.092.825	36,60	313.243	5,48
2005	5.615.409	875	0,02	3.223.775	57,41	2.138.237	38,08	252.522	4,50
2006	5.616.291	1.203	0,02	3.226.780	57,45	2.180.391	38,82	207.917	3,70
2007	4.985.338	6.276	0,13	2.906.766	58,31	1.935.066	38,82	137.230	2,75
2008	4.945.424	9.745	0,20	2.838.264	57,39	1.948.027	39,39	149.388	3,02
2009	4.661.332	12.488	0,27	2.619.356	56,19	1.886.470	40,47	143.018	3,07
2010	4.287.234	15.537	0,36	2.348.342	54,78	1.786.554	41,67	136.801	3,19

* Inclui Ensino Fundamental, Ensino Médio e Cursos de Alfabetização e os cursos presenciais, semipresenciais, EJA-EP e Cursos Preparatórios para Exames.
Fonte: MEC/Inep.

A realização do Encceja, que desde sua criação necessita de decretos e portarias ministeriais para ser executado, parte da lógica de adesão de municípios e estados interessados. Como será demonstrado mais adiante, o Encceja se tornou econômica e logisticamente mais atrativo ao longo de sua existência na medida em que o Inep assumiu a maioria dos custos e responsabilidades de sua execução, atraindo quase que todas as secretarias estaduais de educação. Com isso, muitos municípios deixaram de aderir tendo em vista que seu respectivo estado já havia aderido.

A impossibilidade de acessar dados mais completos sobre as edições do exame fez com que a seleção fosse baseada nas informações tiradas de quadros analíticos construídos com os dados básicos do Encceja disponibilizados pelo Inep. Estabeleceram-se, assim, como critérios de seleção dos casos:

- Na tentativa de contemplar minimamente a diversidade regional do país, adotou-se como primeiro critério a seleção de um estado para cada região.
- Para investigar o lugar ocupado pelo Encceja na política estadual de EJA, foi imprescindível que o estado tivesse aderido ao exame em um número grande de edições para que o exame já integrasse rotineiramente as ações da Secretaria de Educação estudada.

- Ainda que o estado tenha aderido ao exame em várias edições, foi preciso considerar a abrangência do Encceja nele. Era possível que o estado tivesse aderido, mas o exame só tivesse sido aplicado em casos excepcionais, sem integrar efetivamente as ações da Secretaria de Educação.
- Considerando o problema de pesquisa, foi importante utilizar esse indicador da política de EJA nos estados e tentar selecionar casos de queda e de crescimento no número de matrículas para, posteriormente, investigar se e de que forma esses fenômenos se articulam.

A pesquisa qualitativa consistiu em visitas às secretarias estaduais de educação e na realização de entrevistas semiestruturadas em profundidade com os responsáveis diretos pela condução do exame e do processo de certificação do Ensino Fundamental e Médio e pelos cursos da EJA ao longo dos anos no estado[18]. Paralelamente, foram realizadas entrevistas com representantes dos Fóruns Estaduais de EJA, redes informais de organizações, movimentos e defensores do direito de pessoas jovens e adultas à educação e que são importantes interlocutores da construção da política de EJA nos estados e no âmbito federal. O objetivo dessas entrevistas foi investigar quais as políticas de EJA implementadas nos estados, quais as motivações para adesão ao Encceja e o impacto do ponto de vista pedagógico e institucional dessa adesão.

De posse do conjunto de dados quantitativos e qualitativos, traçou-se um panorama acerca do desenvolvimento da política pública de certificação para adultos estabelecida pelo governo federal por meio do Encceja.

4.2 A Educação de Jovens e Adultos no Maranhão, Mato Grosso do Sul, Tocantins, Rio Grande do Sul e São Paulo

De acordo com os dados do Censo Demográfico do Instituto Brasileiro de Geografia e Estatística (IBGE) de 2010, o Maranhão tinha a quarta maior taxa

18 A estrutura organizacional das secretarias de educação variava bastante. Em alguns estados, havia somente uma pessoa responsável tanto pela EJA como pelos exames de certificação; em outros, havia, na equipe da EJA, pessoas responsáveis pelos exames de certificação; em alguns outros ainda, a equipe responsável pelos exames de certificação ficava em uma diretoria ou departamento diferente do da EJA.

de analfabetismo do país entre a parcela da população com 15 anos ou mais, 20,9%, taxa muito maior do que a média nacional, 9,3%. Já o Rio Grande do Sul tinha 4,5% dessa mesma parcela da população analfabeta, o Mato Grosso do Sul, 7,7%, São Paulo, 4,3%, e Tocantins, 13,1%. No que se refere à demanda potencial de Ensino Fundamental para a população com 15 anos ou mais, registrou-se que 55% da população do Maranhão não havia completado o Ensino Fundamental em 2010, ocorrendo o mesmo com 43% dos gaúchos, 46% dos sul-mato-grossenses, 37% dos paulistas e 47% da população de 15 anos ou mais do estado de Tocantins.

No que se refere às matrículas na modalidade EJA, observou-se queda em todos os estados entre 2002 e 2010, como apresentado na tabela abaixo.

Tabela 7 – Matrículas na modalidade de EJA nos estados do Maranhão, Rio Grande do Sul, Mato Grosso do Sul, São Paulo e Tocantins (2002-2010)

Ano	Maranhão	Rio Grande do Sul	Mato Grosso do Sul	São Paulo	Tocantins
2002	184.626	179.320	18.197	1.037.672	56.724
2003	293.466	181.334	59.931	1.105.795	54.640
2004	239.450	198.348	63.118	1.177.812	47.397
2005	239.495	205.287	70.478	1.136.872	43.937
2006	247.709	206.193	75.677	1.067.563	44.442
2007	211.596	186.889	77.289	932.658	32.789
2008	205.155	178.407	81.870	911.241	26.277
2009	207.025	161.370	79.012	794.129	24.344
2010	198.536	154.725	51.756	606.029	23.955
Var. 2002-2010	7,5%	−13,7%	184,4%	−41,6%	−57, 8%

Fonte: MEC/Inep.

Observamos que nos estados do Maranhão e do Mato Grosso do Sul houve um crescimento das matrículas na modalidade EJA, seguindo a tendência inversa do que ocorreu na maioria dos estados brasileiros no período. Já em São Paulo, Rio Grande do Sul e Tocantins verificou-se queda nas matrículas de EJA.

No entanto, ao se observar o que ocorreu somente nas redes estaduais, sem considerar as matrículas na rede municipal entre 2006 e 2010, tem-se um quadro bastante diferente, pois em todos eles foram observadas quedas significativas: −13,8% no Maranhão; −34,7% no Rio Grande do Sul; −36,7% no Mato Grosso do Sul, −48,4% em São Paulo e −41,1% em São Paulo. Mesmo que parte dessa queda possa ser explicada pela mudança de metodologia de coleta de dados pelo Censo Escolar em 2007, no entanto, as matrículas continuaram em queda nos anos seguintes, mostrando que essas redes estaduais continuaram a reduzir a oferta de EJA.

4.3 Razões para a queda das matrículas nesses estados

No Mato Grosso do Sul, em entrevista concedida à Ação Educativa, a gestora da EJA da Secretaria de Estado de Educação creditou o crescimento das matrículas ao longo de todo o período às ações da Secretaria na publicização da oferta de EJA e, principalmente, à importância do certificado no mercado de trabalho. Segundo ela, o aumento no número de matrículas seria reflexo da exigência cada vez mais abrangente de certificado de Ensino Fundamental e Médio por parte das empresas, o que gerou uma grande demanda por escolarização dos jovens e adultos trabalhadores.

No que diz respeito ao movimento de queda das matrículas entre 2008 e 2010, a entrevistada atribuiu esse cenário a uma mudança na regulamentação da modalidade devido à deliberação de 2009 do Conselho Estadual de Educação de Mato Grosso do Sul (Deliberação CEE/MS 9090, de 15/05/2009), que aumentou a idade mínima de ingresso no Ensino Fundamental na EJA de 15 para 18 anos, mantendo-se a idade mínima para ingresso no Ensino Médio em 18 anos[19].

Segundo a gestora, essa alteração em 2009 poderia explicar, portanto, a queda nas matrículas no Ensino Fundamental. Ao se observar os dados de matrículas por faixa etária, do total de 27.262 matrículas a menos entre 2010 e

19 A definição das idades mínimas para ingresso na EJA é estabelecida pela LDB (1996) e gerou um grande debate entre os atores atuantes na EJA durante a discussão sobre as Diretrizes Operacionais para Educação de Jovens e Adultos em 2007.

2009, 46,9% desse público tinha entre 15 e 17 anos de idade. Se considerarmos somente a diminuição das matrículas no Ensino Fundamental, 61,5% era desta faixa etária. Não foi possível afirmar, entretanto, que a queda nas matrículas em 2010 seja inteiramente devida à elevação da idade mínima de ingresso na EJA, até porque já era possível observar uma diminuição no número das matrículas de 2008 para 2009.

Já no estado de Tocantins, que apresentou grande queda de matrículas entre 2002 e 2010, a representante do Fórum Estadual de Educação de Jovens e Adultos argumentou que uma possível razão para essa redução do número de matrículas seria a flutuação populacional, uma vez que o Tocantins, por ser um estado relativamente novo, seria palco de constantes fluxos migratórios, o que se refletiria também na variação dos números de matriculados nas redes de ensino.

Entretanto, para a flutuação populacional ter impactado as matrículas, a população teria que diminuir na mesma proporção que o número de matrículas. Contudo, entre os censos populacionais de 2000 a 2010, a população de Tocantins teve um acréscimo de 226.347 pessoas, passando de 1.157.098 em 2000 para 1.383.445 em 2010.

A dificuldade de realizar grandes chamadas públicas foi também destacada pela representante do Fórum como possível justificativa para a queda das matrículas. Segundo ela, houve um descompasso entre a chamada realizada pelo Programa Brasil Alfabetizado (PBA) e o Ensino Fundamental na modalidade EJA oferecido localmente. Os municípios, responsáveis pelo Ensino Fundamental, não têm conseguido, segundo seu argumento, atender na mesma proporção da chamada nacional do PBA e perdem a oportunidade de manter uma linha de continuidade entre o programa de alfabetização e o primeiro segmento do Ensino Fundamental.

A falta de articulação entre as diferentes esferas de governo foi também um problema apontado pela entrevistada responsável pela EJA na Secretaria Estadual. Segundo ela, o processo de municipalização do Ensino Fundamental teria que ser pensado de forma a unir esforços do estado e dos municípios para atender a toda a demanda da população, o que nem sempre acontece.

Em contrapartida, se, por um lado, houve uma redução do número de matrículas no Ensino Fundamental, de outro, no Ensino Médio o cenário foi de aumento de matrículas, subindo de um total de 3.869 matrículas, em 2002, para 11.942, em 2010. O Ensino Médio apresentou um crescimento de 208,6% nos oito anos considerados.

Tal crescimento de matrículas no Ensino Médio foi apontado, inclusive pela representante da Secretaria Estadual de Educação, como um resultado do processo de juvenilização da EJA. Ao observar os dados sobre o número de matrículas no Ensino Médio em relação a faixas etárias, notou-se que, ao longo dos anos, os jovens despontaram como principal público da EJA, nessa etapa, assim como podemos ver no gráfico abaixo.

Gráfico 3 – Matrículas* na EJA por faixa etária e segmento em Tocantins (2010)

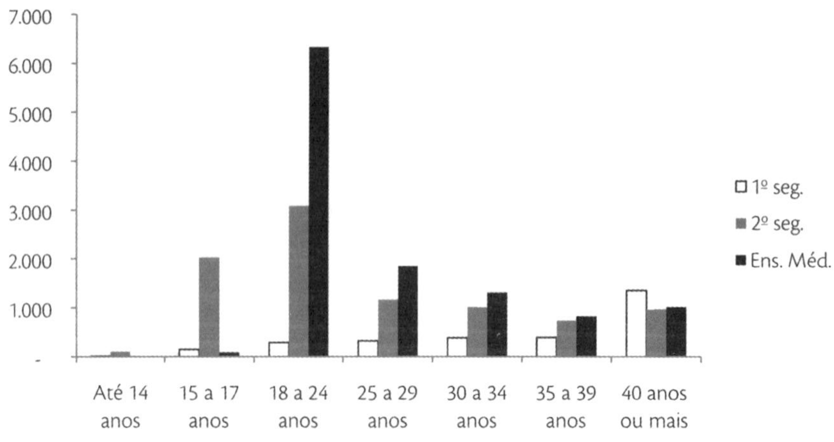

* Inclui somente cursos presenciais e semipresenciais.
Fonte: MEC/Inep.

Enquanto que, em 2002, o percentual de jovens de 18 a 24 anos na EJA-EM era de 34%, essa taxa subiu para 55,5% em 2010. Para a representante do Fórum EJA do estado, a expansão da taxa de jovens na EJA foi resultado principalmente de uma busca por redução do período de estudo desses jovens.

A questão da juvenilização da EJA foi também abordada pela representante da Secretaria Estadual de Educação, a qual se referiu à migração dos jovens de 18 anos para a EJA a fim de apressar os estudos. Segundo ela, a redução da idade mínima para 18 anos[20] gerou um movimento crítico em relação à abertura da EJA para esses jovens.

Entre as falas produzidas pelas entrevistadas, repetiu-se a noção de que o ensino regular não atenderia às expectativas de muitos de seus alunos e, por isso, o enxugamento do período escolar proporcionado pela EJA se apresentaria como uma alternativa concorrente à modalidade regular. Essa noção de que diferentes modalidades de ensino competiriam com o ensino regular esteve presente também na crítica comumente levantada contra os exames de certificação.

No caso do Rio Grande do Sul pode-se destacar que as políticas adotadas nas últimas gestões não permitiram a ampliação das matrículas no estado. Em entrevista concedida à Ação Educativa em 2011, uma representante da área responsável pela EJA na Secretaria de Educação do Estado levantou algumas questões que poderiam ser explicativas para a contínua queda das matrículas na modalidade.

Segundo ela, além de o estado não realizar chamada pública para a EJA e apresentar um processo de fechamento de turmas de EJA na última década, a própria regulamentação atual da modalidade pode também ser uma das causas da queda de matrícula. Segundo a entrevistada da Secretaria, por muitas vezes, as regras pelas quais a modalidade de EJA tem sido ofertada entram em conflito com as necessidades e as possibilidades dos alunos, e um exemplo disso seria a obrigatoriedade de se cumprir uma carga horária fixa, exigida para cada nível de ensino, independentemente das particularidades de seus sujeitos. Em outras palavras, um aluno que tivesse abandonado o ensino regular no 2º ano do Ensino Médio, ao acessar a EJA, teria que cumprir uma carga horária muito maior do que necessitaria em relação à modalidade regular para a obtenção

---

20 Instrução Normativa 15, de 27/09/2011, dispõe sobre a idade mínima da EJA: "I – Ensino Fundamental (anos iniciais ou finais): 15 anos completos ou a completar até a data de início das aulas do período letivo; II – Ensino Médio: 18 anos completos ou a completar até a data de início das aulas do período letivo." Fonte: <http://diariooficial.to.gov.br/diario/>. Acesso em: 30 nov. 2012.

do certificado, como se sua experiência escolar anterior deixasse então de valer quando houvesse a troca de modalidade de ensino. Além disso, a oferta existente não supriria outras necessidades particulares, como o atendimento na área rural ou no período diurno.

A representante da Secretaria destacou que era necessário ampliar a estrutura de atendimento da EJA, considerando a superação das dificuldades cotidianas, como as de transporte. Outro ponto destacado por ela foi a necessidade de readequação curricular. Segundo a entrevistada, o currículo oferecido às crianças e adolescentes não tem se mostrado atrativo para as pessoas jovens e adultas, sendo, portanto, necessária a criação de um currículo que dialogue mais com a realidade do público da EJA.

A representante do Fórum de EJA do Rio Grande do Sul também destacou pontos que já haviam sido levantados pela representante da Secretaria sobre a queda de matrículas, tais como o processo de diminuição da oferta na EJA, a falta de chamadas públicas e a necessidade de revisar a estrutura e o currículo da modalidade. Entretanto a representante do fórum indicou ainda a falta de comprometimento do estado na modalidade de ensino. Segundo ela, um esforço muito menor era dispendido para a EJA em relação às outras modalidades, daí decorrendo seu sucateamento. Havia, segundo ela, uma urgente necessidade de se conhecer melhor quem seriam os sujeitos da EJA e suas demandas para, assim, saber quais caminhos tomar e quais readaptações provocar para que os índices de evasão diminuíssem e os de matrícula aumentassem.

Se, por um lado, houve uma diminuição do esforço de ampliação e de valorização da EJA no estado, por outro, houve um esforço do governo local em ampliar o processo de certificação por meio de exames, no caso, o Exame Nacional para Certificação de Competências de Jovens e Adultos (Encceja). Essa questão será tratada com mais detalhamento no item 4.4.

No estado do Maranhão observou-se que a oferta de EJA foi majoritariamente da rede municipal de ensino e no Ensino Fundamental. Em 2010, as redes municipais eram responsáveis por 76,9% das matrículas e a estadual, por 20%. Isso ocorreu, em grande parte, pela extensão territorial do estado do Maranhão e a dificuldade de acesso do estado a todos os municípios, principalmente os que estão na zona rural, que detinha 41% das matrículas em 2010.

Ao detalhar a política de EJA no estado do Maranhão, a representante da equipe de EJA da Secretaria Estadual de Educação entrevistada destacou que o problema da redução no número de matrículas estava associado ao fato de que as escolas deixavam de ofertar vagas na modalidade devido às altas taxas de abandono e evasão. Ela afirmou que, de acordo com um levantamento realizado pela equipe,

> Nós temos um levantamento de turmas de 50 alunos que termina 13, 15, então há uma evasão muito grande. Eu tenho esses dados de um levantamento que eu fiz de número de concluintes, está justamente na média de 40, às vezes, 28% no Ensino Médio de concluintes. Uma taxa muito grande de evasão. (Técnica em assuntos Educacionais da Secretaria de Estado da Educação do Maranhão, entrevista à Ação Educativa, 13/09/2011.)

De acordo com a técnica da Secretaria, essa evasão estaria associada a diversos fatores relacionados às condições de vida dos alunos: a incompatibilidade com o trabalho e a frequência com que os alunos mudam de residência e de emprego. A entrevistada considerava importante a questão de que as expectativas dos alunos em relação à escola não seriam correspondidas, em especial pela falta de articulação com o mundo do trabalho. Existiria uma demanda por formação profissional e, como a escola não o prepararia para o mundo do trabalho, ele acabava se evadindo. Outro problema que na avaliação da entrevistada dificultava a frequência dos alunos às aulas era o transporte escolar, que, principalmente na zona rural e para o ensino noturno, era bastante reduzido. Apesar de a Supervisão de Educação de Jovens e Adultos (Supeja) estar ciente desse cenário de queda no número de matrículas, não foi realizada a chamada pública dos alunos.

Ainda no que diz respeito à queda no número de matrículas, a entrevistada comentou que, apesar da inclusão da EJA no Fundeb ter melhorado a situação do financiamento da modalidade, essa melhora não impactou positivamente em termos de matrículas. No estado do Maranhão, a inclusão no Fundeb teria aumentado em 27% o valor aluno *per capita* e, mesmo assim, houve uma queda no número de matrículas na modalidade.

Para a entrevistada, a queda nas matrículas estaria relacionada ainda com a gestão da EJA nas próprias escolas. Em sua opinião, quando o gestor acompanha a EJA no turno noturno e participa do planejamento dos professores, há menos evasão. Já nas escolas em que o gestor não está presente à noite e os professores não têm espaço para planejar as aulas, há muita evasão. Nesses casos, além da evasão, a visão negativa sobre a escola se dissemina e os alunos deixam de procurar àquela escola para realizar a matrícula:

> Aquelas escolas que o gestor não vai à noite, que o professor não planeja, aulas que só Deus sabe como... isso aí sai tipo um jornal, "não vá pra aquela escola porque aquela escola o professor não vai, o professor é faltoso", então o aluno não procura a escola. (Supervisora de Educação de Jovens e Adultos da Secretaria de Estado da Educação do Maranhão, entrevista à Ação Educativa, 13/10/2011).

Diante disso, mesmo com a intenção da Supeja de ampliar a EJA para todas as escolas, acabam precisando fechar as turmas por falta de aluno. Destaca também os casos frequentes dos alunos que precisam se mudar por causa do trabalho como uma causa importante para a evasão.

Por fim, para compreender os fatores envolvidos na queda no número de matrículas na EJA no estado de São Paulo, analisou-se o processo iniciado em 2009 pelo Fórum Estadual de EJA a fim de questionar o Governo do estado a respeito da reorganização da oferta da modalidade, que implicou na redução progressiva do número de turmas de EJA no estado. O Fórum de EJA-SP recebeu informações de que haveria uma ordem da Coordenadoria de Ensino da Região Metropolitana da Grande São Paulo (COGSP) para concentrar as turmas de EJA em escolas-polo, resultando em uma redução de 20 escolas que ofertavam

EJA de Ensino Médio, em 2009, para três, em 2010. Nessas escolas, não seriam aceitas matrículas de pessoas que já tivessem iniciado o Ensino Médio em outras escolas. Elas seriam indicadas para realizar o Encceja. Além disso, os cursos das turmas polarizadas seriam ofertados na modalidade Telecurso.

Além dessas informações, o Fórum EJA de São Paulo[21] também recebeu relatos dos moradores de Embu das Artes de que uma escola que, antes, ofertava cursos de EJA Ensino Médio não estaria mais aceitando matrículas na modalidade para 2010 e estaria encaminhando os alunos matriculados na escola para a realização do Encceja. Havia ainda o caso de Campinas, onde, devido a mudanças no processo de matrículas na EJA em 2010, se confirmava a recusa de matrículas na EJA, conforme indicava matéria publicada pelo Observatório de Educação[22].

Com base nessas informações, o Fórum-EJA elaborou mais de um requerimento de informações à Coordenadoria de Ensino da Região Metropolitana da Grande São Paulo (COGSP). Em resposta, a COGSP informou que o projeto de reorganizar a oferta em polos estaria em estudo, mas não haveria nenhuma medida concreta realizada nesse sentido. A justificativa para tal reorganização seria a necessidade de: "melhor atendimento aos interessados, melhor qualidade de ensino, maior segurança para servidores e frequentadores desses cursos (geralmente noturno), racionalização de gastos públicos e otimização de espaços". Destacou também que não haveria intenção de fechamento de turmas de EJA ou diminuição da oferta, que sempre seria proporcional à demanda. Ainda de acordo com o documento, a reorganização consideraria a real demanda por matrículas, mas também as altas taxas de abandono e retenção por frequência. Afirmou ainda que o mesmo número de escolas de 2009 ofertaria vagas em EJA em 2010 e que não haveria a orientação de encaminhamento dos alunos para o Encceja. A COGSP afirmou ainda que não haveria recusa de matrículas

21 Para mais informações, veja: <www.acaoeducativa.org.br/index.php/educacao/51-acao-na-justica/2383-casos-juridicos>. Acesso em: 4 set. 2014.

22 Para mais informações, veja: <http://www.observatoriodaeducacao.org.br/index.php/eja-e-educacao-nas-prisoes/64-eja-e-educacao-nas-prisoes/833-professores-denunciam-recusa-de-matriculas-na-eja-ensino-medio-em-sp>. Acesso em: 15 dez. 2012.

na EJA nem encaminhamento para o Encceja na escola mencionada. A escola informou, por sua vez, que já iniciara as inscrições e, desde que houvesse o número mínimo de alunos (35), haveria abertura da turma.

Em reunião com representantes do Fórum EJA, em dezembro de 2009, a Coordenadora de EJA da Secretaria de Educação do Estado de São Paulo, Huguette Theodoro, afirmou que desconhecia as ocorrências relatadas e que "a orientação de nuclear as turmas de EJA, limitar a oferta no Ensino Fundamental e fechar salas de aula não saiu da Cenp, nem do gabinete do secretário, mas da COGSP, sem ter passado pela Secretaria de Educação". De acordo com a coordenadora, a COGSP teria informado que a medida fora tomada para otimizar recursos públicos, pois muitos alunos se matriculariam na EJA somente para obter o passe escolar e deixariam de frequentar a escola. Como possível razão para a recusa de matrículas, a coordenadora lançou a hipótese de que, como o estado oferecia um bônus salarial a professores, técnicos e dirigentes de escolas que atingissem as metas estipuladas e sendo a evasão um dos critérios para esta pontuação, a EJA impactaria negativamente a pontuação devido às altas taxas de evasão.

De acordo com a Cenp, a queda das matrículas em 2010 seria devido à elevação da idade mínima e a jovens e adolescentes em cumprimento de medida socioeducativa nas unidades da Fundação Centro de Atendimento Socioeducativo ao Adolescente (Casa). Para confirmar tal hipótese, seria necessário que a queda estivesse concentrada na faixa etária de 15 a 17 anos, que seria a população afetada por tais medidas.

De acordo com os dados do Censo Escolar, de 2009 para 2010 houve uma queda total de 23,7% (188.100 matrículas) nas matrículas de EJA em São Paulo. Ao se considerar somente a faixa etária de 15 a 17 anos, houve uma diminuição de 31.907 matrículas, o que representa 17% da queda. Analisando somente os dados de Ensino Fundamental em cursos presenciais, a representação dessa faixa etária na queda das matrículas subiu para 32,2%. De qualquer forma, pode-se observar que não foi possível explicar a diminuição das matrículas somente pelas razões indicadas pela Cenp. Além do número de matrículas nas demais faixas etárias também terem caído, as matrículas da EJA em São Paulo diminuem desde 2006, ou seja, muito antes das medidas indicadas.

Segundo documento da Secretaria Estadual de Educação, que expressaria a posição do Centro de Informações Educacionais (CIE), as matrículas vinham diminuindo de modo constante. A explicação apresentada no documento foi a de que a diminuição no número de matrículas seria reflexo da diminuição da demanda por vagas ou o "esgotamento" do fluxo de demanda por EJA no estado:

> A tendência de redução de matrículas na EJA não é um fenômeno local. Se observados esses mesmos dados para o Brasil, verifica-se a mesma tendência em nível nacional – em um primeiro momento as matrículas crescem para atender a uma demanda reprimida e em seguida a tendência é de decréscimo (p. 9).

> [...] uma modalidade de ensino que foi criada para atender a uma população que não teve acesso à educação básica na idade adequada, e cuja tendência é esgotar-se, na medida em que se concretizar a universalização do Ensino Fundamental e Médio regular, ou seja, quando a população de 0 a 17 anos – idade correta para frequentar a educação básica – tiver concluído a escolarização na idade adequada.

O principal argumento utilizado pela Secretaria Estadual de Educação para a queda nas matrículas de EJA, portanto, foi o de que existiria uma queda na demanda por essa modalidade de ensino como resultado do processo de universalização do ensino. Em entrevista concedida à Ação Educativa[23], a representante da equipe de EJA da secretaria reforçou esse argumento ao destacar que a diminuição da demanda por EJA explicaria a queda no número de matrículas.

---

23 Entrevista realizada em 29/08/2011 com uma integrante da equipe técnica da educação de jovens e adultos da Secretaria da Educação do Estado de São Paulo e com a responsável pelo Centro de Exames Supletivos da mesma secretaria.

Um dos fatores a que ela atribui a diminuição da demanda seria a organização do ensino regular em ciclos, que teria contribuído para diminuir a defasagem idade-série na rede. Para avaliar esse argumento, analisou-se a evolução da demanda potencial em relação ao comportamento das matrículas na EJA de São Paulo entre 2002 e 2009 a partir da análise dos dados da Pesquisa Nacional por Amostras de Domicílios (Pnad), do IBGE. Confirmando o destacado na análise do CIE, a demanda potencial de EJA em São Paulo diminuiu constantemente ao longo do período, mas somente para o Ensino Fundamental: a população com 15 anos ou mais sem essa etapa completa caiu de 13.103.264, em 2002, para 11.139.908, em 2009, uma redução de 15%. Já a população com 18 anos ou mais com Ensino Fundamental completo e Ensino Médio incompleto passou de 4.411.286 em 2002 para 4.676.097 em 2009, um aumento de 6% (ainda que entre 2008 e 2009 tenha havido uma queda de 3%). Assim, estes números não justificam a queda observada na oferta: as matrículas no Ensino Fundamental da EJA caíram 49,7% de 2002 a 2010 e as de Ensino Médio caíram 29,5%, sendo que, somente entre 2004 e 2010, a queda foi de 43,9%.

Com base nesses dados não foi possível, portanto, concluir que a queda no número de matrículas esteve associada à diminuição da demanda por escolarização da população jovem e adulta. Como já indicado, o conceito aqui adotado de demanda foi a *potencial*, baseada no número de pessoas que, atingidas as idades mínimas estipuladas pela legislação vigente, não terminaram as etapas da educação básica. Assim, a queda na demanda a que os representantes da Secretaria Estadual de Educação se referiu poderia ser relativa à demanda real, ou seja, das pessoas que demonstram interesse em retomar ou iniciar a escolarização. No entanto, em entrevista concedida à Ação Educativa, a representante da equipe de EJA afirmou que a secretaria não realizava levantamento de demanda por recenseamento da população, o que indica que a afirmação sobre diminuição na demanda foi baseada em impressões sobre os mesmos dados utilizados nesta pesquisa.

No que diz respeito às redes de ensino, a educação de jovens e adultos no estado de São Paulo foi ofertada majoritariamente pela rede estadual, responsável por 61,9% das matrículas em 2010. Ao se analisar a série histórica, no entanto, foi possível observar um processo de "municipalização" da oferta, já que a rede estadual chegou a ser responsável por 69,2% da oferta em 2007. Em entrevista, a representante da equipe de EJA da secretaria afirmou que o estado adotou uma política de municipalização do Ensino Fundamental e que isso explicaria, em parte, a diminuição de matrículas na rede estadual. No entanto, como as matrículas da rede municipal também caíram, não foi possível afirmar que ela estivesse assumindo a oferta que antes era de responsabilidade da rede estadual.

4.4 O Encceja como estratégia para a certificação para as secretarias estaduais

Para cumprir com a responsabilidade legal de ofertar exames para fins de certificação da escolaridade básica, a Secretaria da Educação do Estado de São Paulo ofertou somente o Encceja e o Enem entre 2008 e 2011. O estado aderiu, pela primeira vez, ao Encceja em 2008 e, a partir de então, deixou de ofertar o exame próprio para certificação. Em função da inconstância na aplicação do Encceja pelo Inep, no entanto, em 2009 e em 2012[24], a Secretaria retomou os exames estaduais, pois, nesses anos, o Inep não aplicou o Encceja, que só voltou a ser aplicado em 2013.

São Paulo foi o estado com o maior número absoluto de inscritos no exame em todo o Brasil, com participação de 30,7% do total de inscritos em 2008, 32% em 2009 e 23,2% em 2010. De acordo com dados fornecidos pelo Centro de Exames Supletivos da Secretaria de Educação, em 2008, houve 89.733 inscritos no Encceja Ensino Fundamental e 194.940 no Ensino Médio. A responsável pelo Centro afirmou que a procura para certificação de nível médio foi sempre maior do que para o Ensino Fundamental. Do total de inscritos no Ensino Fundamental, 45,7% compareceram para fazer a prova e, destes (41.037), 52,7% foram aprovados em pelo menos uma área do conhecimento e 45,2% estavam aptos à certificação. No caso do Ensino Médio, 56,4% compareceram, 43,6% foram aprovados em pelos menos uma área e 55,9% estavam aptos para a certificação.

---

24 Nesse ano, o exame da secretaria foi elaborado e aplicado pela Fundação Vunesp em outubro de 2012. No total, foram 129.176 inscritos, sendo 44.487 para o Ensino Fundamental e 84.689 para o Ensino Médio.

Na edição de 2010 do Encceja, ainda de acordo com os dados do Centro de Exames Supletivos, São Paulo teve 67.623 inscritos. No que diz respeito ao Enem 2010, 36.661 compareceram à prova e, destes, 62,2% foram aprovados em pelo menos uma área e 37,8% estavam aptos à certificação. Como se pode observar, a taxa de aprovação tanto no Encceja e Enem como no exame estadual foi muito elevada. A entrevistada comentou que nas provas estaduais o número de aprovados é menor do que no Encceja.

A tabela a seguir mostra que o número de inscritos no Encceja em São Paulo foi relativamente pequeno quando considerada a demanda potencial; entretanto, ele representou um percentual significativo quando comparado com as matrículas de EJA no estado. No Ensino Médio, por exemplo, em 2008, o total de inscritos nesse exame equivalia a 42,5% das matrículas em turmas da modalidade.

Tabela 8 – Demanda potencial de EJA, matriculados na rede e inscritos no Encceja em São Paulo (2008)

Nível	Ensino Fundamental	Ensino Médio	Total
Demanda potencial em São Paulo	11.341.938	4.818.971	16.160.909
Total de alunos no estado	452.688	458.553	911.241
% em relação à demanda potencial	3,99	9,52	5,64
Inscritos no Encceja	89.733	194.940	284.673
% em relação à demanda potencial	0,79	4,05	1,76
% em relação às matriculas na EJA	19,82	42,51	31,24
Compareceram ao exame	41.037	111.006	152.043
% em relação às matrículas no estado	9,07	24,21	16,69

Aprovados com direito à certificação	18.503	43.056	61.559
% em relação às matrículas na EJA	4,09	9,39	6,76
% em relação à demanda potencial	0,16	0,89	0,38

Fonte: Secretaria Estadual de Educação de São Paulo e MEC/Inep.

Ao ser questionada sobre o que motivou a adesão ao Encceja, a responsável pelos exames supletivos da secretaria afirmou que a adesão esteve relacionada principalmente a dois fatores: a possibilidade de reduzir custos, tendo em vista que a realização de exames estaduais demandavam muitos recursos financeiros e que o Inep se responsabilizava por todo o processo, desde a elaboração da prova até a logística da aplicação; e a qualidade da prova, da matriz de competências e habilidades e dos materiais de estudo do Encceja. De acordo com ela, este segundo fator seria o mais importante e que teria tido o maior peso na decisão da secretaria.

No que diz respeito ao impacto da adesão ao Encceja no currículo dos cursos de EJA, cabe destacar que a Deliberação 82/2009 do Conselho Estadual de Educação de São Paulo estabeleceu em seu Artigo 3º:

> Art. 3º Os currículos dos Cursos de Educação de Jovens e Adultos serão estruturados pela equipe pedagógica da instituição de ensino, com fundamento nas disposições da Deliberação CEE 77/08 e tendo em vista as orientações constantes do Exame Nacional para Certificação de Competências de Jovens e Adultos (Encceja).

Essa deliberação pode ser um indicativo da centralidade dos exames na organização da política de EJA em São Paulo. Em reunião realizada com o Fórum EJA-SP dezembro de 2009 com a Coordenadora de EJA da Secretaria naquele momento, Huguette Theodoro, esta confirmou que a matriz do Encceja seria utilizada como referência curricular nos cursos presenciais de EJA. A responsável pelos exames supletivos da secretaria comentou que o material desenvolvido pelo Inep para o Encceja foi adotado também nos Centros Estaduais de Educação de Jovens e Adultos (Ceejas), que funcionam como espaços de tutoria a pessoas com mais de 18 anos para estudo individual e preparação para exames divididos por disciplinas, e pela metodologia Telecurso em 2008 e 2009. Ela afirmou ter feito um trabalho com os responsáveis pelos cursos das Telesalas e dos Ceejas para que adotassem o mesmo conteúdo e a mesma forma de trabalhar do Inep e fez um esforço para divulgar o material de estudo do Encceja na rede estadual de ensino. A fim de manter uma relação entre o que era ensinado nos cursos e as exigências dos exames aplicados, os materiais desenvolvidos, a partir de 2008, partiram da Matriz de Habilidades e Competências do Encceja, segundo ela.

No que diz respeito à possível relação do exame com as matrículas nos cursos presenciais, a representante da coordenadoria de EJA afirmou que o decréscimo no número de matrículas coincidia com o que ela chama de "boom dos exames" e que esses processos estariam relacionados. A entrevistada relatou que, em 2006, ela era coordenadora pedagógica de uma escola e foi nesse momento que se começou a reforçar a importância do exame entre os alunos, mas, naquela época, ela afirmou: "A gente tinha que passar nas salas implorando para o aluno fazer a inscrição [...] mostrando para eles: Gente, isso aqui é uma vantagem para vocês". E, somente a partir de 2007, teria começado a se estabelecer uma "cultura de exames". Para ela, a grande quantidade de inscritos no Encceja em 2008 seria uma evidência dessa importância crescente dos exames, que teria um impacto na demanda pelos cursos de EJA e, consequentemente, no número de matrículas. Ainda que o número de inscritos fosse grande, a representante da secretaria acreditava que esse número deveria ser maior porque, na visão dela, o interesse dos que estavam na EJA seria a certificação. A relação do exame com a queda no número de matrículas se deveria também à possibilidade de antecipar a escolaridade dada pelo exame, o que faria com que muitos alunos saíssem dos cursos de EJA.

A responsável pelos exames supletivos destacou ainda que a já mencionada Deliberação do CEE 82/2009 impossibilitou que as pessoas que realizassem o exame e não fossem aprovadas em todas as áreas pudessem terminar a escolaridade pela escola. Ao estabelecer o tempo mínimo para integralização dos estudos, essa deliberação determinou que aquele que tivesse iniciado via exame deveria necessariamente terminar com o exame, mesmo que só estivesse faltando uma área. Para ela, isso pode ter contribuído para a diminuição no número de matrículas, pois aquele aluno com poucas áreas para eliminar não iria cursar todas as etapas do curso para concluir a escolaridade e poderia, inclusive, buscar cursos preparatórios particulares para tentar o exame novamente ao invés de frequentar cursos presenciais. De forma semelhante, a responsável pelos exames destacou que, com o Enem, os alunos não teriam mais a possibilidade de eliminar parte das áreas nos Ceejas, por exemplo, onde receberiam orientação e acompanhamento, pois os candidatos seriam obrigados a se matricular em todas as áreas.

Ainda comentando sobre o fato de o Enem ter assumido a função certificadora para o Ensino Médio, a responsável pelos exames afirmou que considerava esta uma decisão inteligente porque a maioria das pessoas que estava tentando concluir o Ensino Médio tinha interesse em continuar estudando. De acordo com ela, a maioria dos que buscavam os exames eram jovens entre 18 e 30 anos e, por isso, o exame seria uma meio para continuar os estudos ou para ingressar no mercado de trabalho. O problema, segundo ela, era a falta de divulgação da possibilidade de certificação via Enem. Ainda que o foco deste exame fosse o ingresso no Ensino Superior, ela considerava necessário ter um investimento para mostrar a possibilidade de certificação via Enem. Como o Governo Federal não se empenhava em divulgar essa finalidade do exame, o Centro de Exames Supletivos da Secretaria trabalhava com as Diretorias de Ensino para que fosse feita a divulgação do Enem com vistas à certificação via jornal, rádio e assessoria de imprensa. Ela considerava que essa divulgação havia sido importante para aumentar o número de inscritos no Enem para obter certificação do Ensino Médio.

Tocantins aderiu ao Encceja pela primeira vez em 2005 e realizou, em alguns de seus municípios, a avaliação preparada pelo Inep. Para o responsável pela coordenadoria de informações educacionais, certificações e normatizações da Secretaria de Educação do estado, a substituição do exame estadual pelo Encceja não representou uma mudança muito significativa, uma vez que:

> [...] ela tinha essa característica, ela era voltada, com esse mesmo formato que nós temos aí, de medir essas competências mesmo, era via o Supletivo. E, assim, a Seduc organizava, acho que começou de forma semestral, depois passou a ser só anual mesmo; divulgava isso, fazia prova e certificava. Aí depois, quando surgiu essa possibilidade [Encceja], que passou-se a adotar, e a gente percebe que isso foi, praticamente, em nível nacional.

Segundo o mesmo entrevistado, o Encceja vem adquirindo credibilidade e aceitação ao longo do tempo, o que seria um ponto a destacar diante do aumento da adesão. Ao mesmo tempo, segundo ele, houve também uma melhoria na relação entre as Secretarias Estaduais de Educação e o Inep. Se, em um primeiro momento, houve uma dificuldade em operacionalizar os detalhes do exame, como o banco de dados e as responsabilidades de cada lado, aos poucos, a comunicação entre o Inep e a Secretaria Estadual de Educação foi se redefinindo e a operacionalidade do convênio se estabilizando.

Ao longo da expansão da adesão ao Encceja no Tocantins, entretanto, houve uma notória queda no número de inscritos desde as primeiras aplicações no estado. No Ensino Fundamental, as inscrições começaram em 2005 na marca de 5.878, tiveram um pico numérico em 2008 quando atingiram 15 mil inscritos e, depois, caíram para 4.344 em 2010. Já no Ensino Médio, foram 15.498 inscrições no primeiro ano de adesão e que se mantiveram estáveis até o pico de mais de 22.035 inscritos em 2007 e a posterior queda em 2010, quando as 3.334 inscrições representaram uma retração de 78,5% em relação ao número de inscrições em 2005.

A falta de dados sobre as motivações dos sujeitos que se inscreverem no exame nos impossibilita apontar, com certeza, as causas da recente queda de inscrição. A hipótese levantada a partir da fala do próprio responsável pelas certificações na Secretaria Estadual de Educação de Tocantins referiu-se à falta de periodicidade do exame que, não sendo aplicado com regularidade, desestimulou os possíveis candidatos a optar por esse caminho para terminar uma etapa da educação básica.

Outro ponto levantado durante as entrevistas sobre o Encceja foi em relação à crítica normalmente feita no sentido de o exame competir com a rede de ensino e provocar a migração de alunos matriculados nos cursos para a certificação via exame. A responsável pela EJA no estado apontou essa questão ao afirmar que:

> [o aluno] pode até estar matriculado na EJA, mas se houver essa possibilidade de ele certificar e resolver a situação dele rapidinho, ele vai procurar. Vai procurar. E eu não sei como que o Governo vai resolver isto; porque, na verdade, a certificação, ela não poderia ser uma sobreposição, nem uma concorrência (entrevista concedida em 21 de novembro de 2011).

No que diz respeito aos exames de certificação, Mato Grosso do Sul ofereceu somente o Encceja e o Enem. O estado aderiu ao primeiro pela primeira vez em 2006 e, a partir desse ano, deixou de ofertar o exame supletivo estadual. Mato Grosso do Sul foi um dos três estados que aderiram ao Encceja em 2006. Nem a gestora de EJA nem o responsável pela certificação estavam na Secretaria Estadual de Educação em 2006, mas entendiam que a adesão foi motivada pela grande demanda existente por certificação. De acordo com eles, as pessoas buscavam a certificação como meio de conseguir empregos e salários melhores, além de ser também uma forma mais rápida de dar continuidade aos estudos. A opção por deixar de ofertar o exame estadual teve relação, de acordo com a visão dos entrevistados, com a facilidade que o governo federal gerou ao criar o Encceja, deixando aos estados somente o trabalho de adesão e divulgação do exame.

Além do número de inscritos ter um crescimento mais acentuado, ele chegou a representar 47,8% do número de matrículas no Ensino Fundamental em 2009 e 83,2% do número de matrículas no Ensino Médio em 2008. O fato de o número de inscritos no Encceja ter sido tão próximo do número de matrículas no caso do Ensino Médio da EJA foi indicativo da centralidade assumida pelo exame no estado de Mato Grosso do Sul.

Tabela 9 – Relação entre matrículas da EJA e inscritos no Encceja (2006-2010)								
Ano	**EJA***			**Encceja****			**Inscritos Encceja/ matrícula na EJA**	
	Total	**EF**	**EM**	**Total**	**EF**	**EM**	**EF (em %)**	**EM (em %)**
2006	75.677	46.237	29.440	17.547	6581	10966	14,2	37,2
2007	77.289	45.020	32.269	28.245	8979	19266	19,9	59,7
2008	81.870	48.235	33.635	40.495	14719	25776	30,5	76,6
2009	79.012	47.164	31.848	–	22.535	–	47,8	–
2010	51.756	28.354	23.402	24.888	7218	17.670	25,5	75,5

Fonte: Secretaria Estadual de Educação de São Paulo e MEC/Inep.

De acordo com dados fornecidos pela Secretaria de Educação de Mato Grosso do Sul, na edição de 2010, 1.196 pessoas foram aprovadas em, pelo menos, uma área e 732 estavam aptas à certificação.

A Secretaria de Educação tinha uma avaliação positiva do exame, divulgando--o amplamente. Enviava comunicados a todos os municípios e colocava informações no site da secretaria. Tanto a gestora de EJA como o responsável pela certificação da secretaria entendiam que o governo federal deveria fazer uma chamada pública e divulgar o Encceja assim como costumam fazer com o Enem.

Na visão dos entrevistados, essa falta de divulgação por parte do governo federal junto com a inconstância na aplicação do exame foram os responsáveis pelos problemas relacionados ao Encceja. O principal problema identificado foi a quantidade de ausentes que, somados aos não concluintes, chegou a 60% do total de inscritos na edição de 2010. A falta de divulgação também contribuiria para problemas na inscrição, pois os candidatos, muitas vezes, não tinham acesso às informações corretas. No caso do Encceja 2010, por exemplo, era necessário fazer a confirmação da inscrição e, de acordo com eles, muitos perderam a prova por não saberem disso.

No que diz respeito ao impacto da adesão ao Encceja nos currículos de EJA, os entrevistados destacaram que a matriz do Encceja foi contemplada na construção do referencial da EJA de Mato Grosso do Sul. Argumentaram que, como eram esses conteúdos que seriam avaliados no exame, eles precisavam estar presentes no currículo da EJA.

No Maranhão, no que diz respeito aos exames de certificação, a Secretaria de Educação oferece exclusivamente o Encceja e o Enem. De acordo com os dados enviados pelo Inep (confirmados pelos dados da Supeja), o estado do Maranhão aderiu ao exame, pela primeira vez, em 2008. Em entrevista, a Supervisora da Educação de Jovens e Adultos da Secretaria afirmou que a motivação para a adesão ao Encceja a partir desse ano foi a falta de recursos da Secretaria de Educação para realização do exame estadual. O último ano em que a secretaria ofereceu o exame do estado foi em 2006.

Na edição de 2008, houve 10.511 candidatos à certificação de Ensino Fundamental e médio no estado. Ao se considerar que o número de matrículas na rede estadual (que era a minoria no estado do Maranhão), nesse ano, foi 43.467, o número de inscritos no Encceja representa 24% das matrículas. A dimensão do exame foi reduzida drasticamente quando se observam os dados enviados pela Secretaria de Educação sobre comparecimento, aprovação nas provas e certificação na edição de 2008. Dos 3.585 candidatos à certificação de Ensino Fundamental, somente 1.281 (35,7%) pessoas compareceram à prova e, destes, 622 (17,3%) foram aprovados. No caso do Ensino Médio, houve 6.926 inscritos, destes, 3.158 (45,6%) compareceram à prova e 1.871 (27%) foram aprovados. Considerando somente os que compareceram para realizar a prova, a taxa de aprovação foi de 48,5% no Ensino Fundamental e de 59,2% no Ensino Médio. De acordo com os dados do Inep acessados pela equipe da Ação Educativa, sobre a edição de 2010, no Maranhão, houve 1.211 inscritos no Ensino Fundamental e 12.332 no Ensino Médio, via Enem.

Além dos dados sobre comparecimento e aprovação, é importante observar que os números de pessoas certificadas foi muito reduzido em todos os anos. Os candidatos poderiam levar anos para solicitar o certificado. O procedimento necessário para a certificação pode ajudar a compreender esses dados. A instituição responsável pela certificação era, à época da entrevista, o Centro de Educação de Jovens e Adultos (CEJA). A Supeja enviava a lista dos aprovados para lá e todos os candidatos, da capital e do interior, precisavam enviar cópia do documento de identidade e o boletim para a CEJA, que então enviava o certificado para o candidato.

Tabela 10 – Certificação de jovens e adultos no Maranhão por meio de exames (2002-2010)					
Ano	**Exames supletivos**		**Encceja**		**Enem**
	EF	**EM**	**EF**	**EM**	
2002	642	404	–	–	–
2003	533	257	–	–	–
2004	764	637	–	–	–
2005	387	446	–	–	–
2006	332	359	–	–	–
2007	462	431	–	–	–
2008	67	54	10	509	–
2009	113	86	111	448	154
2010	80	152	06	27	152

Fonte: Secretaria Estadual de Educação do Maranhão.

Quando questionada sobre o impacto da adesão ao Encceja no currículo dos cursos de EJA ofertados no Maranhão, a Supervisora de EJA afirmou que os alunos dos cursos de Ensino Fundamental fazem o Encceja e, por isso, eles procuram formar os professores para que possam preparar os estudantes para o Encceja e Enem. Ela explicou:

> [Os alunos da EJA] que fazem de quinta a oitava eles participam do Encceja. Aí é o seguinte, nós temos uma resolução que diz o seguinte, se o candidato, se as áreas de conhecimento do candidato, já for aprovado no Encceja ele já não cursa no nosso curso de Ensino Fundamental, no curso presencial. Então se o aluno já cursou, cursou este ano a segunda etapa,

> de sétima e oitava série, se ele for reprovado em uma área de conhecimento, ele faz o Encceja, se ele for aprovado ele já recebe o certificado. (Supervisora de Educação de Jovens e Adultos da Secretaria de Estado da Educação do Maranhão, entrevista à Ação Educativa, 13/10/2011.)

Houve, assim, um incentivo na política de EJA do Maranhão para os alunos dos cursos presenciais realizarem o exame. A Supervisora de EJA não considerava, no entanto, que a queda no número de matrículas nos cursos de EJA estivesse associada à adesão ao Encceja. Argumentou-se que se trata de um processo nacional e que estaria relacionado a uma "questão de política" visível, como, por exemplo, no caso da chamada pública. Segundo ela, ainda que existisse a recomendação, no Maranhão não era realizada a chamada pública porque a matrícula da EJA dependia de salas e professores, e como não havia salas e professores suficientes, eles não faziam. Isso dependeria, segundo ela, da visão da Secretaria de Educação sobre se a EJA era vista ou não como prioridade.

Ainda no que diz respeito à relação do Encceja e da certificação com os cursos de EJA, cabe destacar que parece ter havido uma grande desarticulação entre essas duas frentes da política de EJA no estado do Maranhão. Durante a pesquisa, foram entrevistadas a responsável pela Supeja e a técnica em assuntos educacionais da Supeja. Apesar de trabalhar havia muito tempo na secretaria e demonstrar conhecimento detalhado da organização dos cursos presenciais, semipresenciais e de alfabetização no Maranhão, esta última não tinha informação sobre os exames de certificação e sobre o Encceja. Não pareceu haver, portanto, um planejamento conjunto para a educação de jovens e adultos no estado, sendo que exame e cursos presenciais eram ofertados sem que se tivesse qualquer diálogo entre os responsáveis por esses dois caminhos para a certificação.

No caso do Rio Grande do Sul, tanto a representante do fórum como a representante da secretaria destacaram em suas entrevistas o processo de diminuição da oferta na EJA, a falta de chamadas públicas e a necessidade de revisar a estrutura e o currículo da modalidade. Entretanto a representante do fórum destacou ainda a questão de falta de comprometimento do estado na modalidade de ensino. Segundo ela, um esforço muito menor foi dispendido para a EJA e daí decorreu seu sucateamento, havendo um esforço do governo local em ampliar o processo de certificação por meio do Encceja.

Desde a criação da Resolução 250, de 1999, que instituiu a EJA, fixou-se também a oferta de exames supletivos no estado para fins de certificação de conclusão do Ensino Fundamental e Médio. Entretanto, desde 2007, os exames supletivos próprios foram substituídos pelo Encceja. Em breve busca sobre informações no *website* da Secretaria Estadual de Educação do Rio Grande do Sul, foi possível encontrar diversos artigos informativos sobre o exame e, em alguns deles, havia inclusive a indicação de que a substituição dos exames estaduais pelo Encceja motivou-se por conta da metodologia e diminuição de custos:

> No último ano, a Seduc substituiu os Exames Supletivos pelo Encceja, realizado pelo Instituto Nacional de Estudos e Pesquisas Educacionais Anísio Teixeira (Inep/MEC). A mudança está relacionada à metodologia da avaliação e à regionalização das despesas operacionais, como custos de elaboração das provas, divulgação dos resultados, transporte de material e fiscais. Com a adesão do Rio Grande do Sul ao Encceja, todas as despesas foram pagas pelo Ministério da Educação (MEC)[25].

Nessa mesma nota ainda, a Secretaria de Educação destacou que, em contraposição ao índice de 41% de aprovação dos candidatos no exame estadual ocorrido até 2006, o Encceja possibilitou, em 2007, a aprovação de 93,07% dos mais de 50 mil candidatos.

O Rio Grande do Sul aderiu ao exame em todas as edições e desde 2007 foi, junto com São Paulo, o estado com maior participação no exame: 32,3% dos

---

25 Trecho do texto "Mais de 90% dos candidatos do Encceja no RS são aprovados" publicado no *website* da Secretaria Estadual de Ensino do Rio Grande do Sul em 01/04/2008. Disponível em: <http://www.seduc.rs.gov.br/pse/html/noticias_det.jsp?PAG=519&ID=3880>. Acesso em: 22 jan. 2013.

inscritos em 2007, 23,6% em 2008, 15,2% em 2009 e 12,8% em 2010.

No gráfico abaixo, observamos uma grande queda no número de candidatos em 2009, ano em que ocorre a transição do Encceja do Ensino Médio para o Enem e quando, apesar das inscrições no exame do Ensino Fundamental, a prova efetivamente não ocorreu.

Gráfico 4 – Total de inscritos no Encceja no Rio Grande do Sul por etapa (2002-2010)

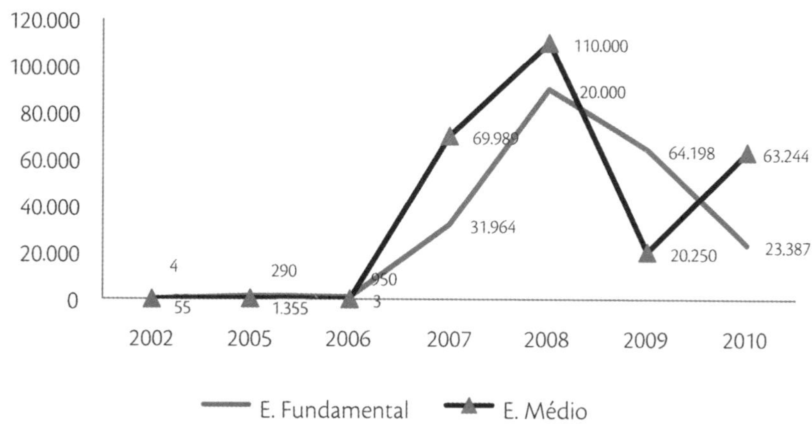

Fonte: MEC/Inep.

Como afirmado anteriormente, a grande ampliação do número de candidatos ao exame não pode ser considerada em si mesma a razão da redução das matrículas, pois é preciso entender primeiramente qual foi a política que permitiu que as matrículas caíssem tanto sem construir as condições que procurassem reverter essa tendência. A maior procura ao exame pode ocorrer pela falta de vagas, especialmente na rede estadual, ou pela indução governamental à realização do exame para não abrir mais vagas em escolas, o que estaria relacionado com as informações obtidas nas entrevistas com as representantes da secretaria e do Fórum EJA.

A representante da Secretaria Estadual de Educação destacou, nesse sentido, o quanto a inadequação da estrutura de oferecimento da EJA culminava em uma fuga dos estudantes das escolas para os cursos semipresenciais ou para os exames de certificação, como o Encceja. Em relação ao exame oferecido pelo MEC, a representante da secretaria indicou ainda as dificuldades de interlocução com o Inep, tanto no que se referia à falta de suporte e informações para a realização do exame como, também, à própria dificuldade decorrida das oscilações de seu oferecimento.

Outro ponto negativo destacado por ela foi a exclusão da relação professor e aluno para a obtenção do certificado. Para ela:

> [...] é um direito do cidadão ter essa possibilidade de certificar suas aprendizagens através dos exames de estado; e repercute no sentido de que a gente tem uma elevação da escolaridade da população brasileira. Agora, ao mesmo tempo, a gente que trabalha no cotidiano da Educação de Jovens e Adultos percebe que esse aluno não passa pela mão de um professor, por uma discussão de currículo mais voltada à cidadania, à discussão do contexto social onde ele está inserido; então, é uma visão de que é um direito, tem a sua relevância; mas, de uma certa forma, a gente perde a oportunidade de trabalhar com esse aluno para além do conhecimento sistematizado; ou, a partir do conhecimento sistematizado, construir outras referências de civilização, de humanização. (Representante da EJA na Secretaria de Educação do Rio Grande do Sul. Entrevista concedida em 03/10/2011 à Ação Educativa.)

O currículo apareceu como uma preocupação em relação ao exame nacional tanto na fala da representante da secretaria como na fala da representante do Fórum Estadual de EJA. A primeira, como acima citado, percebeu uma perda qualitativa do ensino como constituidor da cidadania e a segunda, do Fórum de EJA, entendeu que a universalização do exame em nível nacional ignorava as especificidades regionais e os conhecimentos locais, desprezados quando se buscava um currículo comum e nacional.

Entretanto, ainda que assumindo as limitações do Encceja e buscando não se posicionar à revelia do Fórum EJA Nacional, a representante do fórum no Rio Grande do Sul destacou ainda que todas as formas de expansão das possibilidades de acesso à escolaridade era, em última instância, um mecanismo. Assim, se o Encceja serviu de mecanismo para que o público demandante da EJA pudesse, com o certificado, ter acesso aos outros níveis de escolaridade, ele não poderia ser desprezado.

4.5 Síntese dos estudo de casos

Não é possível afirmar que a adesão ao Encceja estivesse relacionada a um perfil específico de política de EJA. Todos os estados pesquisados aderiram ao exame ao menos nas três últimas edições, mas as formas de gestão das políticas de educação de jovens e adultos variaram bastante.

No entanto, os dois estados que tiveram o maior número absoluto de inscritos no Encceja a partir de 2008, São Paulo e Rio Grande do Sul[26], compartilhavam algumas características. A partir do relato dos representantes de fóruns EJA e dos gestores, foi possível observar que, nestes estados, não havia investimento efetivo na educação de jovens e adultos e as ações da Secretaria de Educação para essa modalidade estavam orientadas pela redução de custos e diminuição progressiva do número de vagas. No caso do Rio Grande do Sul esse cenário pareceu ter se modificado com a chegada da nova gestão em 2011, que se mostrou mais disposta a construir uma política de expansão do atendimento em EJA. Um indicativo importante da falta de investimento na educação de jovens e adultos nesse estado era a taxa de atendimento da demanda potencial: considerando somente as matrículas na EJA, entre os cinco estados pesquisados, o Rio Grande do Sul tinha a menor taxa de atendimento, somente 3% (2,6% no Ensino Fundamental e 4% no Ensino Médio).

Da mesma forma, em São Paulo, existiam muitos relatos da prática de

26 Já em 2007 as inscrições no Rio Grande do Sul representam 32,3% do total de inscritos no Brasil. Em 2008 os dois estados são responsáveis por 54,4% do total de inscritos, em 2009 por 47,2% e, em 2010, por 36%

fechamento de turmas, redução de vagas e recusa de matrículas com cada vez menos escolas ofertando EJA. E a declaração oficial da COGSP afirmava que a "reorganização da oferta" visava "racionalizar" os gastos públicos. Ainda que a antiga coordenadora da EJA não tenha admitido que a recusa de matrículas fosse uma orientação da secretaria, compreendeu que esta pode ser uma prática das escolas que refletiam uma das políticas da secretaria: como a pontuação das escolas nos indicadores de monitoramento da qualidade educacional também determinavam o recebimento de bônus salariais, as escolas poderiam estar voluntariamente recusando matrículas na modalidade devido às altas taxas de evasão de estudantes de EJA no modelo escolar adotado. Haveria, assim, uma indução indireta por parte do governo na redução das matrículas. Assim como no Rio Grande do Sul, em São Paulo a taxa de atendimento da demanda pela EJA era muito pequena (a segunda menor entre os estados pesquisados): 3,5% (2,6% no Ensino Fundamental e 5,7% no Ensino Médio).

Nos dois casos a adesão ao Encceja pareceu ter sido parte dessa lógica de desobrigação dos governos estaduais com relação à garantia do direito à educação de jovens e adultos. Com o objetivo de reduzir ao máximo possível os gastos na modalidade, considerada secundária entre as políticas de educação, as Secretarias Estaduais de Educação aderiram ao programa federal e o ofereceram como alternativa para os jovens e adultos. No caso de São Paulo, a representante da coordenação de EJA entrevistada afirmou que, na sua visão, o interesse dos alunos era a certificação e que o número de inscritos no estado deveria ser ainda maior. Assim, a adesão ao Encceja poderia estar relacionada com a queda de matrículas na EJA ainda que, para ela, essa relação fosse reflexo da demanda dos alunos por certificação. Por outro lado, conforme já descrito, ela comentou que a "cultura de exames" que se estabeleceu a partir de 2007, dependeu do estímulo dos próprios professores e coordenadores pedagógicos: "a gente tinha que passar nas salas implorando para o aluno fazer a inscrição [...] mostrando para eles: gente, isso aqui é uma vantagem para vocês".

Têm-se, assim, dois casos em que a adesão ao Encceja esteve associada a uma política estadual que não tomava a EJA como prioridade de investimento e que, para os que desejavam continuar os estudos, o exame acabava sendo uma forma de obter a certificação na ausência de investimentos em cursos presenciais.

Cabe destacar, no entanto, um dos casos analisados que pareceu ter seguido um movimento contrário: Mato Grosso do Sul. Como demonstrado nos relatos da gestora de EJA, nesse estado existia um diálogo grande com o Fórum de EJA e pareceu haver um investimento na construção de uma política de EJA que garantisse diferentes formas de atendimento, tanto por vagas nas escolas como pelos exames de certificação. Mato Grosso do Sul foi um dos três estados brasileiros em que houve crescimento no número de matrículas de EJA no período analisado e tratou-se de um crescimento expressivo: 184% entre 2002 e 2010. Outro indicativo do lugar ocupado pela política de EJA foram as diversas informações encontradas no *site* da Secretaria Estadual de Educação sobre a modalidade, que era divulgada para possíveis interessados e tinha uma proposta elaborada clara. Esse foi também o único estado que seguiu as discussões nacionais sobre idade mínima de ingresso na EJA, elevando para 18 anos a idade de ingresso no Ensino Fundamental.

O investimento na EJA foi acompanhado de um incentivo à realização do Encceja. Os gestores enxergavam no exame uma alternativa importante para as pessoas que não tinham condições de frequentar a escola para dar continuidade aos estudos. Por esse motivo, a secretaria fez um trabalho amplo de divulgação do exame com envio de comunicados às escolas e informações no próprio *site*. Como reflexo desse investimento, em Mato Grosso do Sul, o número de inscritos no Encceja chegou a representar 47,8% do número de matrículas no Ensino Fundamental em 2009 e 83,2% do número de matrículas no Ensino Médio em 2008.

Ainda no que diz respeito à relação entre a política estadual de EJA e a adesão ao Encceja, pode-se citar o Maranhão como o único estado em que a gestora de EJA afirmou explicitamente a existência de uma prática institucionalizada de encaminhar os alunos dos cursos para realização do Encceja. De acordo com a supervisora da modalidade, todos os alunos que cursavam a segunda etapa do Ensino Fundamental na EJA realizaram o Encceja e, caso fossem aprovados, eles deixariam de frequentar as aulas. Da mesma forma, se o aluno estivesse no último período do Ensino Fundamental e fosse reprovado em alguma área, ele faria o Encceja e receberia o certificado. Não foi possível afirmar, no entanto, que essa prática decorria de um tipo de política de não investimento na EJA. O Maranhão era o estado entre os pesquisados que tinha a maior taxa de atendimento com as matrículas de EJA da demanda por Ensino Fundamental: 6,7% (sendo que a segunda maior taxa é 3,3% de Mato Grosso do Sul). De acordo com as entrevistas, foi possível observar que existia um conflito entre a supervisão de EJA e a Secretaria de Educação como um todo. As próprias representantes da supervisão apresentaram críticas à falta de investimento e infraestrutura na modalidade, mas a responsabilidade por essa situação era atribuída ao lugar ocupado pela educação de jovens e adultos na secretaria. De forma semelhante, as representantes do fórum destacaram ter diálogo e abertura para expor as demandas à supervisão, mas perceberam um descaso da Secretaria de Educação.

São Paulo, Rio Grande do Sul e Maranhão são também os três estados nos quais o motivo dado para adesão ao Encceja foi a questão financeira. De acordo com as entrevistas com os gestores, aderir ao exame foi uma medida das secretarias para reduzir os custos, uma vez que a realização dos exames supletivos estaduais demandava um grande investimento econômico e humano.

5. Considerações finais

Como foi indicado ao longo deste estudo, o processo de formulação e implementação do Encceja foi marcado por disputas sobre os sentidos, as funções e o alcance dos exames para certificação de conclusão de escolaridade no contexto da educação de jovens e adultos.

Se, por um lado, o aumento de adesões de estados e municípios revelaram a crescente importância do Encceja no cenário educacional nacional, por outro, a intermitência em sua oferta indicou a fragilidade de sua implementação. É possível dizer que estas inconstâncias guardaram relação, em parte, com as sucessivas mudanças de gestões no Inep, o que dificultou uma política de continuidade, e, também, pelas diferentes orientações políticas em relação aos papéis do Inep nas políticas educacionais.

Mesmo rotulado de neoliberal por seus opositores no momento de sua formulação, o Encceja manteve-se vivo no cenário educacional brasileiro ao longo dos governos que se sucederam. A alternância de partidos e orientações políticas no governo federal não provocou as mudanças esperadas pelos opositores do exame, mas ocorreram diálogos com instituições e movimentos sociais, além de ter dado vazão a vozes dissonantes dentro da própria gestão.

As resistências da sociedade civil e de algumas secretarias estaduais de educação, da Secadi e outras secretarias do Ministério da Educação fez com que o Inep recuasse em sua expectativa inicial de expansão no Encceja. Criou-se uma situação contraditória, na qual se mantinha o calendário de provas, mas inexistia o diálogo e os investimentos necessários para a continuidade do exame. O problema dessa manutenção precária do exame, associada ao estímulo à adesão pelo baixo custo aos estados e municípios interessados, criou um cenário de instabilidade, no qual, muitas vezes, os estados suspenderam seus exames próprios enquanto ficaram à espera das inconstantes aplicações nacionais do Encceja.

Outro aspecto relevante a ser destacado diz respeito ao Encceja enquanto uma avaliação das políticas de EJA no Brasil. Ainda que esta fosse somente um de seus objetivos, grande parte da construção da proposta e das justificativas para esta política esteve apoiada na possibilidade de utilizar seus resultados para melhoria da modalidade. A forma como o Encceja foi executado, no entanto, em nenhum momento teve este horizonte. O desenho de sua implementação sempre esteve direcionado para a certificação, sem viabilizar a construção de indicadores para que os estados e municípios pudessem avaliar as aprendizagens de estudantes de cursos de EJA.

Em linhas gerais, pelos dados levantados por esta pesquisa, os dez anos de existência do Encceja, marcados pela irregularidade na sua aplicação e pelas disputas políticas sobre o significado e o papel da EJA, parecem não ter contribuído efetivamente para um processo maior de esvaziamento da oferta de cursos da modalidade. Em parte, isto pode ter ocorrido pela própria resistência de educadores e movimentos de EJA, já que, de fato, o exame parece ter uma grande capacidade de indução para estados e municípios que não estavam dispostos a investir na modalidade e ainda puderam ter os exames financiados pelo governo federal.

Ainda é preciso avançar no debate público sobre o significado dos exames para as políticas de educação de jovens e adultos. A falta de dados consolidados sobre as motivações dos candidatos aos exames de certificação (Encceja e Enem) e o maior conhecimento de seu perfil nos permitiriam identificar com mais propriedade o público atendido e suas expectativas. Os dados a que tivemos acesso parecem indicar que o Encceja atendeu majoritariamente aqueles que já haviam estado vários anos em escolas e estavam mais próximos de concluir uma etapa. Ou seja, foram os mais escolarizados que procuraram o exame na perspectiva de se qualificar melhor para o mercado de trabalho e abrir novas possibilidades para si mesmos.

Mas é preciso analisar ainda muitos outros aspectos como, por exemplo, a taxa de aprovação nos exames e relacioná-la ao possível impacto da aprovação na redução das matrículas nas redes municipais e estaduais. É necessário também conhecer, com mais profundidade, estes sujeitos que procuram o exame, identificando sua condição social e interesses. Esta perspectiva abriria a possibilidade de um diálogo renovado neste cenário de disputas, qualificando os atores para dimensionar o sentido dos exames na educação de jovens e adultos.

Conforme já destacado, em 2008, o Inep passou a arcar com todos os custos da prova. A partir desse ano, os estados e municípios passaram a ser responsáveis somente por dar apoio logístico no dia de realização da prova (como disponibilizar escolas para a aplicação) e realizar a certificação dos alunos. A elaboração, aplicação e correção das provas são de responsabilidade exclusiva do Inep. Ao se considerar que a questão financeira/econômica foi um dos principais motivos indicados pelos gestores para aderir ao exame, é possível dizer que o Inep teve um papel indutor forte na adesão dos estados. Essa pode ser vista como uma das mudanças mais significativas para os rumos que a política tomou nos anos seguintes. Em 2010, a adesão ao Encceja foi realizada por quase todos os estados brasileiros. É importante destacar que essa ampliação no número de adesões ocorreu depois de o exame do Ensino Fundamental ter ficado um ano sem ser aplicado e de a certificação de Ensino Médio ter sido transferida para o Enem depois de já iniciadas as inscrições para o Encceja.

O maior problema das inconstâncias na aplicação da prova pelo Inep foi que, ao aderir ao Encceja, os estados poderiam estar substituindo suas provas locais pelo exame, o que ampliaria enormemente sua importância, uma vez que a obrigação legal estabelecida na LDBEN de oferta de exames estaria sendo cumprida apenas pela realização do Encceja. Os estudos de caso realizados confirmaram essa hipótese: todos os estados analisados substituíram seus exames supletivos estaduais pelo Encceja[27]. Assim, por um lado, o governo federal induziu os estados a aderirem ao exame nacional e, por outro, não garantiu a sua execução, gerando uma situação na qual as pessoas acabaram privadas do direito aos exames de certificação, previsto na legislação educacional.

Outro aspecto importante do papel do Inep para a definição do lugar ocupado pelo Encceja nas políticas estaduais de EJA diz respeito à articulação entre a certificação e a oferta de cursos. Nos estudos de caso, foi possível observar que, em alguns estados, o Encceja não integrava efetivamente a política de EJA. Em São Paulo e no Tocantins, a gestão do exame foi realizada por um setor específico que possuía pouca ou mesmo nenhuma relação com o setor responsável pela EJA e, no caso do Maranhão, a técnica em assuntos educacionais que nos concedeu a entrevista presencial não tinha informação sobre o Encceja, apesar de conhecer e descrever detalhadamente a oferta de cursos. Essa desarticulação dificultou que a oferta de exames integrasse as políticas estaduais de educação de jovens e adultos de um modo complementar ao ensino presencial e não concorrente.

É possível pensar que, ao centralizar o processo de formulação e aplicação do exame, o Inep contribuiu para essa desarticulação nos estados. Nesse formato, as equipes de EJA das secretarias não tiveram meios para pensar sobre o lugar ocupado pelo exame de certificação entre as ações voltadas ao atendimento educacional dos jovens e adultos. A ausência de organização de dados sobre a execução do exame e a falta de periodicidade na sua aplicação demonstraram que o governo federal não assumiu a responsabilidade que esse programa na-

27 De acordo com informações do site da Secretaria de Estado da Educação de São Paulo, o Centro de Exames Supletivos voltou a ofertar exame supletivo estadual no ano de 2012. É possível supor que essa medida esteja relacionada com a falta de periodicidade do Encceja.

cional gerou. Ainda que o impacto do Encceja na educação de jovens e adultos seja sempre mediado pelas políticas locais e pela perspectiva dos governos estaduais sobre a modalidade, esse aparente descaso acabou contribuindo para a precariedade na garantia do direito educacional desses sujeitos.

No Brasil não há um desenho articulado de política pública de educação para conceber o lugar da certificação via exames ao lado de formatos escolares de atendimento. Vale lembrar que em 2002, quando foi lançado o Encceja, foram também elaboradas as orientações curriculares para a EJA no Brasil. Mesmo assim, o Livro Introdutório do Encceja não mencionou as orientações curriculares nem houve um esforço para que existisse um diálogo na elaboração desses documentos fundamentais do exame e das escolas de EJA.

Quando o Enem, em 2009, se tornou instrumento de ingresso no Ensino Superior e também tornou possível a certificação para o Ensino Médio, mais uma vez, não se constituiu uma articulação governamental para instituir uma política para a educação de jovens e adultos. Contudo, sua grande atratividade, por ser também aquele que permite bolsas de estudo para o Prouni, Programa Ciência sem Fronteiras e o acesso ao Sistema de Ingresso do Ensino Superior (Sisu), tem feito com que os pedidos de certificação aumentem a cada ano. Foram 197 mil em 2009 e já eram 784 mil em 2013. Nesse ano, as matrículas de EJA foram de 1,3 milhões de jovens e adultos, ou seja, as inscrições no Enem para fins de certificação já representavam o equivalente a 60% das matrículas nas escolas de EJA no Ensino Médio.

Assim, no nível federal, a falta de articulação das políticas de certificação via exame com o desenho da política para EJA como um todo e a ausência de investimento na análise dos resultados das avaliações e do perfil daqueles que recorreram aos exames impossibilitou que se definisse um lugar da política de certificação no conjunto da política de educação de jovens e adultos do país. Na ausência de uma política consistente, a proposta de certificação por meio de exame veio se constituindo com base em decisões fragmentadas, sem suficiente legitimação frente à sociedade, tomadas para resolver problemas localizados ou a partir de maior ou menor pressão da sociedade civil e ou de gestores das redes de ensino.

6. Referências

BAQUERO, R. V. A.; MORAES, S. C. de. *O que enseja o Encceja?* Educação Unisinos, São Leopoldo, RS, v. 6, n. 11, p. 173-193, 2002.

BRASIL. [Lei Darcy Ribeiro (1996)]. *LDB: Lei de Diretrizes e Bases da Educação Nacional*: Lei 9.394, de 20 de dezembro de 1996. Estabelece as diretrizes e bases da educação nacional. 5. ed. Brasília: Câmara dos Deputados, Coordenação Edições Câmara, 2010.

________. Comissão Nacional de Alfabetização e Educação de Jovens e Adultos (CNAEJA). *Ata da décima segunda sessão ordinária*. 14 mar. 2006. Disponível em: <http://forumeja.org.br/node/725>. Acesso em: 21 dez. 2012.

________. Conselho Nacional de Educação (CNE). Câmara da Educação Básica (CEB). *Parecer CEB/CNE 11*, de 7 de julho de 1999. Estabelecimento de normas para escolas brasileiras sediadas no exterior. *Diário Oficial da União*, 23 jul. 1999.

________. Conselho Nacional de Educação (CNE). Câmara da Educação Básica (CEB). *Parecer CEB/CNE 11*, de 10 de maio de 2000. Assunto: Diretrizes Curriculares Nacionais para a Educação de Jovens e Adultos. Relator conselheiro: Carlos Roberto Jamil Cury. Disponível em: <http://portal.mec.gov.br/cne/arquivos/pdf/PCB11_2000.pdf>. Acesso em: 21 dez. 2012.

________. Conselho Nacional de Educação (CNE). Câmara da Educação Básica (CEB). *Parecer CEB/CNE 18*, de 6 de agosto de 2001. Assunto: Exames supletivos no Japão. *Diário Oficial da União*, 3 set. 2001. Acesso em: 21 dez. 2012.

________. Conselho Nacional de Educação (CNE). Câmara da Educação Básica (CEB). *Parecer CEB/CNE 23*, de 8 de outubro de 2008. Institui Diretrizes Operacionais para a Educação de Jovens e Adultos – EJA nos aspectos relativos à duração dos cursos e idade mínima para ingresso nos cursos de EJA; idade mínima e certificação nos exames de EJA; e Educação de Jovens e Adultos desenvolvida por meio da educação a distância. Relatora: Regina Vinhaes Gracindo. Disponível em: <http://portal.mec.gov..br/cne/arquivos/pdf/2008/pceb023_08.pdf>. Acesso em: 21 dez. 2012.

________. Conselho Nacional de Educação (CNE). Câmara da Educação Básica (CEB). *Parecer CEB/CNE 6*, de 7 de abril de 2010. Reexame do Parecer CNE/CEB no 23/2008, que institui Diretrizes Operacionais para a Educação de Jovens e

Adultos – EJA, nos aspectos relativos à duração dos cursos e idade mínima para ingresso nos cursos de EJA; idade mínima e certificação nos exames de EJA; e Educação de Jovens e Adultos desenvolvida por meio da educação a distância.

________. Conselho Nacional de Educação (CNE). Câmara da Educação Básica (CEB). *Resolução CEB/CNE 1*, de 5 de julho de 2000. Diretrizes Curriculares Nacionais para a Educação de Jovens e Adultos. Disponível em: <http://portal.mec.gov..br/cne/arquivos/pdf/CEB012000.pdf>. Acesso em: 21 dez. 2012.

________. Instituto Nacional de Estudos e Pesquisas Educacionais Anísio Teixeira (Inep). *Portaria 77*, de 16 de agosto de 2002. In: ______. *Livro introdutório*: documento básico, Ensino Fundamental e médio.

________. *Lei 8.069*, de 13 de julho de 1990. Estatuto da Criança e do Adolescente. Disponível em: <http://www.planalto.gov.br/ccivil_03/leis/l8069.htm>. Acesso em: 21 dez. 2012.

________. *Lei 9.448*, de 14 de março de 1997. Transforma o Instituto Nacional de Estudos e Pesquisas Educacionais – Inep em Autarquia Federal, e dá outras providências. Diário Oficial da União, edição extra, 15 mar. 1997. Disponível em: <http://www.planalto.gov.br/ccivil_03/Leis/L9448.htm>. Acesso em: 21 dez. 2012.

________. Ministério da Educação (MEC). *Portaria MEC 3.415*, de 21 de outubro de 2004. Institui o Exame Nacional de Avaliação na Modalidade de Educação de Jovens e Adultos. Disponível em: <http://siau.edunet.sp.gov.br/ItemLise/arquivos/notas/portmec3415_04.htm>. Acesso em: 21 dez. 2012.

________. Ministério da Educação (MEC). *Portaria 2.270*, de 14 de agosto de 2002. In: BRASIL. Instituto Nacional de Estudos e Pesquisas Educacionais Anísio Teixeira (Inep). *Livro introdutório – documento básico*: Ensino Fundamental e médio. Brasília, 2002. p. 193-194. Disponível em: <http://download.Inep.gov.br/educacao_basica/encceja/material_estudo/livro_introdutorio/introdutorio_completo.pdf>. Acesso em: 21 dez. 2012.

________. Ministério da Educação (MEC). Secretaria de Educação Continuada, Alfabetização e Diversidade (Secad). *Documento nacional preparatório à VI Conferência Internacional de Educação de Adultos (VI Confintea)*. Brasília: MEC; Goiânia: Funape/UFG, 2009. Brasília: MEC: Inep, 2002. p. 197-200. p. 197-200. Disponível em: <http://download.Inep.gov.br/educacao_basica/encceja/mate-

rial_estudo/livro_introdutorio/introdutorio_completo.pdf>.
DI PIERRO, M. C. A educação de jovens e adultos no Plano Nacional de Educação: avaliação, desafios e perspectivas. *Educação & Sociedade*, Campinas, v. 31, p. 939-959, 2010.

________. Notas sobre a redefinição da identidade e das políticas públicas de educação de jovens e adultos no Brasil. *Educação & Sociedade*, Campinas, v. 26, n. 92, p. 1115-1139, 2005.

DINIZ, E.; BOSCHI, R. *A difícil rota do desenvolvimento*: empresários e a agenda pós-neoliberal. Belo Horizonte: UFMG, 2007.

GATTO, C. I. *O processo de definição das diretrizes operacionais para a educação de jovens e adultos*: participação democrática das agências do campo recontextualizador oficial. 2008. Porto Alegre: Universidade Federal do Rio Grande do Sul (UFRGS), (Tese de Doutorado em Educação)

GOIS, A. MEC Suspende "provão dos supletivos". *Folha de S.de Paulo*, São Paulo, 8 set. 2003. Caderno Cotidiano. Disponível: <www1.folha.uol.com.br/fsp/cotidian/ff0809200311.htm>. Acesso em: 22 jun. 2014.

HADDAD, S. *O ensino supletivo no Brasil*: o estado da arte. Brasília: Inep, 1987.

INSTITUTO de Pesquisa Econômica Aplicada (Ipea). Financiamento da educação: necessidades e possibilidades. 2011. (Comunicados do Ipea, n. 124). Disponível em: <http://www.ipea.gov.br/portal/images/stories/PDFs/comunicado/111214_comunicadoipea124.pdf>.

INSTITUTO Nacional de Estudos e Pesquisas Educacionais Anísio Teixeira (Inep). Livro introdutório: documento básico, Ensino Fundamental e médio. Brasília, 2002. Disponível em: <http://encceja.Inep.gov.br/materiais-para-estudo>. Acesso em: 5 mar. 2012.

MELLO, Paulo Eduardo Dias de. Material didático para educação de jovens e adultos: história, formas e conteúdos. 2010. São Paulo: Universidade de São Paulo (USP), 2010. (Tese de Doutorado em Educação) Disponível em: <http://www.teses.usp.br/teses/disponiveis/48/48134/tde-26012011-142038/pt-br.php>.

RELATÓRIO-SÍNTESE do IV Encontro Nacional de Educação de Jovens e Adultos. In: PAIVA, J.; MACHADO, M. M.; IRELAND, T. *Educação de jovens e adultos*: uma memória contemporânea, 1996-2004. Brasília: Secad/MEC/Unesco, 2007.

SALLUM JR., B. Metamorfoses do Estado brasileiro no final do século XX. *Revista Brasileira de Ciências Sociais*, v. 18, n. 52, p. 45, 2003.

VELLOSO, J. Exames de suplência: candidatos e rendimento em cinco capitais. *Cadernos de Pesquisa*, São Paulo, n. 27, p. 19-39, 1978.

VIEIRA, M. C. Possíveis impactos das políticas de avaliação na educação de jovens e adultos: o Encceja (2002) em questão. Educação em Revista, Belo Horizonte, v. 43, p. 95-110, jun. 2006.

ZANETTI, M. A. Exames supletivos na educação de jovens e adultos. Audiência pública do Conselho Nacional de Educação. 2008. Disponível em: <www.seduc.mt.gov.br/download_file.php?id=3881>. Acesso em: 21 jan. 2013.

________. Exames supletivos/certificação na educação de jovens e adultos. Audiências do Conselho Nacional de Educação sobre a reformulação da Resolução CNE/CBE 1/00 – Educação de Jovens e Adultos. 2007. Disponível em: <http://forumeja.org.br/files/Certificação%20-%20EJA.doc>. Acesso em: 21 jan. 2013.

Projovem Urbano e Educação de Jovens e Adultos: aproximações entre sujeitos, políticas e direitos[1]

Maria Virginia de Freitas[2]
Eliane Ribeiro[3]

1. Introdução

Com o objetivo de contribuir para o aperfeiçoamento de programas como o Projovem, para as políticas educacionais dirigidas a jovens com baixa escolaridade e com os melhores desenhos para sinergia do Projovem com as outras políticas voltadas à juventude, este texto aborda as relações entre o Projovem e a Educação de Jovens e Adultos por meio da aproximação dos elementos disponíveis nas bases de dados do Censo Escolar de Educação de Jovens e Adultos (EJA), do Inep, e do Projovem Urbano (PJU), da Secretaria Nacional de Juventude

---

1 O artigo aqui apresentado é baseado nos resultados da pesquisa *O Projovem Urbano: seus impactos nas políticas de EJA e Juventude e na trajetória educacional dos jovens*, realizada pela Ação Educativa, em parceria com o Programa de Pós-graduação em Educação da Universidade Federal do Estado do Rio de Janeiro – Unirio, nos anos de 2011 e 2012, com apoio do Instituto Nacional de Estudos e Pesquisas Anísio Teixeira – Inep/MEC. Agradecemos ainda o apoio da Secretaria Nacional de Juventude, da Diretoria de Políticas Educacionais para a Juventude/Secadi/MEC, do Inep e dos municípios participantes do estudo, já que, sem o apoio das diversas equipes – gestores, técnicos e funcionários –, o trabalho não teria condições de ser realizado.

2 Mestre em Educação pela Universidade de São Paulo. É coordenadora da área de Juventude da Ação Educativa e foi vice-presidente do Conjuve – Conselho Nacional de Juventude.

3 Doutora em Educação pela Universidade Federal Fluminense. Professora da Escola de Educação e do Programa de Pós-graduação em Educação da Universidade Federal do Estado do Rio de Janeiro.

(SNJ), e da análise da implementação do PJU em dez municípios brasileiros.

Ainda que o PJU faça parte da modalidade educativa Educação de Jovens e Adultos, ele apresenta público, modelo pedagógico e gestão diferenciados. Sua oferta está centrada na faixa etária entre 18 e 29 anos, com a finalidade de proporcionar formação integral ao jovem, por meio da associação entre: elevação da escolaridade, tendo em vista a conclusão do Ensino Fundamental; qualificação com certificação de formação inicial e desenvolvimento de ações comunitárias de interesse público.

A aposta na construção de um programa específico para a juventude, no âmbito da EJA, faz parte do fomento de uma política nacional integrada, com programas e ações voltados para o desenvolvimento integral do jovem brasileiro, na direção da institucionalização de políticas públicas de juventude. Nesse sentido, torna-se fundamental cotejar as ações e entender o contexto em que se inserem, na perspectiva de contribuir para o debate que opõe políticas focalizadas a políticas universais, e questiona a eficácia de políticas públicas destinadas a distintos grupos, segmentos, identidades e setores. Debate esse corrente também no campo da educação de jovens e adultos.

Espera-se que o conhecimento produzido alimente a atuação dos diversos atores que se encontram envolvidos com a construção de políticas que tenham como foco o atendimento das necessidades dos jovens como sujeitos de direitos.

2. O percurso do Projovem Urbano: das políticas públicas de juventude à Educação de Jovens e Adultos

A partir dos anos 1990, organizações e movimentos juvenis, ONGs, pesquisadores, organismos nacionais e internacionais, entre outros, alimentaram um processo de afirmação dos jovens como sujeitos de direitos, pautando-se no reconhecimento de que a juventude configura um segmento específico – distinto da adolescência e também da idade adulta –, com necessidades e demandas peculiares, cujo atendimento depende de ações, projetos e políticas também específicas.

Na primeira década dos anos 2000, o tema da juventude impôs-se na pauta das políticas públicas. Em 2004, o Governo Lula criou um GT Interministerial de Juventude, que elaborou as prioridades para as políticas federais dirigidas aos jovens, ao mesmo tempo em que, na Câmara Federal, instalava-se uma Comissão de Juventude. Em 2005, na conjunção desses movimentos, foram criadas a Secretaria Nacional de Juventude e o Conselho Nacional de Juventude.

A mesma lei que criou tal institucionalidade para a política nacional de juventude (Lei 11.129, de 30/06/2005) criou, também, um programa específico para jovens que não haviam concluído o Ensino Fundamental – o Projovem, respondendo à orientação do GT Interministerial de desenvolver uma ação abrangente para jovens em situação de vulnerabilidade.

Buscando responder ao desafio de ofertar oportunidade de escolarização adequada às características e necessidades desse público, o Programa Nacional de Inclusão de Jovens – Projovem foi instituído como:

> programa emergencial e experimental, destinado a executar ações integradas que propiciem aos jovens brasileiros elevação do grau de escolaridade, visando à conclusão do Ensino Fundamental, qualificação profissional voltada a estimular a inserção produtiva cidadã e o desenvolvimento de ações comunitárias com práticas de solidariedade, exercício da cidadania e intervenção na realidade local (Lei 11.129/2005).

A ser implementado em parceria entre União e municípios, sua gestão e execução requeriam uma articulação intersetorial tanto no âmbito do governo federal como no dos governos municipais. No âmbito federal, o conselho gestor era composto pela Secretaria Nacional de Juventude da Secretaria Geral da Presidência da República e pelos Ministérios da Educação, do Trabalho e Emprego e do Desenvolvimento Social; os comitês gestores locais deveriam envolver as secretarias dos respectivos setores na instância federal.

Para construir uma proposta pedagógica significativa e atrativa para o seu público, o Projovem se fundamentou no reconhecimento das especificidades do sujeito jovem, entendendo que "a juventude, ou melhor, as juventudes vivem uma situação complexa na atualidade" (PROJOVEM, 2008, p.15), e buscou responder a essa complexidade por meio de um Projeto Pedagógico Integrado (PPI), que oferece os conhecimentos gerais, organizados em torno das áreas de língua portuguesa, língua estrangeira, matemática, ciências humanas e ciências da natureza, em articulação com os temas "Juventude", "Cultura", "Cidade", "Trabalho", "Comunicação", "Tecnologia" e "Cidadania", de modo interdisciplinar, integrado com a Participação Cidadã e a Qualificação Profissional. Como "programa inovador" (PROJOVEM, 2008, p.11), exigiu que o educador atuasse "de forma um pouco diferente da que é habitual no ensino regular ofertado à população pelos sistemas público e privado de educação" (PROJOVEM, 2008, p.15).

Nascido juntamente com a Secretaria Nacional de Juventude e alocado na mesma, o Projovem foi gerido por meio de uma articulação interministerial. Sua implementação se deu por parcerias com municípios, nas quais se estimulava o fortalecimento dos órgãos gestores locais de juventude. O Projovem foi concebido como carro-chefe da incipiente política nacional de juventude. Ao mesmo tempo, a experiência do Projovem poderia vir a contribuir para uma renovação da educação dirigida aos jovens como um todo, em especial, da educação de jovens e adultos.

A importância atribuída às dimensões de inclusão de jovens e de contribuição para a renovação da EJA pode ser conferida no Relatório de Avaliação do Projovem 2007 – versão preliminar –, que avalia que a aposta se mostrava acertada em ambos os sentidos:

> Um dos aspectos efetivamente distintivos do Projovem reside na integração conceitual e pragmática entre os componentes de Currículo, Qualificação para o Trabalho e Ação Comunitária, associados a um auxílio financeiro e uma modalidade particular de certificação. Com isso, não só institui-se uma nova arquitetura quanto às possibilidades de inclusão deste jovem em uma ação de escolarização para a qual o mesmo traz um histórico de exclusão, como também se acena para uma reconfiguração dos paradigmas clássicos, que têm pautado, no país, as ações de Educação de Jovens e Adultos (p. 69).

Cabe destacar que o Projovem nasceu como um programa experimental que "se reveste de características peculiares cujo teor aponta para o art. 81 da LDB"[4], e só se torna efetivamente parte da modalidade Educação de Jovens e Adultos em 2011, quando passa a ser gerido pelo Ministério da Educação.

Essa reconfiguração representaria a realização efetiva do caráter experimental do Projovem, que teria sua missão cumprida ao impactar a elaboração de políticas de caráter não emergencial, com um projeto pedagógico centrado no sujeito jovem e a integração de ações desenvolvidas por diferentes pastas de forma desarticulada.

A importância do Projovem no âmbito da constituição de uma política nacional de juventude, de caráter necessariamente intersetorial, pode ser conferida no documento Recomendações do Conselho Nacional de Juventude ao Governo Federal – 2010:

> O lançamento do Projovem juntamente com a criação da Secretaria Nacional de Juventude e do Conselho Nacional de Juventude teve um importante peso simbólico, por motivos diversos: orientada pela concepção do jovem como sujeito de direitos, sua proposta se fundamenta nos conhecimentos disponíveis acerca dos jovens no Brasil e busca articular ações de diferentes ministérios; os recursos a ele destinados sinalizaram a importância que esse segmento assumia no governo federal, bem como o compromisso com a produção de impactos reais na qualidade de vida dos e das jovens (p. 4).

Assim, pode-se identificar a existência de diferentes objetivos em torno do Projovem: a escolarização e a inclusão social de jovens que enfrentam as

---

4 Parecer jurídico elaborado para o Conselho Nacional de Educação, por Carlos Roberto Jamil Cury, a partir do Art. 81. da Lei de Diretrizes e Bases da Educação (LDB), Lei 9.394/1996: "É permitida a organização de cursos ou instituições de ensino experimentais, desde que obedecidas as disposições desta Lei. O parecer foi elaborado por solicitação do comitê interministerial responsável pela criação do Projovem, em 2005".

maiores condições de vulnerabilidade; a contribuição para a construção de uma educação mais conectada às especificidades e expectativas dos sujeitos jovens – especialmente no âmbito da EJA; e o impulso à criação de políticas públicas de juventude, orientadas à efetivação de direitos.

No que diz respeito ao potencial de contribuição para a renovação da EJA, vale observar que as relações estabelecidas nesse campo desenvolveram-se, muitas vezes, de forma tensa e pouco colaborativa, registrando-se uma disputa em torno do que poderia ser classificado como EJA e, consequentemente, também pelos sujeitos potencialmente beneficiários dessas duas ações. O posicionamento público feito pelo Fórum Paulista de EJA, no documento intitulado *Reflexões do Fórum Paulista de Educação de Jovens e Adultos sobre Programa Nacional de Inclusão de Jovens* reconhece diversos avanços na proposta do Projovem: "a concepção de juventude, o projeto político pedagógico integrado, a articulação da ação comunitária com a qualificação e a educação básica". Mas, ao mesmo tempo, explicita tensões com o programa:

> O governo federal, através da coordenação nacional do programa, deveria levar em consideração as experiências da educação de jovens e adultos nos municípios, criando a possibilidade de maior integração e troca de experiências. Existem localidades em que o investimento de uma política de educação de jovens já acontece, e essa ação poderia ser potencializada nos municípios.
>
> A ampliação da idade para vinte nove anos pode potencializar a tensão, a superposição e a competição existente entre as modalidades existentes da EJA e o Projovem. (FÓRUM PAULISTA DE EDUCAÇÃO DE JOVENS E ADULTOS, s.d.)

O fato de o Projovem ter sido pensado e implementado pela Secretaria Nacional de Juventude acabou gerando uma série de críticas, sobretudo, por parte da área da educação, que apontava a centralidade da escolarização (conclusão do Ensino Fundamental) como carro-chefe do Projovem. Com esses argumentos, defendia a mudança do programa para o Ministério da Educação, o que acabou por gerar, em nível federal, um intenso debate em torno da identidade e pertença do programa. A disputa também passava pela manutenção dos recursos, sendo alegado, por distintas esferas governamentais, que o programa tinha um valor *per capita* bem maior do que o da EJA. Outro debate presente foi o que acusava a existência do Projovem Urbano como responsável pela retirada de alunos da EJA, já que as condições operacionais e pedagógicas eram bem mais favoráveis no Projovem, incluindo, sobretudo, a bolsa de R$ 100,00 recebida pelos alunos do programa.

Um dado interessante e que merece destaque foi a exigência inicial de que o Projovem estivesse direcionado para os jovens sem trabalho e sem escola, os que hoje são designados como os "nem-nem" (nem estudam e nem trabalham). Em que pese o fato de que um contingente significativo de jovens entre 18 e 24 anos encontra-se desempregado e afastado da escola, a grande maioria localiza-se nesse lugar de forma transitória. Assim, o Projovem necessitou modificar as suas exigências iniciais, aceitando jovens trabalhadores e jovens da escola regular ou de cursos de EJA, reconhecendo a complexidade das condições, situações e contextos dos jovens "nem-nem".

É importante registrar que em oito anos de existência, de 2005 a 2012, o programa sofreu alterações importantes. Em 2007, passou a se chamar Projovem Urbano e a se constituir como uma das modalidades de um programa maior – o Projovem Integrado – ao lado do Projovem Adolescente, do Projovem Trabalhador e do Projovem Campo. No Projovem Urbano, a faixa etária atendida foi estendida até os 29 anos. Nesse momento, além dos municípios, estados da federação também passaram a poder desenvolver diretamente a ação. O novo posicionamento político-administrativo do Projovem Urbano, abarcado no guarda-chuva do Projovem Integrado, acabou trazendo mais problemas do que benefícios para o programa. Sendo o Projovem Urbano o programa para a juventude mais conhecido no Brasil, conforme exposto em distintas pesquisas (IBASE/PÓLIS, 2008; SNJ, 2013), todas as mazelas ocorridas nos demais programas foram sendo a ele atribuídas. Denúncias de malversação de verbas públicas na execução do Projovem Trabalhador publicadas entre os anos de 2008 e 2010, por exemplo, causaram prejuízos na imagem do Projovem como um todo.

Em 2012, o Projovem Urbano sofreu importantes transformações a partir de sua mudança para o MEC. A transição foi realizada por um grupo de trabalho com representantes da Secretaria Nacional de Juventude, do MEC, de universidades e especialistas na área de juventude e EJA. Pode-se afirmar que a passagem foi bastante tranquila, não tendo grandes impactos nos municípios e estados participantes.

Tal mudança resultou, de imediato, numa aproximação mais visível com a EJA na esfera da gestão federal. O Projovem Urbano ficou situado na Secretaria de Educação Continuada, Alfabetização, Diversidade e Inclusão (Secadi), sendo criada uma diretoria para receber sua expressiva estrutura. Cabe ressaltar que, pela primeira vez na história do Ministério da Educação, cria-se uma diretoria voltada para a juventude: a Diretoria de Políticas Educacionais para a Juventude, que hoje **é responsável**, basicamente, pelo Projovem Urbano. No MEC, o objetivo do PJU é o da elevação da escolaridade de jovens com idades entre 18 e 29 anos, que saibam ler e escrever e não tenham concluído o Ensino Fundamental, por meio da modalidade de Educação de Jovens e Adultos, integrada à qualificação profissional e ao desenvolvimento de ações comunitárias com exercício da cidadania, na forma de curso, conforme previsto no art. 81 da Lei 9.394, de 20 de dezembro de 1996.

3. A pesquisa

Nesse contexto, a pesquisa buscou identificar semelhanças e diferenças entre o PJU e a EJA no que diz respeito aos perfis de seus respectivos estudantes e educadores e às condições materiais das escolas que oferecem tais opções. Buscou também identificar as percepções de gestores, educadores e estudantes acerca do PJU e de suas relações com a educação de jovens e adultos. Para tanto, realizou-se um estudo quantitativo, envolvendo a análise dos bancos de dados do PJU e da EJA (Inep/Censo Escolar), e um estudo qualitativo acerca da implementação do PJU em dez municípios brasileiros.

3.1 *Análise dos bancos de dados*

Inicialmente, procedeu-se a uma análise descritiva básica dos dados quantitativos de perfil e de trajetória dos alunos do Projovem Urbano (PJU), disponíveis na base de dados do Sistema de Monitoramento e Avaliação (SMA) do Projovem Urbano (PJU) da Secretaria Nacional de Juventude. Em seguida, realizou-se uma análise comparativa com a EJA tomando como base os dados quantitativos disponíveis do Censo Escolar da Educação de Jovens e Adultos do Inep, apenas para os municípios presentes em ambos os bancos. Os dados analisados referiam-se ao ano de 2010.

O Projovem Urbano contou, desde seu início, em 2008, com um rico e detalhado conjunto de dados sobre os alunos, escolas, docentes e gestores do programa. Por outro lado, o Censo Escolar do Inep colhe, anualmente, informações de toda a educação básica, oferecendo dados importantes sobre o cenário educacional brasileiro.

Considerando as especificidades das duas bases de dados (PJU e Censo Escolar), foram necessários vários procedimentos metodológicos prévios para que fosse possível realizar estas comparações. A razão principal é a de que o PJU apresenta um conjunto de características bem específicas. Além daquelas já mencionadas – como a destinação exclusiva ao público jovem (18 a 29 anos), a formação restrita à etapa fundamental de ensino, sua articulação com a qualificação profissional e a ação cidadã e a oferta da bolsa-auxílio – há também uma questão ligada à distribuição geográfica do programa, já que o mesmo não foi implementado em todos os municípios do país. Assim, foi preciso efetuar sucessivos recortes nos microdados do Censo Escolar do Inep, de forma que ao final pudéssemos tratar apenas com dados que se adequassem às peculiaridades do PJU. Para além desses recortes, procedemos também a uma análise dos instrumentos de coleta de dados utilizados, tanto pelo PJU como pelo Censo Escolar do Inep, de forma a selecionar as variáveis comuns e passíveis de comparações entre as duas bases.

Além dos dados do Censo Escolar do Inep terem sua origem numa coleta censitária, a forma como as variáveis foram construídas permite o diálogo com diversas outras bases de dados como o Censo Demográfico e a Pnad, do IBGE, e outras como o SAEB e a Prova Brasil do próprio Inep. Porém, por outro lado, o Censo Escolar sofre de alguns problemas de sistematização das informações disponibilizadas e de certa limitação em relação ao caráter das informações coletadas. Após a análise dos questionários aplicados para coleta de informações sobre escolas, alunos, turmas e docentes foi possível perceber que a quase totalidade dos dados remete a aspectos infraestruturais ou administrativos, o que resulta numa carência de informações a respeito de alunos e docentes. Há apenas algumas informações de cunho sociodemográfico, como sexo, idade, local de nascimento e de endereço de residência. Há também informações sobre cor/raça, mas neste caso um problema foi identificado: tanto para alunos quanto para docentes, em quase a metade dos casos, a resposta foi assinalada como "Não declarada"[5]. Esta ocorrência inviabilizou a utilização da informação ao mesmo tempo que evidenciou a necessidade de revisão da coleta deste dado na dinâmica de aplicação dos instrumentos do Censo Escolar. Não há dados de natureza socioeconômica e cultural no banco de dados do Censo Escolar.

Contudo, um conjunto crescente de pesquisas no campo da educação tem apontado para a importância de considerar aspectos socioeconômicos e culturais na análise de questões relevantes no campo educacional, como o desempenho dos alunos, a repetência, a evasão e a violência escolar (ALVES, ORTIGÃO e FRANCO, 2007; BROOKE, 2008; BROOKE e SOARES, 2012). Recomendamos a inserção de itens nos questionários do Censo Escolar para a coleta de informações desta natureza. Tal iniciativa enriqueceria o banco de dados e possibilitaria o desenvolvimento de novas pesquisas, bem como o aumento das possibilidades de cruzamento com outras bases de dados, como a do PJU.

Os dados colhidos e disponibilizados pelo PJU são bastante diversificados e oferecem inúmeras possibilidades de análise. Para além das informações sobre infraestrutura e condições de oferta do programa, alguns dos instrumentos aplicados a alunos, professores e gestores contam com itens tanto sobre aspectos

---

5 A informação é que o preenchimento dos dados do censo escolar é feito, de modo geral, pela secretaria da escola, o que acaba por invisibilizar uma série de dados importantíssimos para entender a dinâmica socioeducacional brasileira.

sociodemográficos como socioeconômicos e culturais. No entanto, trata-se de instrumentos construídos (e mesmo reconstruídos após sucessivas discussões) com o intuito de atender às características e necessidades do próprio programa, que contam com uma caracterização bem particular de certos itens, como, por exemplo, na criação de códigos de identificação de escolas e de municípios, entre outros, que acabaram por impossibilitar alguns cruzamentos com os dados do Censo Escolar.

Diante dessas questões, após a análise dos instrumentos de coleta e dos respectivos bancos de dados do PJU e do Censo Escolar do Inep, restaram as possibilidades de cruzamento conforme exposto nos itens a seguir. Como se poderá perceber, não foi possível utilizar dados sobre as turmas do Censo Escolar já que nenhum deles se mostrou passível de cruzamento com os dados sobre as turmas do PJU. É possível perceber também que são poucos os dados passíveis de cruzamento acerca dos alunos e docentes, e que a categoria que mais proporcionou possibilidades de cruzamento foi a da escola, mas apenas no tocante a questões infraestruturais.

Variáveis de cruzamentos em relação aos alunos:

Projovem – Sistema de Monitoramento e Avaliação	**Alunos** Sexo Idade Escolaridade	Inep – Censo Escolar

Variáveis de cruzamentos em relação aos docentes:

Projovem – Sistema de Monitoramento e Avaliação	**Docentes** Sexo Idade Escolaridade	Inep – Censo Escolar

Variáveis de cruzamentos em relação às escolas:

Projovem – Sistema de Monitoramento e Avaliação	**Escolas** Biblioteca Laboratório de informática Sala de professores TV DVD Internet Oferta de merenda	Inep – Censo Escolar

Após o estabelecimento dessas variáveis passíveis de cruzamento entre os bancos de dados, fez-se necessário efetuar dois recortes no Censo Escolar de forma a adequá-lo às especificidades do PJU. Para que pudéssemos comparar o PJU com o restante da EJA foi preciso selecionar, no Censo Escolar: 1) apenas os dados dos municípios presentes também no banco de dados do PJU; e 2) apenas os dados de alunos da EJA que se encontravam na mesma faixa de idade dos estudantes do PJU (entre 18 e 30 anos)[6].

3.2 Análise das percepções e opiniões acerca da implementação do PJU nos municípios

Na vertente qualitativa, dez estudos de caso buscaram identificar as percep-

6 O primeiro recorte efetuado, que se aplicou tanto a alunos, quanto a docentes e escolas, diz respeito à relação de municípios analisados. Para que comparássemos o PJU com o restante da EJA tivemos que lidar apenas com os municípios em que foram colhidos os dados para o PJU. Cabe esclarecer que todos os bancos de dados do Projovem Urbano utilizados foram compostos por dados amostrais, seja de alunos, de docentes ou de escolas. Ainda que a maioria dos municípios coincida nos três bancos, as amostras apresentam algumas diferenciações. Sendo assim, obtivemos dados de alunos de 76 municípios, dados de docentes de 42 municípios e dados de escolas de 66 municípios. Conforme a delimitação etária estipulada para participação no Projovem Urbano, foram mantidos no banco do Censo Escolar para análise apenas os alunos com idades entre 18 e 30 anos. Apesar de o limite superior de corte etário imposto pelo Projovem Urbano ser de 29 anos, já que se trata de um programa destinado exclusivamente ao público jovem, foram mantidos, nas duas bases (PJU e Inep), aqueles com 30 anos porque quando da realização do *survey* de alunos da 6ª entrada do PJU, certo número de respondentes já haviam completado esta idade. Este procedimento foi efetuado utilizando-se a variável "*NUM_IDADE*" do Censo Escolar.

ções de gestores, educadores e estudantes acerca do PJU e de suas relações com a educação de jovens e adultos. Para facilitar a localização dos alunos, optou-se por concentrar o estudo em municípios onde o programa se encontrava em execução. Para viabilizar uma agenda de trabalho mais eficiente, foram selecionados municípios de uma única região metropolitana por região brasileira, com exceção do Sudeste, onde os municípios selecionados localizam-se um no Rio de Janeiro e o outro em São Paulo. Na região Norte, compuseram a amostra os municípios de Belém e Ananindeua (PA); na região Nordeste, Recife e Jaboatão dos Guararapes (PE); no Centro-Oeste, Goiânia e Aparecida de Goiânia (GO); no Sudeste, Osasco (SP) e Belford Roxo (RJ); e, no Sul, Porto Alegre e Novo Hamburgo (RS).

O trabalho de campo foi realizado entre novembro e dezembro de 2011, tendo como objeto de estudo a 6ª entrada[7] do Projovem Urbano – apenas Porto Alegre executava naquele momento a 5ª entrada.

Em cada município, buscou-se entrevistar os responsáveis pela gestão e coordenação pedagógica do programa, educadores, estudantes e também os responsáveis pelos órgãos gestores de juventude. No total, foram entrevistados 12 coordenadores executivos, 9 coordenadores pedagógicos, 47 educadores, 69 estudantes, 9 coordenadores de EJA e 6 gestores de juventude. Nas entrevistas, procuraram-se identificar suas visões acerca do PJU no município, envolvendo diferentes aspectos: gestão, implementação, formação dos educadores, projeto pedagógico integrado, evasão, avaliação, articulação com a EJA e com as políticas de juventude e transferência do PJU para o MEC.

É importante registrar que as visitas aos municípios foram feitas por ocasião do encerramento das formações do PJU, o que resultou num viés: no caso dos alunos, foram entrevistados apenas os concluintes – aqueles que conseguiram permanecer no programa e que, provavelmente, o avaliam de forma mais positiva.

---

7 Desde seu início, em 2008, o Projovem Urbano abriu inscrições sucessivas em diversos municípios do país. Os alunos se matriculavam e cursavam os 18 meses de duração do programa até o concluírem e receberem a certificação final. A cada um desses períodos de 18 meses de duração deu-se o nome de "entrada". Os dados aqui analisados referem-se à 6ª entrada do programa, que teve início em maio de 2010 e foi concluída em novembro de 2011.

Soma-se a isso o fato de que, por questões logísticas, tanto os jovens como os educadores foram convidados a participar das entrevistas pelas suas respectivas coordenações municipais, tornando possível tanto um direcionamento dos convites, como um impacto na disponibilidade ou indisponibilidade de estudantes e educadores em aceitarem o convite.

4. Dados e percepções sobre o PJU e a EJA

Apresentamos a seguir a síntese das observações produzidas a partir das análises dos dados quantitativos e das percepções dos entrevistados nos municípios.

4.1 Quanto aos estudantes

Os entrevistados, de forma praticamente unânime, valorizaram o Projovem Urbano por, antes de mais nada, conseguir atrair jovens de baixa renda e baixa escolaridade para um processo de reinserção em processos de escolarização – tarefa considerada bastante difícil por gestores e educadores.

Os dados disponíveis no Sistema de Monitoramento e Avaliação do PJU confirmam que os jovens que frequentam o programa integram os segmentos que mais sofrem os efeitos perversos da desigualdade social brasileira. Em sua maioria, são mulheres (66,3%) e são pardos e negros (65,7%) – exatamente os segmentos que, sabidamente, enfrentam as maiores dificuldades no processo de inserção social. Embora a maior parte deles não viva com os pais (57,9%) e já tenha filhos (62,7%), menos da metade declarou estar trabalhando (46,1%), quase 2/5 nunca teve atividade remunerada (38,5%), mais de 4/5 dos que auferem algum tipo de renda recebem, no máximo, um salário mínimo (83,3%), sendo que 43,1% informaram receber até meio salário mínimo. Em sua imensa maioria, entraram na escola na idade prevista (82,4% deles, com até sete anos de idade), mas tiveram uma trajetória marcada por reprovações e interrupções. Mesmo assim, a maioria deixou os estudos na 6ª série do Ensino Fundamental ou em momento posterior (53,8%).

Observa-se, portanto, que o PJU atraiu predominantemente jovens mulheres, pardas e negras, de segmentos de baixa renda, com trajetórias escolares atribuladas, mas que demonstraram uma persistência na continuidade dos estudos. Embora o programa exija apenas que o candidato seja alfabetizado, o PJU acaba atraindo com mais facilidade aqueles/as que interromperam os estudos quando já tinham completado ao menos 75% do Ensino Fundamental.

Ao comparar os dados dos jovens do Projovem Urbano com os dos alunos da EJA na mesma faixa etária (18 a 30 anos), pudemos observar que esta modalidade de ensino parece exercer maior atratividade para os jovens rapazes. Ainda que sua predominância (54,1%) não seja tão expressiva quanto a predominância feminina no PJU, que atinge 2/3 do público, ela chama atenção por revelar uma composição bastante diferente entre os públicos.

Gráfico 1 – Sexo dos alunos (em %)

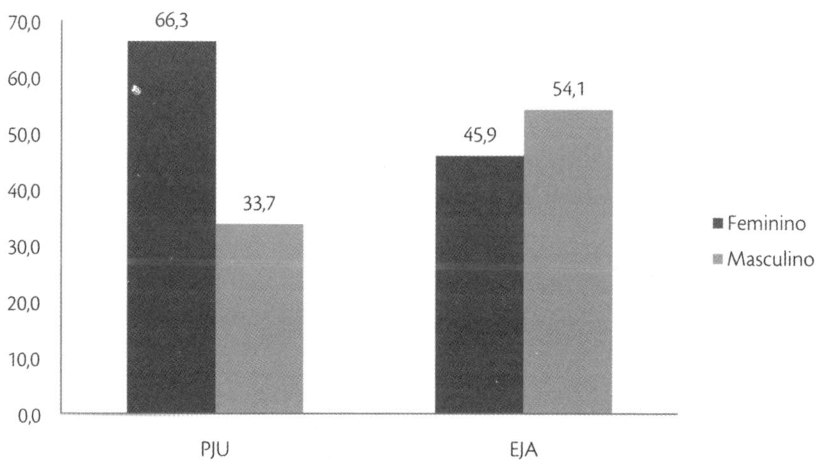

Fonte: Sistema de Monitoramento e Avaliação – Projovem Urbano e MEC/Inep Censo Escolar 2010.

Uma hipótese para essa maior presença feminina no PJU é o fato de o programa, nos diversos locais em que foi implementado, ter buscado diferentes formas de acolher seus filhos. Dados colhidos junto aos estudantes do programa na 6ª entrada[8], por exemplo, apontam que 78,6% das alunas têm filhos enquanto apenas 22,2% dos homens os têm. Essa presença de jovens mulheres com filhos

8 SMA/PJU Survey 1 de alunos – 6ª entrada.

tornou-se tão marcante no programa que sua coordenação nacional instituiu, a partir da entrada iniciada em 2012, um sistema de salas de acolhimento. Dessa forma, os alunos e as alunas que têm filhos entre zero e oito anos, e precisam levá-los para a escola, contam com um espaço no próprio local de estudo onde podem deixá-los enquanto frequentam as aulas.

Comparando-se os estudantes do PJU com os jovens da EJA (entre 18 e 29 anos) observa-se que em ambos os cenários a maioria dos alunos é bem jovem: 61% dos alunos do Projovem e 72% dos alunos jovens da EJA encontram-se na faixa dos 18 aos 24 anos.

Gráfico 2 – Faixa etária dos alunos (em%)

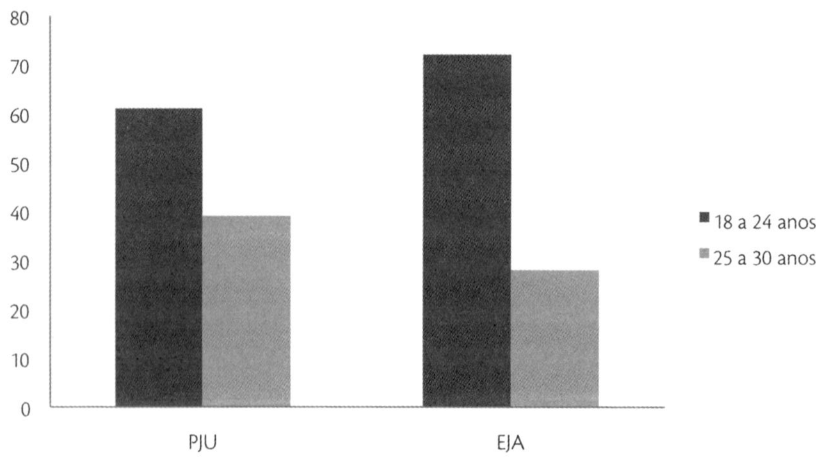

Fonte: Sistema de Monitoramento e Avaliação – Projovem Urbano e MEC/Inep – Censo Escolar 2010.

Cabe atentar que não foi possível traçar uma comparação mais aprofundada entre as características sociodemográficas dos alunos e professores do PJU e as dos jovens matriculados na EJA, uma vez que o Censo Escolar não tem sua centralidade nessas informações. Como já assinalado, os dados de raça e etnia, por exemplo, que sabidamente impactam as condições de vida dos jovens, não puderam ser comparados, pois apresentam um altíssimo grau de abstenção nas respostas, inviabilizando a utilização das respostas válidas.

4.2 Quanto à proposta político-pedagógica e à implementação do PJU

O PJU, segundo os entrevistados, além de conseguir atender a um público que estava afastado do processo de escolarização, fortalece sua autoestima, proporciona elevação de escolaridade, incentiva a continuidade dos estudos, proporciona melhores condições de inserção no mercado de trabalho e favorece experiências de participação cidadã.

A proposta político-pedagógica do programa, centrada no sujeito jovem, aparece como uma potência:

> Tem uma série de discussões muito interessantes que estão por trás do programa: essa coisa do jovem como sujeito político. (Educador/a)

A articulação de elevação de escolaridade com qualificação profissional e participação cidadã é avaliada como acertada para o público do programa, pois "não fica só na teoria". Os entrevistados valorizaram a promoção de experiências práticas, as vivências fora do ambiente escolar, o envolvimento com as comunidades e em processos participativos mais amplos.

> Acho que um dos aspectos positivos são as aulas práticas que o Projovem promove [...] através dos arcos ocupacionais [...] a possibilidade de ter ali a participação cidadã [...]. A formação básica, também [...] essa integração: o aluno lá no... no seu Ensino Fundamental ele já tem o contato com o mundo do trabalho, o mundo real do trabalho.[...] O tema que eles trabalharam [na Participação Cidadã] foi o lixo, preservação do meio ambiente. Então, conseguiu-se conscientizar essa comunidade. Eles entenderem que eles podem ser agentes de modificação, na sua comunidade, no espaço onde vivem. Então, foi bem legal... (Coordenador/a pedagógica)

Os materiais didáticos, de forma geral, dialogam com o universo de interesses de seus educandos; a qualificação profissional e as aulas de informática demonstram um grande poder de atração junto aos jovens de baixa escolaridade; a participação cidadã demonstra um potencial de promoção de aprendizagens significativas e fortalecimento da noção de cidadania junto aos jovens; e, por fim, o recebimento do auxílio financeiro amplia as chances de o jovem conseguir frequentar o curso.

> Eu acho um ponto muito forte do Projovem todas as áreas integradas... o plano pedagógico... e o material didático. (Educador/a)

> O conhecimento assim que a gente fazia quando ia no teatro, conhecia um teatro, fazia uma visita... Fiz uma visita pra empresa também... Fomos numa faculdade e vimos lá um corpo, um corpo mesmo, aberto, todos os ossos. (Estudante)

> Você pode passear no Projovem. Conheci um monte de lugar que eu não sabia nem que existia. (Estudante)

> Estudar no Projovem explicou muitas coisas, que é realmente o que é a política mesmo, o que é participar em política que nós, realmente, nós não participa, não tem participação nenhuma. Eu acho que, hoje, eu acho que nós já sabe um pouquinho sobre política. (Estudante)

> Se a escola fosse igual ao Projovem acho que não teria tantos jovens e adolescentes fora da escola. Porque é totalmente diferente, é uma coisa mais dinâmica. No Projovem tem mais atenção, mais... saber o que é cidadania, quais são seus direitos e isso devia ter numa escola de ensino regular. (Estudante)

No entanto, as condições de implementação do programa muitas vezes dificultaram ou mesmo impediram que os estudantes desfrutassem da riqueza de seu projeto político-pedagógico. Nem sempre as escolas estão próximas o suficiente dos locais de moradia dos jovens. Os municípios não contam, em geral, com estruturas adequadas, seja para as aulas de informática, seja para um ensino profissional de qualidade: há carência de espaços adequados, de equipamentos e mesmo de profissionais preparados.

Os jovens ressentiram-se do pequeno número ou, até mesmo, da inexistência de aulas práticas de qualificação profissional; do pouco aprofundamento nessa formação; da impossibilidade de cursar o arco profissional desejado; de cursos distantes no seu conteúdo das exigências do trabalho.

A quantidade de aulas de informática, bem como de equipamentos, era, muitas vezes, insuficiente; a conexão com a Internet era inexistente ou insuficiente; os jovens enfrentavam dificuldades ou, até mesmo, eram impedidos de acessar os laboratórios das escolas – em vários casos, devido à priorização por parte da direção das escolas do seu uso pelo ensino regular noturno.

As atividades de Participação Cidadã, tão bem avaliadas em alguns casos por promover experiências práticas, vivências fora do ambiente escolar, envolvimento com as comunidades e em processos participativos mais amplos, algumas vezes se perderam em atividades assistencialistas ou careceram de atividades práticas, reduzindo-se a um discurso (às vezes, excessivo e enfadonho) sobre os direitos dos jovens.

Assim, com relativa frequência os jovens viram frustradas suas expectativas, como evidenciam alguns comentários acerca da Qualificação Profissional:

> Agora, pra qualificação eu achei muito pouco, porque a gente teve mais teoria do que prática. (Estudante)

> Eu acho que aqui [a qualificação] deixou a desejar um pouquinho. Ficou muito básico entendeu? (Estudante)

> Tem que pôr mais qualificação profissional, porque esse ano só foi Telemática e Administração. Pôr mais oficinas... ter mais opções. (Estudante)

> É, no meu caso, [...] o que eu aprendi foi o que uma pessoa vai numa *lan house* e aprende, eu acho [...] editar texto, só. A parte mais profunda da matéria que é *Help Desk*, Operador de Telemática, não houve a possibilidade de aprofundar mais nisso, pela [...] por parte da resistência da diretora em não liberar o laboratório. (Estudante)

> Para mim, até agora, nada. Não é da área que eu trabalho, que eu uso. (Estudante)

E também acerca da Participação Cidadã:

> Ele deveria ser um professor que ele deveria estar direto lá, [...] junto com os outros. Até ser mais do que os outros entendeu? Por ele ser um assistente social... Porque às vezes, acontecem problemas assim, [...]. Eu já [...] já testemunhei cadeirada em aluno... situações de briga. Então tinha que ter ali um assistente social [...]. Eu acho que a participação cidadã tinha que ser mais atuante. (Estudante)

> Mas dava sono, era chata. Uma aula que eu não entendia, trocava o livro, mas ia ler era a mesma coisa escrita. Não sei explicar, faz um tempo [...]. Falando de jovem, juventude, educação. A mesma história contada de forma diferente. Daí teve lá um [...] como é [...] teve que fazer pra comunidade, que foi a parte mais legal. Nós escolhemos [...] era meio ambiente e saúde, a gente apresentou uns trabalhos para a comunidade. Aí fez algo diferente, saímos um pouco de texto, texto. (Estudante)

O Projovem também não ficou imune ao problema da evasão; ela é inegavelmente alta no conjunto dos municípios. Quando questionados acerca dos desafios a serem enfrentados pelo Projovem, a maioria absoluta das falas remete a essa questão.

Nas explicações para a evasão, são citados, primeiramente, aspectos variados da vida dos estudantes: cansaço provocado pelo trabalho, falta de dinheiro para o transporte (especialmente nos municípios onde os jovens do PJU não têm direito ao passe escolar), condição instável de moradia, gravidez, prisão, problemas de uso de drogas, problemas de saúde, machismo dos maridos. Situações de violência ou risco de violência na região de moradia, no entorno da escola ou no trajeto até a escola também são frequentemente citadas. Por fim, alguns aspectos do próprio PJU também foram citados como concorrentes para a evasão: a distância do núcleo do programa em relação à moradia, má qualidade da merenda, o calendário do Projovem, que não prevê férias, a troca de professores, a ausência de aulas práticas de Qualificação Profissional, a ausência de informática, a fusão de núcleos e sua consequente mudança de local de funcionamento do curso.

Algumas iniciativas tomadas pelas gestões demonstraram capacidade de impactar os índices de evasão: a garantia de passe escolar para os estudantes, acompanhamento individual dos alunos, salas de acolhimento para os filhos dos estudantes. Alguns coordenadores sugerem alteração na organização do tempo, pois consideram o formato inadequado para os jovens estudantes: "fazer encontros curtos, pois as pessoas não toleram muito os encontros longos" (Coordenadora Executiva).

Porém, a questão da evasão é, muitas vezes, percebida como uma questão mais ampla, que desafia também a EJA e os cursos noturnos.

Alguns dos estudantes entrevistados explicam a evasão de certos colegas pela "falta de interesse", por um certo "corpo mole". Alguns gestores de juventude, por sua vez, identificam uma certa crise de sentido da educação entre os jovens.

> Talvez o maior desafio seja a própria sala de aula né? O próprio formato de educação, que a gente vem passando por uma transição, né, mas que ainda hoje é hegemônico. É um formato que não apetece ao jovem que hoje tem *lan house*

> em cada esquina, que tem internet no seu celular... (Gestor de Juventude)

> A gente trabalha com jovem que está no Projovem porque não conseguiu ter tesão em estar na sala de aula, na educação formal, e quando ele chega no Projovem, por mais que, na concepção, seja avançado, na prática é muito semelhante à educação formal, na qual o guri não quis mais participar num outro momento. [...] falta de módulos que garantam terminar mais rápido e a descrença de que, através do aumento da escolaridade, ele vá conseguir melhorar, de fato, de vida. Quantos exemplos tu tem na comunidade que conseguiu? O bem sucedido na comunidade não é o cara que terminou o Ensino Fundamental. (Gestor de Juventude)

Para além das questões até aqui enunciadas, destaca-se, nas entrevistas, uma importante questão de fundo. Ao atrair jovens que vivem em contextos de alta vulnerabilidade, o Projovem Urbano atrai também **preconceitos e discriminações**. Apesar dos esforços empreendidos por coordenadores e gestores do programa, não foram poucos os relatos de casos em que o PJU não pôde compartilhar dependências da escola como bibliotecas e laboratórios de informática.

> No começo, a maioria das direções tem pé atrás com o Pro-jovem, parece que são um monte de invasores que vieram para tomar o espaço deles [...] tive dificuldades aqui nessa escola. (Educador/a)

Coordenadores relataram resistências e recusas de contratação dos alunos do PJU por parte de empresas. Jovens se declararam vítimas de preconceito por parte da polícia.

> A gente foi mandado pra outro colégio por falta de alunos e, pra completar, lá estouravam "bomba", lá faziam a maior quizumba e acho que muitos alunos desistiram por conta disso. Porque não tinha uma segurança pra gente. Quando chegava a polícia, era pra marginalizar os alunos do Projovem. Diziam que era do Projovem, e não era. Era da comunidade da escola que entrava pra fazer desordem. E, quando a polícia vinha, quem era do Projovem era tachado de tudo que não presta e a gente foi muito falado [...]. (Estudante)

O conjunto de problemas relatados aponta para a carência, no país, de equipamentos e profissionais preparados para o atendimento das necessidades e interesses dos/as jovens que enfrentam situações bastante precárias de vida. A análise comparativa das condições de infraestrutura disponibilizadas aos estudantes do PJU e da EJA evidencia a inexistência de grandes diferenças entre ambas. No PJU, os percentuais de oferta de Internet, TV, DVD ou VHS e alimentação escolar se mostraram abaixo dos apontados na EJA pelo Censo Escolar do Inep. Já os percentuais referentes à disponibilização de biblioteca, laboratório de informática e sala de professores foram maiores no PJU.

Gráfico 3 – Infraestrutura existente nas escolas de EJA e nas que atendem ao Projovem Urbano

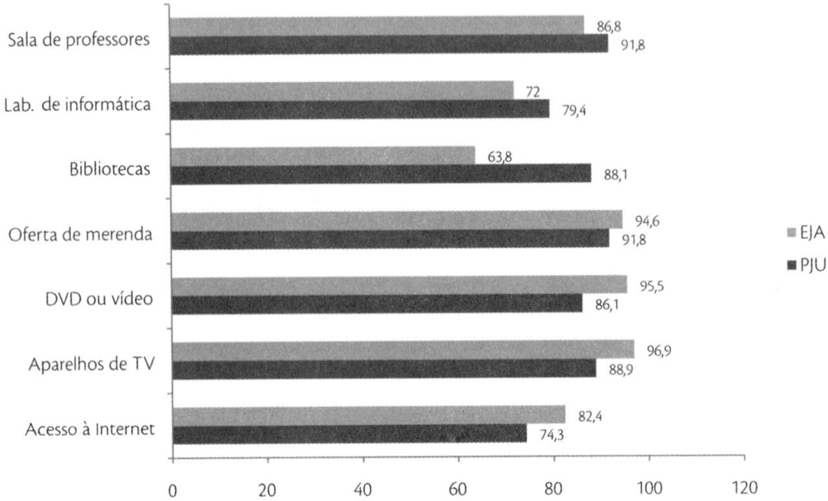

Fonte: Sistema de Monitoramento e Avaliação – Projovem Urbano e MEC/Inep – Censo Escolar 2010.

Contudo, reiteramos a ponderação sobre o fato de que o Censo Escolar apenas indica a existência ou inexistência do item, enquanto o PJU o considera existente com base na disponibilidade de uso pelos alunos. Esse procedimento qualifica um pouco mais a informação e fornece mais elementos para uma avaliação da qualidade da oferta educacional. É ele que nos permite identificar que, embora 88,1% das escolas que abrigavam os cursos do PJU dispusessem de biblioteca, em quase 40% delas os alunos não tinham acesso à mesma, fazendo com que pouco menos da metade dos cursos do PJU contassem efetivamente com biblioteca. A justificativa mais apontada durante a pesquisa foi que os alunos não a utilizavam porque muitos dos livros continham informações desatualizadas e que o acesso à Internet supria as necessidades de pesquisa propostas em aula. Todavia, observou-se que nem todos os locais de onde surgiu essa justificativa disponibilizavam Internet para acesso dos alunos.

Assim pode-se observar que ainda que tais problemas afetem de forma mais ou menos acentuada o conjunto dos jovens dos estratos de baixa renda, eles parecem tornar-se mais agudos no caso do atendimento de jovens em situação de maior vulnerabilidade, pois os poucos equipamentos existentes lhes são, muitas vezes, negados.

4.3 Quanto aos educadores

A análise comparativa dos perfis dos educadores do PJU e da EJA revelou que o PJU atraiu docentes mais jovens e com escolaridade levemente superior. Atraiu também um pouco mais de homens (72,9%) que na EJA (67,3%).

Gráfico 4 – Faixa etária de docentes da EJA e do PJU

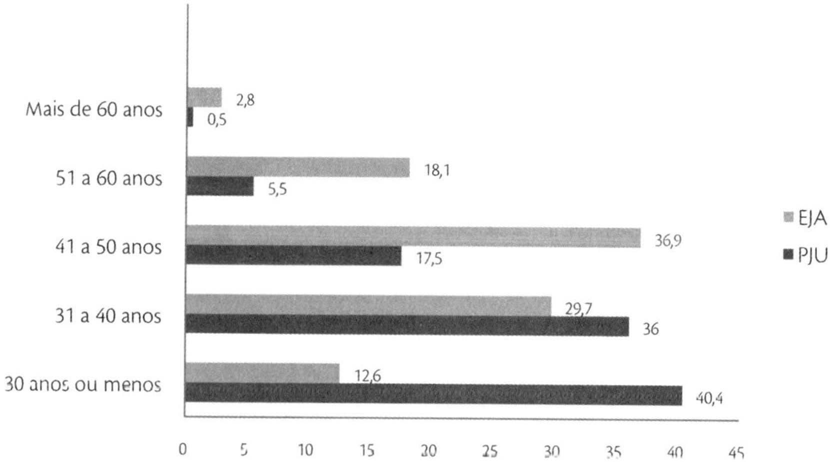

Fonte: Sistema de Monitoramento e Avaliação – Projovem Urbano e MEC/Inep – Censo Escolar 2010.

Gráfico 5 – Escolaridade de docentes da EJA e do PJU (em %)

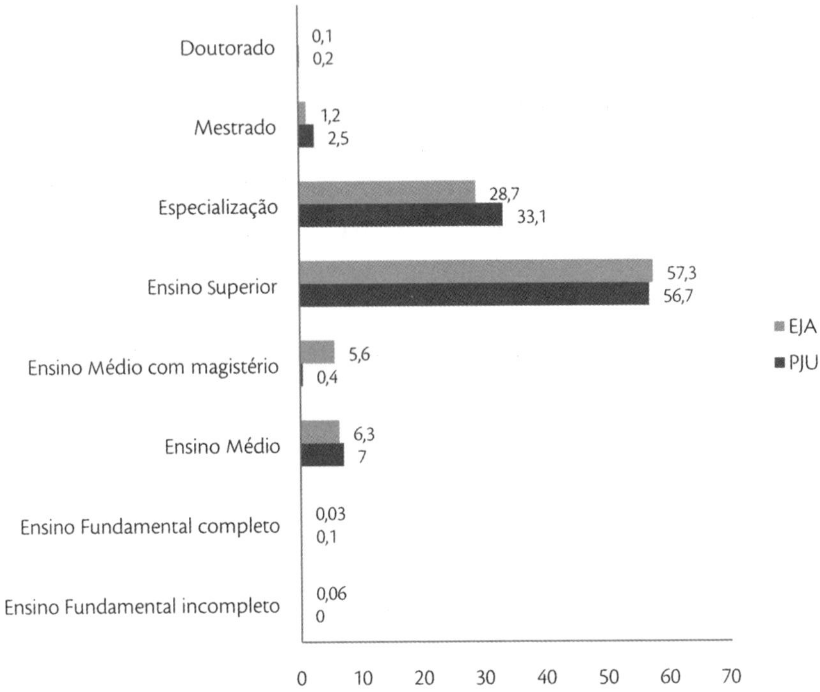

Fonte: Sistema de Monitoramento e Avaliação – Projovem Urbano e MEC/Inep – Censo Escolar 2010.

Dados do Sistema de Monitoramento e Avaliação mostram que a maior parte dos docentes do PJU tinha pouca ou nenhuma experiência anterior, mas isso, curiosamente, não pode ser creditado apenas à presença de educadores mais jovens: cerca de 10% dos educadores de 41 a 50 anos nunca haviam lecionado. Infelizmente, o Censo Escolar não colhe as informações relativas à experiência docente dos educadores da EJA, o que nos impede de melhor compreender as semelhanças e dessemelhanças entre o PJU e a EJA. De todo modo, o Projovem Urbano parece ter representado uma oportunidade de aquisição de experiência profissional docente para profissionais recém-iniciados ou mesmo como uma primeira oportunidade de entrada no campo da docência para profissionais com experiência em outras áreas de trabalho.

Assim como em outras pesquisas sobre o Projovem Urbano[9], também aqui o alto grau de engajamento dos educadores apareceu como o principal responsável pela permanência e satisfação dos alunos concluintes do programa. Os jovens entrevistados não pouparam elogios aos seus professores, exatamente por considerá-los "mais que professores", por reconhecer neles o compromisso para buscar todas as formas de garantir sua permanência no programa e sua aprendizagem.

> O que tem de positivo é realmente [...] são os nossos professores. [...] Eles te ensinam com toda atenção, com todo carinho. Mesmo que a gente estivesse doente, estivesse no hospital, ele levava a prova lá. (Dizia) 'Bora', [...] eu vou aí aonde tu estiver.

> Os professores dão muito apoio... que você não tem lá na escola normal, não tem apoio dos professores de lá, para eles não importa se aprendeu ou não, entendeu?

> [...] É que todos os professores participam mais da vida da gente, os professores do Projovem.

> [...] eles incentivam mais o aluno a continuar estudar.

Além de uma proposta político-pedagógica diferenciada, os educadores contam com um processo de formação inicial e continuada. A carga horária de aulas do PJU é de 20 horas semanais, mas os educadores são contratados por 30 horas de trabalho semanais, as quais se destinam a: a) atividades docentes e de orientação pedagógica; b) integração curricular; c) atividades de avaliação, revisão e recuperação de aprendizagens; d) planejamento de atividades

---

9 Ver ABRAMOVAY, M. e CASTRO, M. G. *Mostra, Jovem! Rompendo invisibilidades* (2010) e Projovem Urbano (2010). *Perfil e Percepções dos Alunos no Projovem Urbano* (2010).

de ensino e aprendizagem e de funcionamento de núcleo; e) formação inicial e continuada (Manual do Educador). Esse conjunto de características parece favorecer o surgimento e/ou o fortalecimento, nas equipes, de um compromisso em relação aos jovens em formação, um compromisso que vai além da aprendizagem *strictu sensu*: um compromisso com a aprendizagem dos jovens, com sua permanência no programa, com a afirmação de sua dignidade, com a busca de oportunidades de melhores condições de vida, com o fortalecimento de sua participação social e política. É por esse compromisso que alguns deles se reconhecem como "agentes sociais", confirmando a percepção dos jovens de que são "mais que professores".

> O grande fator decisivo desse programa é, na verdade, a capacidade do professor de interagir com essas dificuldades e resolver ali; só os problemas mais graves que a gente passa para a coordenação e para os nossos superiores. [...] Na verdade, o vínculo é a principal ferramenta de atração que o Projovem tem entre professor e aluno. Uma outra coisa também fundamental é a metodologia, que é completamente diferente, a gente tem aula dinâmica, a gente não fica escrevendo no quadro, não fica aquela coisa maçante; então, a gente traz vídeos, traz coisa de fora, a gente abre discussão em sala de aula, a gente [...] na verdade, a gente quer despertar no aluno a vontade de conhecer.

Não se ignora aqui o peso do risco que a evasão de alunos representa para os educadores. Por causa da diminuição do número de estudantes, cinco dos sete municípios que forneceram informações a esse respeito registraram diminuição no número de docentes durante a execução da 6ª entrada. Certamente esse risco tende a aumentar o compromisso dos educadores com a diminuição dos índices de evasão dos cursos, ainda mais que os salários no programa costumam ser mais altos que nas redes de ensino. Mas as entrevistas realizadas evidenciam que a proposta político-pedagógica do PJU também influencia no engajamento dos educadores que se sentem atraídos por participar de uma experiência inovadora, compromissada com a efetivação dos direitos dos jovens de baixa renda e baixa escolaridade.

Entretanto, o engajamento com o processo de inclusão dos jovens não ficou restrito aos educadores. O mesmo tipo de compromisso pode ser encontrado entre os coordenadores e gestores que foram responsáveis por conquistas que demonstraram capacidade de impactar os índices de evasão, como a garantia de passe escolar para os estudantes, o acompanhamento individual dos alunos, a criação de salas de acolhimento para os filhos dos estudantes.

De forma geral, o conjunto dos entrevistados considerou o Projeto Pedagógico Integrado do Projovem Urbano como mais atrativo que os projetos pedagógicos do ensino regular e da EJA. Dentre os diversos pontos considerados positivos pelos jovens no Projovem, a qualificação profissional e o apoio dos educadores foram os mais fortemente destacados. Foram também citadas a bolsa-auxílio, o acolhimento dos filhos nas escolas durante seu horário de aula, a realização de atividades extraclasse, os conteúdos mais conectados à sua realidade, a presença de alunos mais compromissados do que "a gurizada da EJA". Os educadores, em geral, afirmaram a preferência por contarem com mais formação pedagógica e melhores condições para o acompanhamento do aluno.

Nos municípios estudados, as relações entre o Projovem Urbano e a Educação de Jovens e Adultos variaram de um alto grau de integração e articulação ao conflito e à competição. Três municípios registraram relações tensas e pouco colaborativas, sendo que dois deles eram exatamente aqueles nos quais a responsabilidade pelo PJU estava a cargo dos órgãos gestores de políticas de juventude.

No primeiro deles, os relatos dos gestores e educadores caracterizaram uma relação de competição e de pouca integração, com dificuldades de acolhimento do programa por parte dos diretores e professores das escolas da rede municipal. O curso, muitas vezes, teve seu funcionamento prejudicado, chegando ao ponto de as escolas decidirem em seus conselhos não mais aderir ao programa, o que levou a execução do Projovem para as escolas da rede estadual. Situação parecida foi registrada no segundo município, especialmente nos primeiros anos de implementação do PJU no município. Os entrevistados descreveram uma relação conflituosa e de competição na qual o Projovem, por oferecer maiores recursos, teria esvaziado as salas de EJA[10].

Apenas um dos municípios estudados parece ter desenvolvido desde o início boas sinergias entre o Projovem Urbano e a Educação de Jovens e Adultos. As entrevistas realizadas apontam nessa direção, da mesma forma que também indicaram uma boa articulação com as políticas de juventude. De acordo com elas, a EJA e o Projovem Urbano, além de realizarem atividades conjuntas, mantiveram uma relação próxima e articulada, que impactou positivamente a proposta e a reflexão crítica sobre ambas.

> Aqui a gente já tem experimentado, nos últimos cinco anos, uma combinação de alguns elementos da proposta pedagógica do Projovem, o currículo integrado principalmente, nas turmas de fase, de turmas finais de EJA, fase 2. Eu diria que houve trânsito, de contribuição recíproca, entre o programa e a rede. (Coordenadora da EJA)

Nos limites do caráter qualitativo deste estudo, três observações valem a pena ser ressaltadas como possibilidades de se referirem a um universo mais amplo. As relações mais tensas entre o Projovem Urbano e a Educação de Jovens e Adultos se deram nos anos iniciais de implementação do programa. Ao longo do tempo, o grau de tensão parece ter diminuído e aumentaram as aproximações e sinergias. A alocação do PJU na Secretaria de Educação não garantiu, mas facilitou muito, uma possível aproximação com a EJA ou, dito de outra forma, sua alocação no órgão gestor de juventude parece ter dificultado bastante a criação de sinergias entre ambos. Porém, mais do que o lugar

---

10 Ao estudar o Projovem em Recife-PE, Oliveira registra uma diminuição no atendimento da EJA e do Ensino Fundamental (3º e 4º ciclos de aprendizagem) em favor da implantação das turmas do Projovem. O Relatório Parcial de Avaliação do Projovem 2007, porém, ao analisar dados de matrícula no Projovem, na EJA e no Ensino Fundamental Regular (5ª a 8ª série), conclui que o Projovem "não atinge o mesmo público que a Educação de Jovens e Adultos, vindo a somar enquanto política de inclusão educacional".

institucional, parecem ter sido as perspectivas políticas dos gestores e equipes técnicas o fator de maior peso na qualidade da relação.

Independentemente das relações construídas, a implementação do PJU nos municípios contribuiu para visibilizar demandas até então praticamente invisíveis, chegando mesmo a impactar a EJA. Diversos entrevistados apontaram, por exemplo, a importância de a EJA incorporar uma dimensão de qualificação profissional. Coordenadores do PJU recomendaram o material didático do programa para educadores da EJA. As demandas por salas de acolhimento para filhos de alunos, que se originaram no âmbito do Projovem Urbano, acabaram também estimulando os alunos da EJA.

5. Conclusões: o PJU, a EJA e os direitos da juventude

A análise das aproximações possíveis entre o PJU e a EJA tem como pano de fundo o debate sobre a relação entre uma política emergencial e "focada", como vem sendo compreendido o Projovem Urbano, e uma política estrutural, como a EJA, que faz parte da oferta regular dos sistemas de ensino. Debate esse que acaba polarizando dois estilos de política: a focalizada e a universal, associando automaticamente a universalização com a garantia de direitos sociais e a focalização emergencial, com noções residualistas de justiça, despertando uma rejeição da parte de interlocutores que se identificam com ideais de justiça distributiva (KERSTENETZKY, 2005). Essa polarização faz com que as relações estabelecidas entre os gestores e operadores dessas diferentes políticas se desenvolvam, muitas vezes, de forma tensa e pouco colaborativa, registrando-se, no caso da presente pesquisa, uma disputa em torno do que poderia ser classificada como EJA e, consequentemente, uma disputa também pelos sujeitos potencialmente beneficiários dessa política.

Nesse sentido, o estudo realizado nos faz inferir que o PJU não se encerra na noção de "pequena" política social, de socorro pontual a segmentos residuais que se encontram à margem dos processos econômicos que, numa concepção de justiça de mercado, seriam de *per si* integradores.

O programa é marcado por um forte investimento na convocação dos jovens para retorno à escola; por melhores condições de salário, de atuação profissional e de formação dos professores e por um currículo que busca dialogar com a condição juvenil de seus estudantes. Dessa forma, contribuiu para dar visibilidade à questão dos jovens em distintos espaços e esferas como, por exemplo: no interior dos governos; nas agendas de políticas públicas; nas questões sobre a escolarização dos jovens e sobre a relação entre estudo e trabalho dessa geração; na discussão sobre acesso e permanência; no debate sobre acesso ao Ensino Médio; e nos próprios modos de se implementar a Educação de Jovens e Adultos nas redes de ensino.

O Projovem criou um programa de inclusão, com forte acento na elevação de escolaridade, no qual o diálogo com as questões da juventude está posto no próprio projeto pedagógico, nos materiais didáticos, no conjunto das atividades. Reconhece a demanda por qualificação profissional e busca articulá-la com a elevação de escolaridade por meio de um projeto pedagógico integrado, diferenciando-se dos programas de inclusão que ofertam qualificação profissional e bolsa, e exigem a frequência à escola, sem no entanto alterar em nada o que é por ela oferecido. Reconhece a importante dimensão educativa que a realização de atividades práticas tem junto a esse público.

Assim, a proposta do programa avança no enfrentamento de limites há tempos identificados na relação entre a escola e os jovens. A análise feita por Dayrell em 2003 permanece ainda inteiramente válida, "a estrutura escolar e os projetos político-pedagógicos ainda dominantes nas escolas não respondem aos desafios que estão postos para a educação da juventude contemporânea" (DAYRELL, 2003, p.185).

Contudo, a análise das condições em que o PJU é efetivamente implementado revela a carência e/ou a precariedade existente, no país, de equipamentos e profissionais preparados para o atendimento das necessidades e interesses dos/as jovens, o que impacta especialmente a qualidade da oferta de qualificação profissional. Como já apontaram Dayrell, Leão e Reis, sem um sólido investimento no desenvolvimento de estruturas físicas, formação dos profissionais e condições adequadas de trabalho, uma proposta pedagógica rica se torna na prática uma "pedagogia da precariedade", configurando "um projeto 'pobre para os pobres', evidenciando uma contradição entre a realidade e o discurso dos direitos sociais e da cidadania" (DAYRELL, LEÃO e REIS, 2007, p. 77).

Em que pesem todas as limitações apontadas, o Projovem diferenciou-se de outras iniciativas ao investir pesadamente na formação dos educadores e ao oferecer jornadas de trabalho mais adequadas que aquelas comumente existentes nas redes escolares, nas quais "o tempo do professor está tomado pelas aulas, o que dificulta o planejamento conjunto e uma maior relação com os alunos" (DAYRELL, 2003, p. 186).

Esse investimento resultou no que é reconhecido de forma generalizada pelos entrevistados como a maior riqueza do programa: a relação estabelecida entre os educadores e os jovens. O processo de formação foi responsável pelo enfrentamento com sucesso de um grande desafio presente na educação de jovens, especialmente dos setores populares: que sejam efetivamente considerados como sujeitos, superando as visões negativas e preconceituosas a seu respeito.

Embora os educadores sejam apenas um dos componentes de uma política de escolarização, eles desempenham aí um papel central.

> No trabalho com os jovens, a força propulsora tem de ser o desejo. Professores e alunos com desejo de descobrirem novos caminhos, novas relações novos conhecimentos. O envolvimento dos professores é o primeiro passo para qualquer proposta que pretenda estabelecer um diálogo maior com os jovens alunos, fazendo da escola um espaço onde eles possam "ser mais", como dizia Paulo Freire. (DAYRELL, 2003, p. 189)

A grande evasão existente no Projovem, assim como na EJA e mesmo no Ensino Médio regular, não desqualifica o programa. Antes aponta a necessidade de maiores investimentos para, de um lado, superar as dificuldades de sua implementação, e, de outro, tornar efetiva a afirmação de que a juventude é marcada pela diversidade de condições e demandas: é preciso criar outras propostas, outros desenhos programáticos e institucionais, que possam atrair diferentes segmentos e atender a suas necessidades.

O que há de sucesso na implementação do PJU é fruto do engajamento de gestores, coordenadores e educadores; desde a divulgação e "convocação" dos jovens à matrícula no programa, até a criação de redes de apoio à sua inserção profissional e à continuidade de sua escolarização, passando pela criação de espaços para acolher os filhos dos/as alunos/as. E as políticas precisam criar as condições propícias para que esse engajamento se faça presente nos demais espaços educativos dirigidos aos jovens.

A partir do momento em que o Projovem Urbano foi transferido para o MEC, abriram-se maiores espaços para que as aprendizagens contribuíssem para o objetivo de construção de uma educação mais conectada às especificidades e expectativas dos sujeitos jovens – especialmente no âmbito da EJA. É nesse sentido que apontam as iniciativas de maior atenção às especificidades do sujeito jovem nos processos de formação dos educadores da EJA.

Sendo assim, observa-se que focalização e universalização podem se combinar na perspectiva de ampliação do campo de possibilidades socioeducativas para aqueles que se encontram em desvantagem social. Ou seja, na prática, o conjunto de políticas públicas, emergenciais e universais necessita dialogar e conter arranjos distintos, que potencializem a fruição dos direitos sociais.

De maneira geral, é possível concluir que – considerando a diversidade de realidades, necessidades e interesses dos sujeitos jovens que procuram a Educação de Jovens e Adultos com o objetivo de complementar seus estudos, retornar à escola, experimentar outras sociabilidades e abrir novas possibilidades – as ofertas devem ser diversas e plurais, atendendo em distintos modelos pedagógicos. Conforme estabelece o Estatuto da Juventude (Lei 12.852, de 05/08/2013):

> § 2º É dever do Estado oferecer aos jovens que não concluíram a educação básica programas na modalidade da educação de jovens e adultos, **adaptados às necessidades e especificidades da juventude**, inclusive no período noturno, ressalvada a legislação educacional específica.

6. Referências

ABRAMO, H. W. O uso das noções de adolescência e juventude no contexto brasileiro. In: FREITAS, M. V. de. *Juventude e adolescência no Brasil*: referências conceituais. São Paulo: Ação Educativa, 2005.

ALVES, F.; ORTIGÃO, I.; FRANCO, C. Origem social e risco de repetência: interação raça-capital econômico. *Cadernos de Pesquisa*, v. 37, n. 130, jan./abr. 2007.

BRASIL. *Estatuto da Juventude*, Lei 12.852, de 5 de agosto de 2013.

________. CONSELHO NACIONAL DE JUVENTUDE. *Recomendações do Conselho Nacional de Juventude ao Governo Federal – 2010*. Brasil. 2010. PDF

________. CONSELHO NACIONAL DE JUVENTUDE. *Política Nacional de Juventude*: diretrizes e perspectivas. Conselho Nacional de Juventude / Fundação Friedrich Ebert. 2006.

BROOKE, N. (orgs.). *Marcos históricos na reforma da educação*. Belo Horizonte: Fino Traço, 2012.

BROOKE, N.; SOARES, J. F. (orgs.). Pesquisa em eficácia escolar: origens e trajetórias. Belo Horizonte: Editora da UFMG, 2008.

CORROCHANO, M. C. et al. *Jovens e trabalho no Brasil:* desigualdades e desafios para as políticas públicas. São Paulo: Ação Educativa/Instituto IBI, 2008.

FÓRUM PAULISTA DE EDUCAÇÃO DE JOVENS E ADULTOS. *Reflexões do Fórum Paulista de Educação de Jovens e Adultos sobre Programa Nacional de Inclusão de Jovens*. s/d.

HADDAD, S. A ação de governos locais na educação de jovens e adultos. *Revista Brasileira de Educação*, v. 12, n. 35, ago. 2007, p. 197-211.

Parecer Jurídico para regulamentação do Projovem. Elaborado por Carlos Roberto Jamil Cury, 2005, SNJ. BRASIL, LDB. Lei 9.394/1996 – Lei de Diretrizes e Bases da Educação Nacional.

KERSTENETZKY, C. L. Políticas Sociais: focalização ou universalização? In: *Textos para discussão/UFF/Economia*. Niterói: Universidade Federal Fluminense, out. 2005.

OLIVEIRA, M. Â. A. *A materialização da integração entre a qualificação profissional e a formação geral no âmbito do Projovem em Recife-PE*. 2009. 195f. Centro de Educação, Universidade Federal de Pernambuco, Recife. (Dissertação de Mestrado em Educação)

PROJOVEM URBANO. Sistema de Monitoramento e Avaliação. Grupo de Trabalho de Subsistema de Avaliação do Programa. Cadernos temáticos do Projovem Urbano. Survey II Alunos: Perspectiva comparativa entre as 1ª, 2ª, 3ª, 5ª e 6ª entradas do Projovem Urbano. Brasília, 2011.

________. Alunos do Projovem Urbano: análise dos dados do Survey 1 – 2ª Entrada. Rio de Janeiro: Unirio, jan. 2010.

________. Perfil dos alunos do Projovem Urbano: um estudo a partir do Survey 1 – 1ª Entrada. Rio de Janeiro: Unirio, ago. 2009.

________. Perfil e Percepções dos Alunos no Projovem Urbano. Brasília: Secretaria Nacional de Juventude, 2010.

________. Manual do Educador – Unidade Formativa 1. Brasília/DF. 2008.

________. Manual do Educador: Orientações Gerais. Brasília/DF. 2009.

________. Projeto Pedagógico Integrado – PPI. Brasília, 2008.

________. Relatório de Avaliação 2007. Versão Preliminar. Brasília/DF. s/d.

RIBEIRO, E. Políticas públicas de educação e juventude: avanços, desafios e perspectivas. In: PAPA, F. de C.; FREITAS, M. V. de. *Juventude em pauta*: políticas públicas no Brasil. São Paulo: Peirópolis/Ação Educativa/Fundação Friedrich Ebert, 2011.

SPOSITO, M. P.; CARVALHO E SILVA, H. H. de; SOUZA, N. A. de. Juventude e poder local: um balanço de iniciativas públicas voltadas para jovens em municípios de regiões metropolitanas. *Revista Brasileira de Educação*, Rio de Janeiro, v. 11, n. 32, ago. 2006.

SPOSITO, M. P. (coord.). *Espaços públicos e tempos juvenis*: um estudo de ações do poder público em cidades de regiões metropolitanas brasileiras. São Paulo: Global/Ação Educativa/Fapesp, 2007.

Gênero e raça: a EJA como política de ação afirmativa[1]

Denise Carreira[2]

1. Introdução

O objetivo geral deste artigo é discutir qual o lugar das questões de gênero e raça nas políticas federais de educação de jovens e adultos. Parte-se do reconhecimento que há uma tensão no campo da EJA: apesar de cerca de 70% dos estudantes e da demanda potencial da EJA ser constituída majoritariamente por jovens e adultos negros, a questão racial se mantém na invisibilidade nas políticas e nas propostas pedagógicas da modalidade (GOMES, 2010; PASSOS, 2010; SILVA, 2010).

Tal tensão também se articula profundamente ao fato de a exclusão sistemática de meninos e jovens negros do ensino regular, explicitada de forma gritante pelas estatísticas educacionais, não se constituir em problema efetivo para a política educacional. Os números apresentados a seguir revelam a mag-

---

1 Este texto foi elaborado a partir do relatório intitulado "Gênero e Raça nas Políticas Federais da EJA", coordenado por Denise Carreira, que compõe a Meta 4 da pesquisa e que teve como assistentes Michele Escoura, responsável pelo levantamento preliminar sobre gênero, raça e EJA em marcos normativos e em documentos governamentais e da sociedade civil; Uvanderson Silva, responsável pela primeira versão da revisão bibliográfica sobre educação de jovens e adultos, gênero e raça; e Bruna Gisi e Fernando Guarnieri, que atuaram no levantamento de dados e análises estatísticas sobre demanda e oferta da EJA. Tais seções não serão abordadas neste artigo.

2 Denise Carreira é coordenadora da área de educação e da unidade Diversidade, Raça e Participação da Ação Educativa – Assessoria, Pesquisa e Informação. Foi Relatora Nacional para o Direito Humano à Educação (Plataforma Dhesca) e coordenadora da Campanha Nacional pelo Direito à Educação. Feminista, é mestre e doutoranda em educação pela Universidade de São Paulo.

nitude do desafio:

1. das 821.126 crianças de 7 a 14 anos fora da escola, 512.402 são negras (Censo/IBGE, 2010);
2. o número absoluto de pessoas analfabetas entre jovens negros de 15 a 29 anos é mais do que duas vezes e meia maior do que entre brancos (Censo/IBGE, 2010);
3. em 2010, 55% de jovens brancos, de 15 a 17 anos, estavam cursando o Ensino Médio, enquanto o percentual de negros era de 41% (Censo/IBGE, 2010);
4. dos jovens de 18 e 19 anos que concluíram o Ensino Médio, 47% eram brancos e apenas 29% eram negros (Censo/IBGE, 2010);
5. o número absoluto de pessoas analfabetas entre jovens negros de 15 a 29 anos é mais de duas vezes e meia maior do que entre brancos (Censo/IBGE, 2010);
6. a frequência líquida no Ensino Médio é 49,2% maior entre os jovens brancos do que entre os negros (IPEA, 2008);
7. a diferença de dois anos de estudo entre brancos e negros manteve-se praticamente inalterada desde o início do século XX. A média atual de estudos das pessoas de 25 anos ou mais de idade entre os adultos brancos é de 8,2 anos e dos adultos negros é de 6,4 anos (Pnad/IBGE, 2011). Em 2001, os números eram 6,4 para adultos brancos e 4,7 para adultos negros;
8. do total das pessoas com 10 anos ou mais no país, 8,31% possuem Ensino Superior completo, sendo 6,09% brancos e 2,04% negros (Censo/IBGE, 2010). Em estudo de 2008, o IPEA apontou que, em 30 anos, o percentual de pessoas brancas com diploma universitário aos 30 anos de idade passou de 5% para 18%, sendo que o percentual de pessoas negras na mesma situação passou de 0,7% para 4,3%. O hiato racial quase triplicou para 13 pontos nas três últimas décadas.

Observa-se que gênero nas políticas de educação de jovens e adultos, quando considerado, é tomado como sinônimo da situação de mulheres, sobretudo, na condição de mães. A abordagem de gênero na EJA também sofre dos mesmos limites da compreensão hegemônica, disseminada em relatórios oficiais do governo brasileiro nas últimas décadas, que considera a maior escolaridade e melhor desempenho das mulheres na educação como resposta definitiva às metas internacionais referentes às inequidades de gênero na educação no país. Dessa forma, a agenda de gênero na educação perde potência e enfrenta dificuldade de se configurar e se afirmar como questão para a política educacional, articulada a outras variáveis que marcam as desigualdades brasileiras, entre elas, raça/etnia, renda, região, campo/cidade, faixa etária, sexualidade, presença de deficiências etc. (CARREIRA, 2011).

Este artigo mostra que as desigualdades e discriminações raciais e de gênero – entre outras – ainda não se afirmam como questões importantes para a política educacional. No máximo, quando muito, são reconhecidas e tomadas como desafios a serem superados como decorrência do fortalecimento de políticas universalistas centradas no recorte de renda ou por programas "específicos" voltados a grupos discriminados.

A maioria dos programas governamentais que abordam gênero e raça é de natureza compensatória, caracterizados pela baixa institucionalidade, pontualidade e limitado impacto nas escolas e nas macropolíticas estruturantes da educação (currículo, formação de profissionais de educação, avaliação, livro didático, financiamento etc.). Ou seja, os desafios referentes às desigualdades de gênero e raça se mantêm às margens da agenda de tomada de decisões dos gestores e gestoras educacionais, ou como "não questão".

No caso da Educação de Jovens e Adultos, apesar de ganharem densidade no diagnóstico sobre a situação e os desafios da EJA, tanto em documentos oficiais como de movimentos de sociedade civil, as questões de gênero e raça pouco estão refletidas na agenda das políticas (PASSOS, 2010). A pesquisa realizada buscou contribuir para as reflexões sobre o porquê disso, levando em conta o contexto dos desafios das políticas de educação de jovens e adultos no país.

O artigo apresenta a análise das entrevistas realizadas com gestores/as e ex-gestores/as governamentais e ativistas da sociedade civil[3]; reflexões sobre o

---

3 Foram entrevistadas entre 2012 e 1013 dezenove pessoas: André Lazaro (Ex-Secretário da Secad/MEC); Anelise de Jesus da Silva (Representante dos Fóruns EJA na CNAEJA); Carlos José Pinheiro Teixeira (Ex-Coordenador de educação de pessoas encarceradas da Secad/

sentido de se abordar gênero e raça na EJA; e um conjunto de recomendações para o campo das políticas públicas visando fortalecer o lugar da Educação de Jovens e Adultos como direito humano ao longo da vida e política de ação afirmativa.

2. Gênero, raça e interseccionalidades: conceitos

De forma breve, explicitamos quais as perspectivas de gênero e raça que assumimos neste trabalho. O conceito de gênero nasce na década de 1970 como um esforço de pesquisadoras feministas de língua inglesa de estabelecer as fronteiras entre a construção cultural/social e o biológico. Uma das pesquisadoras foi Joan Scott (1995) que define gênero como: "[...] elemento constitutivo de relações sociais fundadas sobre as diferenças percebidas entre os sexos" e "um primeiro modo de dar significado às relações de poder".

O conceito, que se afirmou como categoria de análise, contribuiu para a compreensão dos mecanismos de criação e manutenção das desigualdades, sob uma perspectiva relacional entre homens e mulheres. Desde que foi formulado, o conceito vem sofrendo modificações, constituindo-se atualmente em algo bastante móvel e complexo. A produção teórica encontra-se em fase de grande criatividade, diversidade e até divergência, articulando gênero com

---

MEC); Carmen Isabel Gatto (Ex-Coordenadora de EJA da Secadi/MEC); Cláudia Dutra (Ex-Secretária da Secadi/MEC); Daiane de Oliveira Lopes Andrade (Responsável pelas ações sobre gênero e diversidade sexual da Secadi/MEC); Hildete Pereira de Melo (Coordenadora de educação da Secretaria de Políticas para as Mulheres); Jorge Luiz Teles da Silva (Ex-Coordenador de EJA da Secad/MEC); Luiz Claudio Barcelos (Gerente de Projetos da Seppir); Maria Auxiliadora Lopes (Coordenadora Interina de Educação para as Relações Étnico-Raciais da Secadi/MEC); Maria do Pilar Lacerda (Ex-Secretária de Educação Básica do MEC); Maria Luiza Pio Pereira (Pesquisadora e Fórum EJA DF); Maria Margarida Machado (Pesquisadora e Fórum EJA GO); Mauro José da Silva (Diretor de Políticas de Alfabetização e Educação de Jovens e Adultos da Secadi/MEC); Renilda Peres de Lima (Diretora de Gestão, Articulação e Projetos Educacionais do Fundo Nacional de Desenvolvimento da Educação – FNDE/MEC); Ricardo Henriques (Ex-Secretário da Secad/MEC); Sônia Couto Souza Feitosa (Instituto Paulo Freire e Fórum EJA São Paulo); Timothy Ireland (Ex-Diretor Nacional de Educação de Jovens e Adultos da Secad/MEC); Valter Silvério (Pesquisador sobre relações raciais e ex-assessor especial da Secad/MEC). O currículo completo dos entrevistados e das entrevistadas encontra-se no relatório da pesquisa. Lembramos que, em 2012, a Secad incorporou a Secretaria de Educação Especial do MEC, passando a se chamar Secadi (Secretaria de Educação Continuada, Alfabetização, Diversidade e Inclusão).

outros marcadores e categorias sociais como classe, raça, etnia, sexualidade etc.

Assumimos que raça não é um conceito biológico, mas sim uma construção social que possibilita compreender determinados processos de exclusão, discriminação, dominação e produção de desigualdades entre grupos humanos baseados em características físicas e identidades étnico-culturais. E que formas contemporâneas de discriminação que veiculam imagens depreciativas de determinados grupos contribuem para as desigualdades no acesso a bens, poder, conhecimentos e serviços na sociedade, ou seja, na garantia de direitos. Esses processos são entendidos como constitutivos do chamado Racismo.

Por fim, trazemos para a nossa reflexão o conceito de interseccionalidade, que vem contribuir para a articulação de categorias, marcadores identitários e recortes de desigualdade e discriminação. O conceito de interseccionalidade nasce como resposta ao desafio de compreensão dos fenômenos da multidiscriminação. É uma reflexão teórica em desenvolvimento que reconhece intercessões e interconexões entre gênero, raça, etnia, classe social, diversidade sexual, origem regional, geração, entre outros.

O conceito ganhou relevância no debate internacional a partir da Conferência Mundial contra o Racismo, a Discriminação Racial, a Xenofobia e Intolerâncias Correlatas que aconteceu em Durban, África do Sul, em setembro de 2001, graças ao esforço, sobretudo, de pesquisadoras e ativistas de movimentos de mulheres negras. Na realidade educacional brasileira este conceito pode ser muito útil, ao abrir novas possibilidades de compreensão das desigualdades presentes do cotidiano às políticas públicas, dos espaços escolares e não escolares às estatísticas educacionais.

3. Políticas de EJA: um balanço da década (2003-2012)

Inúmeros foram os avanços obtidos na última década no sentido de constituição de uma política de educação de jovens e adultos no país. A instituição da CNAEJA – Comissão Nacional de Alfabetização e Educação de Jovens e Adultos (2003); do Programa Brasil Alfabetizado (2003); do Programa Nacional de Integração da Educação Profissional com a Educação Básica (2005); a inclusão da EJA no Fundeb – Fundo de Manutenção e Desenvolvimento da Educação

Básica e Valorização dos Profissionais de Educação (2007); a criação do PAR – Plano de Ações Articuladas (2007) contemplando a EJA; o lançamento do PNLD-EJA – Programa Nacional do Livro Didático para a Educação de Jovens e Adultos (2009); o reconhecimento da modalidade em vários programas do MEC que antes se restringiam ao ensino regular (Alimentação Escolar, Biblioteca Escolar, Acessibilidade, Transporte etc.) e o entendimento da alfabetização como parte da política de educação de jovens e adultos são algumas das conquistas destacadas. Compreende-se que tais avanços – que não se deram de forma linear e não garantiram à modalidade um lugar de prioridade na agenda educacional (DI PIERRO, 2010) – estão comprometidos em fortalecer o lugar da EJA e institucionalizá-la como política educacional.

Nesse contexto, operaram-se mudanças no lugar institucional da EJA dentro do MEC. No governo FHC, a EJA se constituía em um programa da Secretaria da Educação Básica do MEC. Em 2003, primeiro ano do governo Lula, a EJA foi assumida pela Secretaria de Inclusão Social e pela Secretaria Extraordinária de Erradicação do Analfabetismo (esta última passa a integrar o Ministério de Educação ainda em 2003). Em 2004, com a mudança de ministro – de Cristovam Buarque para Tarso Genro –, as duas secretarias são fundidas na criação da Secad (Secretaria de Educação Continuada, Alfabetização e Diversidade), formulada e coordenada pelo economista Ricardo Henriques, depois sucedido, em 2007, pelo professor de letras André Lázaro.

A Secad nasceu articulando as ações referentes à educação escolar indígena, diversidade étnico-racial, gênero e diversidade sexual, educação de jovens e adultos, educação do campo; educação ambiental e ações educacionais complementares. A secretaria tem como missão desenvolver programas próprios, transversalizar suas agendas no conjunto da gestão do ministério e manter proximidade com a sociedade civil organizada (RODRIGUES e ABRAMOWICZ, 2009).

Nessa perspectiva, há uma aposta na ação descentralizada, baseada na coordenação, articulação e indução de políticas nos três níveis de governo, e na construção de várias câmaras técnicas, comissões e fóruns de diálogo com a sociedade civil. Em 2012, a Secad incorporou a Secretaria de Educação Especial do MEC e passou a se chamar Secadi (Secretaria de Educação Continuada, Alfabetização, Diversidade e Inclusão). Até fevereiro de 2013, a Secadi foi coordenada pela historiadora e ativista da educação inclusiva Cláudia Dutra, sucedida por Macaé Evaristo, gestora, pesquisadora e ativista do campo da educação das relações étnico-raciais.

A Secadi é considerada uma inovação no arranjo institucional, comprometido em dar mais poder a agendas invisíveis e de baixo poder na política educacional, vinculadas às profundas desigualdades do país, entre elas, a educação de jovens e adultos. Agendas conflitivas, que sofrem forte resistência das escolas e dos sistemas educacionais e que, quando encaradas, recebiam um tratamento "residual" pelas políticas universalistas.

Para a maioria dos entrevistados, a nova secretaria contribuiu para a ampliação da interlocução com movimentos sociais, adensou a agenda e o diagnóstico sobre as desigualdades educacionais para dentro do MEC e para todo o governo, pautou o debate sobre diversidade na educação, criou programas a partir de demandas concretas, induziu a criação de estruturas similares em todo o país, propôs arranjos intersetoriais, e tensionou por eles, e conquistou mudanças nas estruturas administrativo-burocráticas, em especial, no FNDE (Fundação Nacional de Desenvolvimento Educacional), braço executor das políticas do MEC.

Como dificuldades da Secadi, são destacadas: o limitado poder para traduzir a escuta e a interlocução junto a movimentos sociais em operacionalização de políticas para dentro do MEC, para os sistemas educacionais e para as outras estruturas do governo, funcionando muitas vezes como colchão de amortecimento de conflitos (MOEHLECKE, 2009, p. 3); a fragilidade institucional, com diminuição e descontinuidade de quadros técnicos ao longo da década (grande parte dos profissionais que integrou a equipe foi por meio de contratos temporários de consultorias do PNUD e de outras agências da ONU) e a baixa articulação entre as agendas sob a sua responsabilidade, muitas vezes apresentando uma atuação fragmentada, que pouco potencializava o que há de comum entre elas.

4. O enigma: por que a taxa de analfabetismo não cai?

A Educação de Jovens e Adultos encontra-se em um novo momento, um novo degrau no processo de institucionalização. Mas, apesar disso, os entrevistados e entrevistadas se perguntam: por que os avanços na década não se traduziram em uma melhora significativa nas taxas de analfabetismo e na oferta da EJA no país?

Em primeiro lugar, é necessário reconhecer que o comportamento das taxas e da oferta exige um olhar matizado que capte a complexidade do fenômeno e as diferenças do atendimento educacional da EJA nos diferentes estados brasileiros e nas áreas (urbanas e rurais) do país. O comportamento da média nacional do atendimento da EJA é de queda, mas há estados brasileiros que avançaram, enquanto outros recuaram na oferta. Os números apontam que há um comportamento heterogêneo na evolução do atendimento no país. É necessário investigar o efeito das políticas locais e estaduais.

Os entrevistados chamam a atenção para alguns fatores que impactam a dificuldade de mudar de forma mais ampla a realidade nacional da EJA. Analisamos os fatores elencados, agrupando-os em quatro dimensões: cultural, política-institucional, pedagógica e a pressão dos sujeitos políticos.

Na *dimensão cultural*, destaca-se a constatação que a EJA ainda não é reconhecida efetivamente como um direito pela sociedade e por grande parte da gestão pública. Avalia-se que isso decorre, sobretudo, do fato de os sujeitos a quem ela é destinada serem constituídos, em sua gigantesca maioria, por pessoas pobres, negras e de baixa renda, gente que ainda enfrenta desafios para ser reconhecida no país como detentora de direitos. Nessa mesma linha, identifica-se que há um preconceito disseminado entre determinados setores da gestão educacional que responsabiliza os sujeitos potenciais da EJA por não terem se escolarizado na "idade certa" e os enxerga como grupo para o qual não vale a pena tamanho esforço e investimento social.

Destaca-se também que a EJA muitas vezes é abordada pelos gestores educacionais, sobretudo municipais, como uma modalidade educativa que se contrapõe à etapa de educação infantil. É como se colocasse para os gestores o falso dilema de terem de escolher entre a população infantil e a população de jovens e adultos, mesmo em tempos de Fundeb (Fundo de Manutenção e Desenvolvimento da Educação Básica e de Valorização dos Profissionais da Educação), no qual estão previstos recursos tanto para a educação infantil como para a educação de jovens e adultos. Observa-se que o lugar da educação infantil na agenda educacional e no debate público, sobretudo do atendimento de creches, cresceu muito nos últimos anos, sobretudo após a conquista da inclusão das creches no Fundeb, em 2005, obtida por meio da pressão social exercida por movimentos de educação e de mulheres, em especial do movimento Fundeb pra Valer, liderado pela Campanha Nacional pelo Direito à Educação e com forte atuação do Mieib – Movimento Interfóruns de Educação Infantil do Brasil. Esse novo lugar da educação infantil na agenda pública tem grande impacto na gestão municipal.

Considera-se que o antigo Fundef (1996), com sua prioridade máxima ao Ensino Fundamental regular e o não reconhecimento da EJA, contribuiu para alimentar tal dicotomia "crianças x adultos", ainda fortemente presente mesmo com o Fundeb (2007), do qual a EJA faz parte. Considera-se que esse é um dos fatores que impacta a baixa utilização dos recursos da EJA no Fundeb por grande parte dos estados e municípios, abordada em profundidade em artigo desta publicação.

Tal quadro coloca o desafio, no que se refere a modalidades e etapas que ocupam um lugar de baixo poder na agenda da política educacional, não somente de se ampliar o volume de recursos destinados a elas, mas também de se garantir formas de transparência pública e de controle social da execução orçamentária. É necessário também fixar de forma mais precisa a responsabilidade da gestão pública na aplicação de recursos. No caso do Fundeb, os recursos captados por municípios e estados no fundo contábil, segundo o número de matrículas na EJA, muitas vezes não retornam para a modalidade, comprometendo as possibilidades de ampliação e fortalecimento da oferta da EJA.

Uma *segunda dimensão* de fatores que influi no desempenho da EJA refere-se à sua *institucionalidade*. Considerando que a oferta educativa modela a demanda (MESSINA, 1993) e a complexidade dos desafios, dos diversos sujeitos e dos contextos da EJA, aponta-se a necessidade de uma institucionalidade diferenciada quando comparada ao modelo predominante das políticas universais de educação básica – arranjos institucionais coordenados, flexíveis, intersetoriais e em rede, territorizalizados e mais sensíveis aos diferentes perfis, realidades e mudanças dos sujeitos da EJA, com um papel proativo do Estado, no estímulo à constituição e à manifestação da demanda. Essa necessidade se choca com o modelo de gestão predominante voltado para grande escala, maior padronização de procedimentos e homogeneidade no desenho da oferta e uma posição mais passiva por parte do Estado, que responde à demanda manifestada.

Essa nova institucionalidade enfrenta muitas dificuldades para se constituir na gestão educacional e, quando avança, muitas vezes não conta com tempo suficiente para se consolidar na estrutura do Estado. Muitas vezes também não conta com quadros técnico-políticos adequados e suficientes, com condições de trabalho e de continuidade para garantir tal inovação institucional. A Agenda Territorial é citada por vários entrevistados como um exemplo de arranjo institucional inovador, que busca enfrentar diferentes desafios da construção da política de EJA em um regime federativo complexo e desigual (OLIVEIRA e SOUZA, 2010), que nem mesmo conta com a regulamentação do regime de colaboração entre entes federados. Inovação que perdeu potência a partir de 2012, antes do tempo necessário para a sua "maturação".

Ainda na dimensão da institucionalidade, destacam-se as condições precárias do atendimento que ainda predomina na EJA: espaços inadequados, educadoras e educadores mal pagos e com limitada formação, descontinuidade, falta de oportunidades concretas para os educandos e educandas continuarem os estudos. Há avanços no processo de institucionalização, como já abordado, mas ele é inconcluso e ainda marcado pela precariedade.

Uma *terceira dimensão* de fatores se refere aos *desafios político-pedagógicos da EJA*. Avalia-se que um dos efeitos colaterais da luta histórica para que a EJA fosse assumida como política educacional foi – em grande parte – a submissão da modalidade a certo modelo de escolarização tradicional da educação básica regular naquilo que ela tem de pior: visão hierárquica entre educador-educandos, fragmentação de conhecimentos, perda de sentidos, descontextualização das realidades nas quais as pessoas estão inseridas. Associada a isso, uma tendência à "infantilização" dos sujeitos da EJA, não os reconhecendo como pessoas jovens e adultas que possuem trajetórias, conhecimentos, necessidades e desejos. Considera-se que a EJA deve fortalecer a autonomia dos seus sujeitos e se basear em uma proposta pedagógica múltipla e flexível, que permita aos educandos fazerem escolhas entre um leque de possibilidades e construírem diferentes percursos formativos conforme seus desejos, necessidades e contextos.

Essa construção do leque de possibilidades exige arranjos institucionais que articulem em rede diferentes atores governamentais e não governamentais locais, estaduais e nacionais responsáveis por diferentes ofertas educacionais e que possibilitem o atendimento contínuo, que não pare na alfabetização ou nas séries iniciais do Ensino Fundamental. Exige também a garantia de condições mais adequadas para o funcionamento da EJA, em especial, multiplicando os espaços de acesso e as condições de trabalho e de formação inicial e continuada de seus educadores e educadoras. Muitos entrevistados indicam a necessidade de analisar com mais atenção experiências positivas de atendimento da EJA no país, visando identificar aprendizagens e acúmulos que possam se constituir em referências para outros lugares do Brasil[4].

Outro desafio que se relaciona ao aprimoramento da proposta pedagógica está articulado ao que chamaremos aqui da *quarta dimensão de fatores: a organização da sociedade civil pela garantia do direito à educação de jovens e adultos.* Quem "briga" pela EJA hoje? Há uma avaliação de que houve uma redução dos movimentos sociais e organizações da sociedade civil que historicamente têm a EJA como ponto fundamental de sua agenda política. Para além dos fóruns de EJA e Enejas (Encontros Nacionais de Educação de Jovens e Adultos), que articulam gestores, educadores, educandos, pesquisadores e ativistas, constata-se que a EJA somente tem um lugar de destaque na agenda dos movimentos do campo e de algumas organizações de educação e de direitos humanos que atuam por uma política de educação nas prisões. Outros movimentos sociais historicamente com um papel importante na luta pela EJA – como movimentos negros, sindicais e de mulheres – deixaram de atuar efetivamente na disputa por políticas de EJA.

---

4 Nesse sentido, é fundamental considerar a experiência da Medalha Paulo Freire, premiação instituída por meio do decreto federal 4.834, de 2003, para pessoas e instituições, que visa identificar, reconhecer e estimular políticas, programas e projetos relevantes para a educação de jovens e adultos no Brasil.

Por parte dos gestores educacionais federais do MEC, afirma-se que houve uma priorização no diálogo e fortalecimento dos fóruns de EJA e Enejas como espaços de formulação da agenda de sociedade civil para a EJA e de confluência de demandas de diferentes movimentos sociais relativas à modalidade. Observa-se, entretanto, que na última década tais espaços passaram a depender cada vez mais do apoio financeiro do governo federal para se organizar e atuar e, muitas vezes, passaram a ter sua agenda política pautada pelo governo, o que gerou impactos negativos em sua autonomia e capacidade de pressão política. A diminuição das alianças políticas em prol da EJA e da pressão social vem contribuindo também para que a agenda da EJA perca forças dentro do Ministério da Educação.

Dois pontos também destacados se referem à limitada presença nos fóruns da EJA de educadores e educadoras que atuam em espaços formais e não formais da modalidade e ao desafio de fortalecer a CNAEJA (Comissão Nacional de Alfabetização e Educação de Jovens e Adultos) como espaço de proposição e avaliação de políticas públicas, qualificando seu papel de controle social.

Identifica-se que há também um desafio na concepção hegemônica na agenda proposta por determinados movimentos e organizações da sociedade civil, articulados em torno dos fóruns EJA. Apesar de se afirmar a necessidade de reconhecimento da diversidade dos sujeitos da EJA, há uma perspectiva predominante no movimento de educação de jovens e adultos que privilegia o recorte de renda. Apesar de se afirmar a importância de promoção da autonomia dos educandos, muitas vezes se recai em uma concepção tutelada dos sujeitos da EJA que pouco pressiona pela construção do leque de possibilidades educativas para os educandos fazerem suas escolhas.

Nesse sentido, muitos entrevistados destacam o necessário diálogo e articulação com o mundo do trabalho que a EJA exige, mas que é tomado por vários setores da sociedade civil como sinônimo de submissão da proposta educativa às demandas do mercado. Outro exemplo citado por alguns é o direito dos educandos e educandas da EJA à certificação, como mais um recurso que constitua as possibilidades e apoie a construção de diferentes trajetos educativos a partir de um leque de opções.

5. Gênero e raça na EJA

A partir desse contexto dos desafios da EJA, como os entrevistados e entrevistadas compreendem as questões de gênero e raça na modalidade? Por meio das entrevistas, identificamos três grandes perspectivas: a primeira, que subsume as questões de raça e gênero ao recorte de renda e às dinâmicas da luta de classes sociais; a segunda, que reconhece a importância delas, mas as restringe à chave de reconhecimenro e respeito às especificidades; e a terceira perspectiva, que as entende como condição fundamental para se avançar na garantia do direito humano à educação da população jovem e adulta, mas enfrenta dificuldade de configurar uma agenda de ação concreta.

> Quando você discute raça e gênero, e a mesma coisa acontece na EJA, há uma grande dificuldade de você produzir institucionalidades nítidas dentro dos sistemas de ensino sobre a questão afrodescendente. O que eu vejo é que, em vários momentos, você consegue dar passos concretos, tem decisões importantes, mas, de alguma forma, o sistema se apropria disso e dilui a questão racial na questão socioeconômica [...]. Diferente, por exemplo, na questão indígena [...] uma vez que você consegue produzir institucionalidades mais nítidas. [...] A minha leitura é que parte disso é tão forte e se relaciona a esse recorte racialista, racista da sociedade brasileira, que resiste a entender isso como uma questão (Ricardo Henriques, secretário da Secad entre 2004-2007).

Todos entrevistados concordam que na última década muito se avançou no diagnóstico sobre a realidade e os desafios da EJA no país. Nele, sempre consta, com destaque, o reconhecimento dos diferentes sujeitos da EJA e das questões referentes às desigualdades de gênero e raça. Tal diagnóstico está presente em documentos governamentais e nos encontros dos fóruns de educação de jovens e adultos.

Reconhece-se que este avanço no diagnóstico é fruto também da maior interlocução entre gestores governamentais, movimentos sociais e pesquisadores do campo na última década e da ampliação do debate público sobre desigualdades raciais no país, sobretudo, a partir do processo preparatório à Conferência Mundial contra o Racismo, a Discriminação Racial, a Xenofobia e Intolerâncias Correlatas, ocorrida em Durban (África do Sul), em 2001. Debate que cresceu no primeiro governo Lula, e que teve como pontos de destaque a criação da Seppir (Secretaria Especial de Promoção de Políticas de Igualdade Racial), da Secad/MEC, a alteração da LDB pela Lei 10.639/2003[5] e o incremento dos programas de ação afirmativa em universidades federais como pontos de destaque.

Há a avaliação por parte de vários entrevistados de que a agenda política não acompanhou o movimento de adensamento do diagnóstico, ou seja, a agenda está aquém do diagnóstico da última década, tanto a apresentada pelos movimentos da EJA como a assumida pelo governo federal.

Afinal, para que serviu e vem servindo este diagnóstico mais adensado, no qual gênero e raça têm lugar de destaque? O diagnóstico aparece muitas vezes como um instrumento de denúncia para a sociedade e os sistemas educacionais, apontando para a necessidade de investimento na Educação de Jovens e Adultos. Associado a isso, o diagnóstico também surge como instrumento de apoio ao convencimento e à disputa interna dentro do próprio MEC e do governo federal sobre o lugar da EJA e de outras agendas vinculadas à Secadi na política federal, buscando gerar também alterações nos arranjos institucionais e procedimentos burocráticos, sobretudo do FNDE.

Como instrumento que deve dar base ao planejamento da política, o diagnóstico muitas vezes perde potência e não é plenamente apreendido ou sua complexidade é reduzida às possibilidades momentâneas de ação política, colocadas pela gestão. É apontada uma baixa capacidade da gestão educacional de digerir a quantidade de informação produzida na última década e utilizá-la

5 A partir da Lei 10.639/2003, que alterou a Lei de Diretrizes e Bases da Educação Nacional, foram tornados obrigatórios o ensino da história e da cultura africana e afro-brasileira, e a educação das relações étnico-raciais em toda a educação básica pública e privada.

de forma mais ampla na formulação, implementação e avaliação da política.

É necessário analisar a compreensão sobre raça e gênero de forma separada pelos entrevistados. Quanto à raça, quando provocados a manifestarem sua opinião sobre a questão racial na EJA, a maioria reconhece que a população da EJA (público potencial e oferta) é constituída em sua grande maioria por pessoas negras. Logo em seguida, muitos entrevistados manifestam o entendimento de que políticas de EJA com recorte de renda dariam conta dos desafios referentes à desigualdade racial. Há também entrevistados que temem que uma atenção maior para a questão racial contribua para dividir e fragmentar a agenda política do campo da EJA, fragilizando a luta contra o modelo de exploração capitalista.

Sobre as questões de gênero, a quase totalidade dos entrevistados considera que a maior escolaridade das mulheres no Brasil faz com que gênero não se constitua em ponto importante na agenda educacional e, especificamente, na agenda da Educação de Jovens e Adultos. A realidade da violência de gênero, das dificuldades enfrentadas pelas mulheres de baixa escolaridade e baixa renda para acessarem e permanecerem na EJA e, especificamente, das jovens e adultas negras – problemáticas destacadas na revisão bibliográfica sobre EJA e gênero desta pesquisa –, não aparecem em nenhum momento nas entrevistas. A situação dos rapazes negros, grupo social mais excluído do ensino regular, que adentra a EJA com intensidade nas últimas duas décadas, não é abordada espontaneamente como questão de gênero e raça por nenhum dos entrevistados. Destaca-se também a total ausência nos depoimentos de reconhecimento da EJA como modalidade que atende lésbicas, *gays*, travestis, transgêneros e transexuais excluídas/os do ensino regular.

Quanto à integração interna dentro da Secadi, entre as dez agendas que o órgão assume como de sua responsabilidade, é possível identificar uma baixíssima articulação entre elas. A EJA, em especial, da qual seu público é formado pelos sujeitos que compõem outros eixos da secretaria, se alimentou pouco das possibilidades de articulação. Ao longo da última década, houve tentativas e iniciativas de algumas ações articuladas, conforme o entendimento e perfil dos/das gestores/as em exercício, mas de limitado impacto estrutural. Uma das explicações para tal quadro foi que o esforço de institucionalização de cada um dos eixos de políticas a cargo da Secadi – que tratam de agendas conflitivas, historicamente negadas ou de baixo poder na política educacional – exigiu um movimento mais para dentro de cada campo, consumindo a energia dos gestores e gestoras. A articulação entre os eixos da Secadi ficou em segundo plano.

Por parte dos órgãos de governo federal responsáveis pelas políticas para as mulheres e políticas para a igualdade racial, a agenda da EJA perde força, refletindo a diminuição ou mesmo o desaparecimento de seu lugar em resoluções de conferências ou em marcos legais, como o Estatuto de Igualdade Racial (2010). As entrevistas com gestores e gestoras desses órgãos revelam que a prioridade de tais órgãos, dialogando com a prioridade da agenda de movimentos sociais de cada um desses campos, parece ser a disputa da universidade, sobretudo as públicas – entendidas como espaço de poder, de formação da elite política do país – e o fomento a experiências inovadoras na educação básica regular de cunho antidiscriminatório. No caso da agenda de educação e relações raciais, a implementação da LDB alterada pela Lei 10.639 tem destaque, além da luta pela expansão e aprimoramento dos programas de ação afirmativa no Ensino Superior com recorte racial.

No conjunto do governo, como iniciativas intersetoriais com enfoque de gênero e raça, são citadas ações pontuais no campo da educação das prisões, impulsionadas a partir da criação do Grupo de Trabalho sobre Mulheres Encarceradas, em 2007, pela Secretaria de Políticas para as Mulheres; e programas de educação profissional, com o Ministério do Trabalho e de Economia Solidária, com foco nas mulheres. Com relação à raça, o destaque vai para a EJA dentro do Programa Federal Brasil Quilombola. Considera-se que a presença da EJA em grandes programas do governo federal como Brasil Sem Miséria e o Brasil Carinhoso é restrita à incorporação de ações já em curso e não propõe efetivamente um novo desenho institucional que potencialize o lugar da modalidade no marco de estratégias intersetoriais mais amplas de enfrentamento das desigualdades.

6. Uma EJA negra que não se reconhece como negra

A dificuldade enfrentada pela EJA para ser reconhecida efetivamente como direito pela sociedade e pela gestão educacional está profundamente ligada aos sujeitos a quem ela é destinada, pessoas que em pleno século XXI ainda não são reconhecidas plenamente como detentoras de direitos pela sociedade e pelo Estado brasileiro. A gigantesca maioria deles – na verdade, cerca de 70% da demanda potencial e dos matriculados – constituída por mulheres e homens negros, que vivem nas periferias e no campo e integram os grupos mais pobres da população. Uma EJA que todo ano recebe milhares de pessoas do grande contingente de alunas e alunos excluídos da educação básica regular, a maioria jovens negros, que por diversas razões voltam e dão "mais uma chance" à escola por meio da educação de jovens e adultos.

A essa "EJA negra", que não se reconhece como negra, articulam-se e somam-se outros sujeitos e identidades (sempre fluidas, negociadas, plurais) com trajetórias marcadas por múltiplas discriminações de gênero, renda, etnia, campo/cidade, região, sexualidade, geração, existência de deficiências, entre outras, vinculadas às comunidades tradicionais, às juventudes das periferias, à população LGBT (Lésbicas, *Gays*, Bissexuais, Travestis, Transexuais e Transgêneros), aos povos indígenas e pessoas com deficiências, aos encarcerados e encarceradas e a outros trabalhadores e trabalhadoras de baixa renda.

Não é possível desconsiderar que a história da EJA no Brasil está intrinsecamente conectada aos impactos históricos do racismo na sociedade e na educação brasileiras, racismo aqui compreendido de forma ampla pela negação do outro, pelo não reconhecimento pleno da condição humana àquelas e àqueles considerados diferentes em decorrência de determinadas características físicas ou heranças culturais. Racismo que contribuiu para retardar ao longo do século XIX e começo do século XX a emergência de um projeto nacional e republicano de educação, justificado pelo fato de a maioria da população ser negra (CARREIRA e SOUZA, 2013). País que foi a última nação das Américas a pôr fim à escravização.

Racismo que se atualiza permanentemente e está presente no cotidiano das relações sociais e nas instituições, negado, tornado invisível, ancorado no mito da "democracia racial" ou, quando muito, compreendido como algo que deve ser subsumido e diluído nas desigualdades de renda presentes no país. Ele também está implicado no quadro ainda vigente de uma educação de baixa qualidade para uma sociedade hierarquizada, fortemente desigual, uma educação para uma inserção precária no mundo da aprendizagem. Uma educação que é ministrada por mulheres – cerca de 80% das profissionais de educação – que, em sua maioria, atua em condições precárias de trabalho e recebe baixos salários para promover a aprendizagem de crianças, adolescentes, jovens e adultos em um país com uma imensa dívida social.

Avançar rumo a uma educação de qualidade para todos e todas é superar a herança racista e a histórica tolerância para com as desigualdades que ainda marcam a sociedade e o Estado brasileiros, sejam elas de gênero, renda, região, campo/cidade, idade, sexualidade, deficiências etc. É apostar em políticas que efetivamente garantam o direito humano à educação para todos e todas. Nessa perspectiva, a EJA constitui uma das faces mais explícitas do desafio educacional e da afirmação dos direitos humanos do país.

7. A EJA como política de ação afirmativa

Compreender o lugar e os desafios da EJA na perspectiva da difícil e complexa afirmação dos direitos humanos no Brasil e da superação da desigualdade racial no país significa avançar no entendimento da educação de jovens e adultos como política de ação afirmativa, anunciada também por autores como Joana Passos (2010) e Miguel Arroyo (2007). Aqui pretendemos contribuir para a reflexão sobre o sentido de se abordar a EJA como política de ação afirmativa no atual contexto brasileiro, tendo como base a educação de jovens e adultos como direito ao longo da vida em uma perspectiva crítica, criativa e emancipadora (LIMA, 2007).

Entendemos as políticas de ação afirmativa como ações reparatórias, compensatórias e/ou preventivas, que buscam corrigir uma situação de discriminação e desigualdade infringida a certos grupos no passado, presente ou futuro (MOEHLECKE, 2002, p. 203). Ação afirmativa como políticas públicas e/ou programas privados voltados à neutralização dos efeitos da discriminação de raça, de gênero, de idade, de origem nacional e de compleição física (GOMES, 2006), entre outras, que buscam neutralizar aquilo que – de acordo com o *status quo* sócio racial – não se quer admitir nem neutralizar (SANTOS, 2006), por isso mobilizam tantas polêmicas e resistências.

As ações afirmativas estão ancoradas na promoção da chamada igualdade substancial ou material:

> [...] que, longe de se apegar ao formalismo e à abstração da concepção igualitária do pensamento liberal oitocentista, recomenda, inversamente, uma noção "dinâmica", "militante" de igualdade, na qual necessariamente são devidamente pesadas e avaliadas as desigualdades concretas existentes na sociedade, de sorte que as situações desiguais sejam tratadas de maneira dessemelhante, evitando-se assim o aprofundamento e a perpetuação de desigualdades engendradas pela própria sociedade. Produto do Estado Social de Direito, a igualdade substancial ou material propugna redobrada atenção por parte do legislador e dos aplicadores do Direito à variedade das situações individuais e de grupo, de modo a impedir que o dogma liberal da igualdade formal impeça ou dificulte a proteção e a defesa dos interesses das pessoas socialmente fragilizadas e desfavorecidas (GOMES, 2006, p. 51).

No mundo todo, as ações afirmativas constituem-se atualmente em um terreno de concepções e práticas plurais e em disputa, conforme os diferentes contextos e objetivos a partir dos quais são adotadas. Para além de mecanismos especiais ou temporários, como muitas definições as delimitam, as ações afirmativas têm transbordado e impactado concepções e desenhos de políticas permanentes que ultrapassam a intenção de incluir os desiguais em modelos constituídos, tensionando e provocando por inovações institucionais mais amplas, que tenham como base respostas mais contextualizadas, intersetoriais, capilares e de intensa participação da sociedade civil, o que vem sendo chamado – muitas vezes – de políticas da diferença.

Geralmente, as ações afirmativas são utilizadas no enfrentamento de desigualdades que ultrapassam o recorte de renda, chamando atenção para outras discriminações que hierarquizam diferenças e comprometem o acesso e a garantia de direitos de grupos humanos.

É importante também registrar que diferente das políticas focalizadas dos anos de 1990, defendidas por governos neoliberais que pregavam o enxugamento do Estado e – nesse contexto – a escolha de determinados grupos como foco da ação pública, as políticas de ação afirmativa, da forma como vêm sendo abordadas no Brasil, articulam-se ao fortalecimento do Estado e das políticas universais, construídas e implementadas como políticas públicas de Estado.

Nesse sentido, o que significaria assumir a EJA no país como uma política de ação afirmativa?

- Em primeiro lugar, significa afirmar sua natureza de resposta a um conjunto de desigualdades persistentes e estruturais, não superadas ou mesmo alimentadas ou acirradas pelas políticas universais de educação em vigência no país. Significa ir além da desigualdade de renda ou analisá-la a partir de outras perspectivas, chamando a atenção para desigualdades e discriminações pouco observadas/impactadas pelo atual desenho das políticas universais, como raça, gênero, idade, sexualidade, região, campo/cidade, presença de deficiência etc.
- Significa um papel do Estado mais ativo no enfrentamento de tais desigualdades, explicitando-as como desafios moral e ético para a sociedade e para o interior da gestão pública, em seus diferentes níveis e setores, estimulando – de forma assertiva – a manifestação pública da demanda social por direitos que corrijam tais desigualdades.
- Significa ancorá-la em uma concepção indissociável e integral dos direitos humanos (econômicos, sociais, culturais e ambientais), que ultrapasse ações pontuais e focalizadas e busquem gerar, aprofundar e sustentar a capacidade do Estado de combinar políticas de reconhecimento e redistributivas e dar respostas institucionais plurais, intersetoriais e territorializadas aos desafios colocados para efetivar o direito, ou seja, capacidade de inovação institucional.
- Significa fazer da EJA uma política que provoque e irrigue a educação bá-

sica regular de novas perspectivas, contribuindo para que o ensino regular deixe de ser um espaço de reprodução e acirramento de desigualdades e consiga avançar como espaço de garantia de direitos, valorização efetiva das diversidades e enfrentamento das discriminações e desigualdades.

Considerando o marco legal da EJA, em especial, o Parecer das Diretrizes Nacionais de Educação de Jovens e Adultos, aprovadas pelo Conselho Nacional de Educação em 2000, elaboradas pelo conselheiro Carlos Jamil Cury, encontramos explicitadas duas funções previstas para as políticas de EJA que vão ao encontro das concepções de ação afirmativa. São elas as funções reparadora e equalizadora:

> [...] a função reparadora da EJA, no limite, significa não só a entrada no circuito dos direitos civis pela restauração de um direito negado: o direito a uma escola de qualidade, mas também o reconhecimento daquela igualdade ontológica de todo e qualquer ser humano. Desta negação, evidente na história brasileira, resulta uma perda: o acesso a um bem real, social e simbolicamente importante. [...] E esta é uma das funções da escola democrática que, assentada no princípio da igualdade e da liberdade, é um serviço público. Por ser um serviço público, por ser direito de todos e dever do Estado, é obrigação deste último interferir no campo das desigualdades e, com maior razão no caso brasileiro, no terreno das hierarquias sociais, por meio de políticas públicas (BRASIL, 2000, p. 6 e 8).

Cury também destaca no parecer que a função reparadora deve ser vista, ao mesmo tempo, como uma oportunidade concreta de presença de jovens e adultos na escola e uma alternativa viável em função das especificidades socioculturais destes segmentos para os quais se espera uma efetiva atuação das políticas sociais. Articulada a função reparadora, a função equalizadora:

> [...] vai dar cobertura a trabalhadores e a tantos outros segmentos sociais como donas de casa, migrantes, aposentados e encarcerados. A reentrada no sistema educacional dos que tiveram uma interrupção forçada seja pela repetência ou pela evasão, seja pelas desiguais oportunidades de permanência ou outras condições adversas, deve ser saudada como uma reparação corretiva, ainda que tardia, de estruturas arcaicas, possibilitando aos indivíduos novas inserções no mundo do trabalho, na vida social, nos espaços das estéticas e na abertura de canais de participação. Para tanto, são necessárias mais vagas para estes "novos" alunos e "novas" alunas, demandantes de uma nova oportunidade de equalização (BRASIL, 2000, p. 9).

É necessário reconhecer que as questões raciais e de gênero pouco aparecem ou são em grande parte diluídas no parecer, no qual é priorizada a realidade do mundo de trabalho precário e o recorte de renda. A chave de superação das desigualdades proposta pelo documento é a da inclusão social, resguardando-se o destaque para que a EJA se construa a partir de uma proposta própria de escolarização para jovens e adultos. Porém, pouco se aborda o potencial de inovação e tensão que a presença desses sujeitos diversos e conflitivos da EJA trazem para a modalidade e para o conjunto da educação básica. A essas duas funções reparadora e equalizadora, o parecer associa uma terceira, a função qualificadora, que tem como tarefa a atualização de conhecimento por toda a vida:

> Mais do que uma função, ela é o próprio sentido da EJA. Ela tem como base o caráter incompleto do ser humano cujo potencial de desenvolvimento e de adequação pode se atualizar em quadros escolares ou não escolares. Mais do que nunca, ele é um apelo para a educação permanente e a criação de uma sociedade educada para o universalismo, a solidariedade, a igualdade e a diversidade (BRASIL, 2000, p. 11).

Um ponto associado à função qualificadora, pouco explorado no parecer, e que se relaciona ao pensamento de Paulo Freire e ao potencial de uma política assumida como ação afirmativa, é a possibilidade de essa função se caracterizar como algo que vá além da atualização dos conhecimentos produzidos pela humanidade. A função qualificadora pode se referir mais explicitamente também à capacidade de os estudantes da EJA se constituírem como sujeitos de leitura crítica e de transformação do mundo e das relações em que estão imersos, nas quais os fenômenos do racismo, do sexismo e das múltiplas discriminações se inscrevem. Além disso, a abordagem da diversidade de seus sujeitos (conhecimentos, histórias, corpos etc.) é em si qualificadora, na medida em que estimula o desenvolvimento de uma qualidade educacional mais conectada às realidades, trajetórias, perspectivas, desafios, expectativas e ao reconhecimento de histórias negadas pela história oficial.

A partir dessa perspectiva, a de afirmar a educação de jovens e adultos como política de ação afirmativa comprometida com a garantia dos direitos humanos, apresentaremos a seguir um conjunto de recomendações destinadas a fortalecer as políticas de EJA como políticas de superação do racismo, do sexismo e das demais desigualdades e discriminações e de valorização das múltiplas, dinâmicas e complexas diversidades presentes no país.

8. Recomendações

Apesar de as questões de gênero e raça estarem explicitadas nas estatísticas da EJA, afirmadas em documentos normativos e diagnósticos da EJA e em estudos acadêmicos, elas sofrem dificuldade para se configurar na agenda das políticas educacionais. No caso de raça, a negação histórica da desigualdade racial no país, os racismos cotidiano e institucional ou sua diluição no recorte de renda constituem obstáculos para o enfrentamento do problema.

Com relação às questões de gênero, a maior escolaridade e o melhor desempenho das mulheres na educação vêm sendo tomados como justificativa para que a questão não se configure na agenda. Isso ocorre mesmo na EJA, na qual as jovens e mulheres adultas – sobretudo, as negras e pobres – enfrentam diversos desafios para acessar e sustentar suas trajetórias educativas, e milhares de rapazes negros, excluídos previsivelmente da educação básica regular, que chegam à EJA com a esperança da retomada dos estudos após experiências frustradas de escolarização.

Tal quadro nos leva a refletir sobre como uma questão chega e se mantém na agenda política. A realidade brasileira tem demonstrado que não bastam diagnósticos adensados, bons estudos ou gestores comprometidos para que determinadas questões ganhem espaço na agenda de ação política dos governos, ainda mais em contextos marcados por profundas desigualdades e por uma dívida social gigantesca como a vigente no país.

São muitos os fatores implicados no desafio de se impactar a agenda política, de ordem cultural, política, institucional e subjetiva. Entre eles, as características, compromissos e perspectivas políticas do grupo que exerce a gestão pública naquele momento, os marcos normativos, a consistência da informação sobre a problemática, o momento do debate público e das disputas políticas, os precedentes em experiências e propostas concretas de enfrentamento da questão, a pressão externa exercida pelos sujeitos da política e por diferentes setores da sociedade e o perfil e condições de trabalho dos e das gestoras públicas.

Considerando os desafios já abordados da política de EJA para se configurar na agenda educacional e o nosso entendimento de que tratar as questões de gênero e raça é condição para ampliação do acesso e da garantia do direito humano à educação no Brasil, sobretudo de segmentos populares, apresentamos as seguintes recomendações:

8.1 Aprimorar, disseminar e divulgar a produção de informações sobre desigualdades

Para além do que já existe produzido e explicitado nos diagnósticos oficiais, a produção de informações e de conhecimentos sobre EJA e, em especial, sobre os impactos das desigualdades de gênero e raça na modalidade, é fundamental e deve ser aprimorada no sentido de explicitar as mudanças, as permanências, os acirramentos e os diversos desafios do país. Nesse sentido, é necessário fomentar novas pesquisas e afinar os sistemas de informação para que forneçam regularmente subsídios para o convencimento interno dos governos, a pressão por parte da sociedade civil e, sobretudo, a formulação, o planejamento e a avaliação de políticas.

A experiência dos Retratos de Desigualdades de Gênero e Raça, desenvolvida pelo Ipea, ONU Mulheres, Secretaria de Políticas para Mulheres, Secretaria de Promoção de Políticas de Igualdade Racial, deve ser aprofundada e atualizada anualmente, com o acompanhamento de mais indicadores e um tratamento amigável da informação para que possa ser apreendida por outros atores sociais, contribuindo também para qualificar o debate público sobre tais questões. O investimento em disseminação e divulgação ampla dessas informações é fundamental.

Destacamos também a necessidade de se aprofundar o conhecimento sobre o perfil das educadoras e dos educadores da EJA no país; de se gerar informações periodicamente com novos cruzamentos entre renda, gênero, raça, faixa etária com área (urbana/campo), região/estado, presença de deficiência; o aprimoramento do levantamento e das bases de informação sobre educação no sistema prisional; e a realização de um Censo Específico sobre a situação educacional de travestis, transexuais e transgêneros, já proposto no informe Brasil – Gênero e Educação (CARREIRA, 2011).

8.2 *Qualificar o preenchimento do quesito cor/raça no Censo Escolar*

Vinculada à recomendação anterior, chamamos a atenção para a importância de qualificação do preenchimento do quesito cor/raça no Censo Escolar, introduzido pelo Inep, em 2005, a partir de demanda apresentada pela Secretaria de Promoção de Políticas de Igualdade Racial – Seppir (ROSEMBERG e ROCHA, 2007). Tal introdução ocorreu sem a devida formação e preparação dos sistemas educacionais e das escolas, não somente para o preenchimento, mas no que se refere à compreensão mais ampla do significado do quesito para o monitoramento e formulação de políticas comprometidas com o enfrentamento das desigualdades raciais na educação.

É importante considerar que a autodeclaração de pertencimento étnico-racial já estava presente anteriormente nos instrumentos do Saeb (1990), do Provão (1996), do Enem (1998) e do Encceja (2002), de responsabilidade do

Inep (PAIXÃO e GIACCHERINO, 2011). A falta de compreensão e preparação vem levando a uma grande taxa de não preenchimento do quesito, o que gera inconsistência na análise sobre desigualdades étnico-raciais baseadas nas informações do Censo Escolar.

Nesse sentido, compreendemos ser urgente que o Inep e o Ministério de Educação construam um processo de diálogo com pesquisadores, ativistas e gestores do campo, destinado a aprimorar o preenchimento do quesito e construir uma proposta adequada de formação para as redes de ensino de todo o país. Além da bibliografia existente, é fundamental considerar a experiência do IBGE e de outros campos de políticas sociais na implementação do quesito cor/raça, como a desenvolvida pela área da saúde.

8.3 *Ampliar a pressão social e o debate público pelo direito humano à EJA*

A pressão social exerce um papel decisivo para que determinada questão ganhe espaço na agenda política dos governos. Há indícios de que na última década houve uma redução dos atores que têm a EJA como ponto importante de sua agenda política, ou seja, uma perda do espaço da EJA na agenda política de vários movimentos sociais que atuaram pela EJA no passado, para além do espaço dos fóruns de EJA e dos Enejas.

É necessário estimular a retomada dessa discussão, sobretudo junto a movimentos sindicais, negros, mulheres, juventude, LGBTs, entre outros, e a afinação de uma agenda que considere os avanços institucionais da última década, na perspectiva de uma maior precisão na proposição. Não se trata de "esvaziar" a estratégia de fortalecimento dos fóruns e Enejas como espaços de confluência e negociação da agenda de sociedade civil, mas de ir além desses espaços, ampliando a discussão e o número de atores que fiscalizam, propõem e pressionam – de forma autônoma – por uma política de EJA sintonizada com a perspectiva de direitos.

Associada à estratégia de fortalecimento do campo de organizações/instituições de sociedade civil, é fundamental estimular e qualificar o debate público sobre a educação de jovens e adultos como direito humano à educação e política afirmativa que contribua para a superação das profundas desigualdades no país.

Cuidado, porém, deve ser tomado para que o debate público não desemboque em alternativas aligeiradas, voluntariosas e simplistas que reduzem o desafio da educação de jovens e adultos a campanhas pontuais ou a outras ações que não contribuam para a construção e efetivação de políticas garantidoras do direito humano à educação ao longo da vida.

8.4 Desenvolver uma proposta político-pedagógica antirracista, antidiscriminatória, que dialogue com o mundo do trabalho e fortaleça os sujeitos da EJA como produtores de culturas

Entendemos ser fundamental que, como parte de suas funções reparadora, equalizadora e qualificadora, previstas nas Diretrizes Nacionais da Educação de Jovens e Adultos (BRASIL, 2000), a EJA tenha mais explicitados três grandes eixos em suas propostas político-pedagógicas.

O primeiro deles é o compromisso com a superação de racismos, sexismos, homofobia/lesbofobia/transfobia e das demais discriminações vividas pela maioria dos sujeitos da EJA ao longo de sua trajetória. Isso significa construir propostas pedagógicas que contribuam para que o conjunto dos sujeitos da EJA (e não somente de determinados grupos discriminados) compreendam de forma crítica os contextos de desigualdades e discriminações dos quais muitas vezes suas vidas são parte; reconheçam e valorizem histórias, conhecimentos e estéticas negadas pelo ensino oficial e os fortaleçam como sujeitos de transformações dessa realidade, na perspectiva apontada por Pires (2010). Nesse sentido, é necessário atenção para um determinado discurso de valorização da diversidade que tenta apagar ou diluir os conflitos decorrentes das diferentes desigualdades e discriminações, em especial do racismo, colocando-se como uma nova "versão" do mito da democracia racial (ORTIZ, 2007).

O segundo eixo é o aprofundamento da relação com o mundo do trabalho, não tomada como subjugação às demandas do mercado, como enfatizado por Arroyo (2007), mas como aprimoramento de estratégias individuais e coletivas de sobrevivência em contextos de precarização e de intensas mutações das relações trabalhistas.

O terceiro eixo é uma relação mais intensa com o mundo da cultura, compreendida de forma ampla como direito de criar, usufruir, difundir, exercer práticas e bens culturais; de desfrutar o progresso científico e suas aplicações; de ter suas formas de expressão e de vida reconhecidas enquanto detentoras de igualdade, dignidade e legitimidade. Cultura como criadora e potencializadora de sujeitos e de processos coletivos. Nessa perspectiva, os sujeitos da EJA devem ser reconhecidos efetivamente como produtores e portadores de culturas. Entendemos que as propostas político-pedagógicas da EJA devem possibilitar a construção e a troca de aprendizagens em diálogo intenso com esses três eixos, ampliando o sentido da educação de jovens e adultos para os seus sujeitos.

8.5 Aprimorar e sustentar no tempo uma nova institucionalidade baseada em arranjos flexíveis, intersetoriais, territorializados, com forte participação social que garantam condições de escolhas de diferentes trajetos educativos pelos sujeitos da EJA

A insuficiência do atual desenho das políticas universais para o enfrentamento das desigualdades estruturais, a pressão dos movimentos sociais, o crescimento do debate sobre igualdade e diferença na educação e a emergência de políticas de diversidade têm se constituído e demandado inovações e mudanças institucionais nas estruturas, nos arranjos, nos procedimentos e nos modos de se conceber e implementar as políticas educacionais pelo Estado. Além disso, com relação às políticas de Educação de Jovens e Adultos, colocam-se desafios relativos a constituir o "leque de possibilidades" para que os sujeitos possam fazer escolhas e construir seu trajeto educativo conforme suas necessidades, realidades e expectativas.

A demanda por tais inovações e mudanças enfrenta grandes disputas internas ao Estado (intrassetoriais, intersetoriais e entre entes federados) e se dá em contextos, muitas vezes, adversos, nem sempre conseguindo se concretizar ou se sustentar ao longo do tempo.

Nesse sentido, é importante também reconhecer que há inovações e experiências concretas importantes no âmbito das políticas educacionais, sobretudo desenvolvidas na última década, que precisam ser analisadas e avaliadas com mais atenção. Entre elas, a própria Secadi e, especificamente na EJA, a agenda territorial, a CNAEJA, o Projovem, o Proeja, o Pronera, os espaços de coordenação interministeriais, entre outros já citados.

Inovações e mudanças que apontam para uma nova institucionalidade, novos jeitos de compreender, conceber e implementar as políticas, movimento que deve se articular ao necessário fortalecimento de políticas universais como políticas de Estado. Os desafios explicitados pela Educação de Jovens e Adultos, assim como por outras modalidades e agendas presentes no chamado campo das diversidades/desigualdades, exigem uma nova institucionalidade mais sensível aos diferentes sujeitos e contextos, e que identifique convergências e pontos de articulação, possibilitando abordagens mais integrais e intersetoriais, em uma perspectiva ancorada na garantia dos Dhescas (Direitos Humanos Econômicos, Sociais, Culturais e Ambientais).

Nesse sentido a atual retomada do conceito de território no debate das políticas públicas (RUCKERT, 2011) vem responder à necessidade de políticas mais contextualizadas e, consequentemente, flexíveis que captem as potencialidades e os limites das muitas, diversas e simultâneas realidades presentes no país. A diversidade não pode significar fragmentação: ao mesmo tempo que se abre, se desdobra em políticas, programas e ações plurais e responde e dialoga com diferentes sujeitos e realidades, ela exige mecanismos de coordenação, aglutinação e negociação, capazes de tomar decisões, transversalizar, somar forças políticas, identificar eixos e pontos em comum e articular perspectivas. Processo que deve estar ancorado no monitoramento de informações estratégicas e no fortalecimento de uma gestão democrática que provoque e amplie a diversidade contida no que se entende por espaço público e as possibilidades dos sujeitos da EJA de expressarem, se articularem e defenderem seus próprios interesses (SPIVAK, 2010).

Porém, para inovar e sustentar a inovação é fundamental reverter o quadro atual e investir em condições institucionais e em equipes politicamente fortalecidas com capacidade de proposição, negociação (para dentro e para fora do Estado) e implementação da política. É necessário também considerar o fator tempo, ou seja, sustentar as inovações ao longo do tempo, garantindo condições para que elas amadureçam. Muitas vezes, na busca de saídas que respondam aos desafios sempre prementes das realidades, uma inovação é abortada, antes de um tempo mínimo necessário para a sua implementação. A sustentação deve considerar o necessário monitoramento, avaliação e controle social das políticas, visando seu aprimoramento ao longo do processo de implementação.

8.6 Implementar de forma sistemática e planejada a Lei 10.639/2003 e as Diretrizes Nacionais de Educação Escolar Quilombola na EJA

A alteração da LDB em 2003 pela Lei 10.639 estimulou a multiplicação de experiências em escolas e redes de ensino destinadas a promover o estudo da história e da cultura africana e afro-brasileira e a educação das relações étnico-raciais. Dez anos após a sua promulgação, o balanço é que a implementação das Diretrizes Curriculares Nacionais no ensino regular ainda enfrenta grandes resistências e é marcada pela fragmentação, descontinuidade e baixa institucionalidade nos sistemas educacionais, motivo pelo qual em 2010 o governo federal lançou o Plano Nacional de Implementação das Diretrizes Curriculares Nacionais de História e Cultura Africana e Afro-brasileira e Educação das Relações Raciais, a partir de forte proposição da sociedade civil. Com relação à EJA, há indícios de um balanço ainda mais frágil, com iniciativas pontuais e em sua maioria protagonizadas por educadores e educadoras ativistas da agenda de educação e relações raciais.

As entrevistas com gestores e gestoras do Ministério da Educação e da Seppir apontaram que a implementação da Lei 10.639/2003 na EJA não avançou, apesar de algumas iniciativas importantes, entre elas, a inclusão da EJA no livro *Orientações e Ações para a Educação das Relações Étnico-raciais*, lançado pelo MEC em 2006, reeditado em 2010 e distribuído às redes de ensino, além de ações no marco do programa Brasil Quilombola. Apesar de a maioria dos sujeitos da EJA ser constituída por negros e negras e a revisão bibliográfica apresentada anteriormente apontar o grande potencial das experiências da Lei 10.639/2003 para o fortalecimento desses sujeitos, não há uma ação planejada e sistemática de estímulo à implementação. Nesse sentido, e articulada à recomendação 4 deste texto, consideramos ser urgente a construção de uma política de implementação da Lei 10.639 na educação de jovens e adultos, como parte da rediscussão dos currículos e das propostas da EJA, que dê consequência ao Plano Nacional de Implementação das Diretrizes Curriculares Nacionais de Ensino da História e Cultura Africana e Afro-brasileira e a Educação das Relações Étnico-Raciais (2010). Destaca-se também a importância da ampliação do acesso à educação de jovens e adultos em territórios quilombolas urbanos e do campo sintonizados com o cumprimento das Diretrizes Curriculares Nacionais de Educação Escolar Quilombola, aprovadas em 2012 pelo Conselho Nacional de Educação (Resolução CNE/CEB n. 8).

8.7 Pautar a exclusão de jovens negros do ensino regular na agenda educacional e fortalecer uma abordagem do problema que articule o ensino regular e a EJA.

Todo ano, uma parcela dos milhares de jovens negros excluídos do ensino regular brasileiro chega à educação de jovens e adultos para retomar seu processo de escolarização, marcados por trajetórias educativas carregadas de frustrações, interrupções e insucessos. O fato de a gigantesca maioria dessa população excluída do ensino regular ser jovem e negra, e da regularidade/previsibilidade do fenômeno, pouco tem provocado os gestores e gestoras educacionais do país a refletirem e atuarem de forma mais sistemática para a superação dessa realidade. Quadro que constitui uma das facetas do racismo e articula as desigualdades de raça, gênero, idade e renda, exigindo uma abordagem interseccional. Um dos desafios envolvidos é a maior articulação entre a EJA e o ensino regular, no sentido que as aprendizagens conquistadas pelo campo da EJA com essa população – em vários programas, entre eles, o Projovem – possam também irrigar, provocar e abrir possibilidades e horizontes do ensino regular, inclusive colocando em xeque o movimento de escolarização da EJA a partir dos referenciais da escolarização tradicional do ensino regular.

8.8 Articular as políticas da EJA com as políticas de promoção da igualdade de gênero, de raça e de diversidade sexual e fortalecer um lugar mais orgânico da EJA nas políticas e programas de superação da miséria e da pobreza do governo federal

Muitos dos sujeitos que chegam à EJA chegam a ela em decorrência de experiências de exclusão e de discriminação que ocorreram no ensino regular e na sociedade. É importante que ao chegarem à EJA encontrem um lugar onde suas histórias, saberes e diferenças tenham espaço e acolhimento e possam contar com o apoio de outras políticas para além da educação que ampliem suas condições de permanência e maior sucesso na educação e na vida.

Nesse sentido, é fundamental que as políticas de EJA ganhem espaços em políticas de promoção da igualdade racial, de gênero e de diversidade sexual. Os desafios das mulheres negras pobres para retomar e sustentar o processo de escolarização, a violência doméstica que aflige tantas jovens e adultas, a dupla e a tripla jornadas de trabalho feminino, a gravidez na adolescência, a violência sofrida pela juventude negra, a homofobia que impacta a vida de *gays*, lésbicas, travestis, transgêneros e transexuais, a intolerância religiosa contra adeptos de religiões de matrizes africanas, os arranjos precários e desiguais do mundo do trabalho em áreas rurais e urbanas, as condições de saúde, mobilidade, alimentação e segurança constituem algumas das problemáticas que se articulam a realidades mais amplas e complexas e exigem perspectivas integrais e intersetoriais. É necessário construir uma agenda, com base em informações e estudos que qualifiquem a formulação e desenvolvimento de políticas, e seja implementada por instâncias intersetoriais, com efetiva coordenação, poder de decisão e condições institucionais de funcionamento e de sustentação de políticas, entre elas, equipes com competências técnicas e políticas.

Baseada na experiência do Projovem, destaca-se também a necessidade de constituir uma política de estímulo à oferta de salas de acolhimento de crianças – filhas, netas e outras que estão sob responsabilidade de mulheres e homens estudantes da EJA – que funcionem durante o horário das aulas, com atividades comprometidas com a garantia dos direitos das crianças e dos adolescentes, visando ampliar as condições de permanência das/dos estudantes na modalidade. Outra proposta é a necessária articulação da EJA com programas de prevenção e superação da violência contra a mulher, sintonizados com a efetivação da Lei Maria da Penha (Lei Federal 11.340/2006).

8.9 *Construir estratégias de mobilização social e de comunicação comprometidas com a afirmação do direito humano à educação de jovens e adultos*

Por todas as questões que foram abordadas ao longo do texto, a EJA exige uma postura ativa do Estado de estímulo à manifestação da demanda social e de garantia de uma oferta de atendimento educacional com qualidade para a população à qual ela é destinada. Além disso, exige uma postura ativa na promoção desse direito na esfera pública e de envolvimento da sociedade na valorização da EJA como direito e como resposta a uma dívida social do país para com milhões de brasileiros e brasileiras.

Nessa perspectiva, faz-se necessário retomar o elemento de mobilização social na EJA, na perspectiva de garantir direitos com base em políticas educacionais que possibilitem condições efetivas para o desenvolvimento e sustentação de trajetórias educativas com continuidade, consistência e sucesso. Talvez, em decorrência da experiência histórica do campo da EJA com campanhas, como iniciativas voluntariosas, descontínuas e não estruturadoras de políticas, o elemento de mobilização social tenha perdido força e até sofrido de certa desconfiança. É necessário retomá-lo, a partir de outras bases, visando comprometer outros setores da sociedade com a efetivação do direito da EJA e disputar a importância e os sentidos da EJA junto à sociedade e às gestoras e aos gestores públicos.

9. Referências

ARROYO, M. Balanço da EJA: o que mudou nos modos de vida dos jovens-adultos populares? *REVEJ@ – Revista de Educação de Jovens e Adultos*, v. 1, n. 0, p. 1-108, ago. 2007. Belo Horizonte, NEJA/UFMG, 2007.

_________. In: SOARES, L. (org.). Formar Educadores e Educadoras de Jovens e Adultos. *Formação de Educadores da Educação de Jovens e Adultos*. Belo Horizonte: Autêntica, Secad/MEC, Unesco, 2006.

BRASIL. Conselho Nacional de Educação (CNE). Câmara da Educação Básica (CEB). *Parecer CEB/CNE 11*, de 10 de maio de 2000. Assunto: Diretrizes Curriculares Nacionais para a Educação de Jovens e Adultos. Relator conselheiro: Carlos Roberto Jamil Cury. Disponível em: <http://portal.mec.gov.br/cne/arquivos/pdf/PCB11_2000.pdf>. Acesso em: 5 set. 2014.

CARREIRA, D. (coord.). *Informe Brasil* – Gênero e Educação. São Paulo: Ação Educativa/Ecos/Cladem, 2011.

________.; SOUZA, A. L. S. *Indicadores da Qualidade na Educação* – Relações Raciais na Escola. São Paulo: Ação Educativa/Unicef/MEC/Seppir, 2013.

CRENSHAW, K. Documento para o encontro de especialistas em aspectos da discriminação racial relativos ao gênero. *Revista Estudos Feministas*, v. 10, n. 1, Florianópolis, jun. 2002.

CURY, C. R. J. Parecer CEB 11/2000. In: SOARES, L. *Educação de Jovens e Adultos*. Rio de Janeiro, 2002.

DI PIERRO, M. C. Balanço e desafios das políticas públicas na Educação de Jovens e Adultos no Brasil. In: *Convergências e tensões no campo da formação e do trabalho docente*. Belo Horizonte: Autêntica, 2010.

GOMES, J. B. A recepção do Instituto da Ação Afirmativa pelo Direito Constitucional Brasileiro. In: *Ações Afirmativas e combate ao racismo nas Américas*. Brasília: Ministério da Educação, 2006.

GOMES, N. L. (org.). Desigualdades e diversidade na educação. *Educação & Sociedade*, v. 33, n. 120, Campinas, jul./set. 2012.

_____. Educação de Jovens e Adultos e questão racial: algumas reflexões iniciais. In: SOARES, L.; GIOVANETTI, M. A.; GOMES, N. L. (org.). *Diálogos na Educação de Jovens e Adultos*. Belo Horizonte: Autêntica, 2005. p. 87-104.

_____. Apresentação In: SILVA, N. N. da. *Juventude Negra na EJA*: o direito à diferença. Belo Horizonte: Mazza Edições, 2010.

GOMES, T. F.; MACHADO, A. dos S. Formação de professores, relações étnico-raciais e educação de jovens e adultos: o que sugere os caminhos de Dalila. *Revista África e Africanidades*, ano 3, n. 10, agosto, 2010.

HADDAD, S. *Educação de Jovens e Adultos no Brasil (1986-1998)*. Brasília, MEC/Inep/Comped, 2002.

LIMA, L. C. *Educação ao longo da vida:* entre a mão direita e a mão esquerda de Miró. São Paulo: Cortez, 2007.

MESSINA, G. *La educación básica de adultos*: la otra educación. Santiago de Chile, Redalf/Orealc, 1993.

MOEHLECKE, S. As políticas de diversidade na educação do governo Lula. *In:*

Caderno de Pesquisa, v. 39, n. 137. São Paulo: Fundação Carlos Chagas, maio/ago. 2009.

______. Ação Afirmativa: história e debate no Brasil. *Cadernos de Pesquisa*, n. 117, p. 197-217, nov. de 2002. São Paulo: Fundação Carlos Chagas, 2002.

OLIVEIRA, R. P. de; SOUZA, S. Z. O federalismo e sua relação com a educação no Brasil. In: *Educação e Federalismo no Brasil:* combater desigualdades, garantir a diversidade. Brasília: Unesco, 2010.

ORTIZ, R. Anotações sobre o universal e a diversidade. *Revista Brasileira de Educação*, v. 12, n.34, jan./abr. de 2007. Rio de Janeiro, ANPED.

PAIXÃO, M.; GIACCHERINO, I. Levantamento de fontes de dados estatísticos sobre a variável cor ou raça no Brasil: terminologias classificatórias, qualidade das bases de dados e implicações para as políticas públicas. 35ª *Encontro Anual da Anpocs*. Caxambu, 2011

PASSOS, J. C. A Educação de Jovens e Adultos e a promoção da igualdade racial no Brasil. In: *Educação e diversidade:* estudos e pesquisas. Recife: Universidade Federal de Pernambuco, 2009.

______. *Juventude Negra na EJA*: os desafios de uma política pública. Florianópolis: Universidade Federal de Santa Catarina, 2010. (Tese de Doutorado)

______. Jovens negros e processos de escolarização na educação de jovens e adultos. *REVEJ@ – Revista de Educação de Jovens e Adultos*, v. 1, n. 1, p. 59-67, dez. 2007.

PISCITELLI, A. Interseccionalidades, categorias de articulação e experiências de migrantes brasileiras. *Revista sociedade e cultura*, v. 11, n. 2, jul./dez. 2008, Universidade Federal de Goiás.

PIRES, R. de A. (coord.). Educação de Jovens e Adultos. In: *Orientações e Ações para a Educação das Relações Etnico-Raciais*. Brasília: Secad/MEC, 2006.

RODRIGUES, T.; ABRAMOWICZ, A. A Ascensão da diversidade nas políticas educacionais contemporâneas. In: *Livro de Resumos do X Congresso Luso-Afro--Brasileiro de Ciências Sociais*. Portugal, Universidade do Minho, 4 a 7 de fevereiro de 2009.

ROSEMBERG, F.; ROCHA, E. J. da. Autodeclaração de cor e/ou raça entre escolares paulistanos(as). *Caderno de Pesquisa*, v. 37, n. 132, p. 759-799, São Paulo, set./dez. 2007.

RUCKERT, A. Políticas territoriais contemporâneas na Europa e no Brasil/Mercosul. *Revista Para onde?!*, n. 5 (Especial), Porto Alegre: Universidade Federal do Rio Grande do Sul, ago./dez. 2011.

SANTOS, S. A. dos. Introdução. In: *Ações Afirmativas e combate ao racismo nas Américas*. Brasília: Ministério da Educação, 2006.

SCOTT, J. W. *Gênero*: uma categoria útil de análise histórica. *Educação e Realidade*. Porto Alegre, v. 2, n. 20, p. 71-100, jul./dez. 1995.

SILVA, N. N. da. *Juventude Negra na EJA*: o direito à diferença. Belo Horizonte: Mazza Edições, 2010.

SPIVAK, G. C. *Pode o subalterno falar?* Belo Horizonte: Ed.UFMG, 2010.

THEODORO, Mario et al. (orgs.). *Desigualdades raciais, racismo e políticas públicas 120 anos após a abolição*. IPEA, Brasília, IPEA – Instituto de Pesquisa Econômica Aplicada. 2008.

IMPRESSÃO E ACABAMENTO
YANGRAF
GRÁFICA E EDITORA LTDA.
WWW.YANGRAF.COM.BR
(11) 2095-7722